Frederick Soddy

RICCHEZZA, RICCHEZZA VIRTUALE e DEBITO

LA SOLUZIONE DEL PARADOSSO ECONOMICO

OMNIA VERITAS®

Frederick Soddy
(1877-1956)

Chimico inglese e destinatario
Premio Nobel per la Chimica 1921

Ricchezza, ricchezza virtuale e debito
la soluzione del paradosso economico

WEALTH, VIRTUAL WEALTH AND DEBT
The solution of the economic paradox

Prima edizione, Londra: George Allen & Unwin, 1926.

Tradotto e pubblicato da
Omnia Veritas Ltd

⊘MNIA VERITAS.
www.omnia-veritas.com

© Omnia Veritas Ltd - 2025

"Ciò che sembra essere ricchezza può essere in realtà
essere solo l'indice dorato di una rovina di vasta portata; una manciata
di monete
una manciata di monete di un naufrago raccolte dalla spiaggia
sulla quale ha adescato un argosy; il fagotto di stracci di un seguace
del campo
di stracci srotolati dai petti dei soldati morti
petti di valorosi soldati morti; i pezzi di acquisto
dei campi del vasaio, in cui saranno sepolti insieme
insieme il cittadino e lo straniero".

JOHN RUSKIN, *fino a quest'ultimo giorno* del 1862.

Prefazione alla Nazione americana

La seconda edizione di questo libro deve la sua apparizione alla nazione americana e allinteresse che ha dimostrato per la Tecnocrazia. L'autore esprime la sua gratitudine a loro in generale, e agli editori americani della prima edizione in particolare, per aver portato la sua opera così opportunamente a conoscenza dell'attuale crisi degli affari mondiali. Se Thorstein Veblen fosse vissuto ancora per poco, senza dubbio avrebbe provato anche lui la gioia di vivere in quest'epoca. Infatti, in quale precedente periodo storico verità così sconvolgenti e così contrarie all'ordine stabilito avrebbero avuto la possibilità di essere esaminate in modo imparziale fino a quando coloro che le hanno originate e coloro che le hanno offese non fossero tutti "morti sicuri"?

Da quando è apparsa l'edizione britannica, il sistema finanziario ha subito in America un altro di quei crolli periodici che sono inevitabili in quanto rappresentano la caratteristica più evidente del cosiddetto sistema bancario moderno. La nazione americana si trova ora a dover scegliere se rendere questo tipo di "banca" sicura per il banchiere, secondo i più rigidi canoni dei sistemi britannici, continentali e internazionali, o sicura per la nazione americana.

Le due cose non sono la stessa cosa, come viene facilmente ipotizzato dagli interessi bancari, ma sono in realtà esattamente opposte. L'unico modo in cui l'attività bancaria oggi può essere resa sicura sia per il banchiere che per la nazione è che la nazione sia il banchiere. Lo stato attuale dell'Europa, con le sue nazioni un tempo orgogliose ridotte diverse volte al caos interno e molte alla disperazione, è eloquente del dominio del banchiere. In questo caso, ciò che è pericoloso per il banchiere è considerato troppo pericoloso perché la nazione possa anche solo discuterne, e il pubblico è accuratamente ed elaboratamente protetto da ogni reale conoscenza dell'assurdo imbroglio che era uno degli obiettivi di questo libro di chiarire.

L'America, quasi unica tra le nazioni, ha una qualche libertà di scelta dei propri governanti e il mondo guarda a lei come all'ultima speranza di distruggere quella che è diventata facilmente la più potente tirannia e la più universale cospirazione contro la libertà economica degli individui e l'autonomia delle nazioni che il mondo abbia mai conosciuto.

Ci viene sempre detto, e ai tecnocrati è già stato detto, che parlare chiaro è calcolato per distruggere la fiducia del pubblico, così necessaria al sistema bancario, "proprio quando sta iniziando a essere ripristinata". Si può dubitare che una quantità di parole chiare possa avere più effetto in questa direzione di quanto il sistema bancario abbia già fatto per se stesso. Certo, un sistema bancario e di conio di denaro privato non può funzionare senza la credulità del pubblico. Anche in questo caso ha sicuramente "toccato il fondo con una botta e l'unica direzione in cui può andare è la salita". Speriamo che "salga" per sempre. Per quanto riguarda la fiducia del pubblico, cosa c'è di meglio per ripristinarla che mettere dietro a un sistema nazionale l'intera ricchezza e il credito della nazione. Che cambiamento sarebbe rispetto alla *reputazione* di integrità e di ricchezza senza fondo che è l'intera merce di scambio del banchiere privato. Il resto lo ricava dal pubblico senza nemmeno richiedere la corteccia di un gelso, come fece Kubla Khan.

La scienza moderna è in grado di svelare segreti molto più intricati e ben nascosti di quelli di un moderno sistema monetario, e quando vengono svelati non hanno bisogno di più del comune buon senso per essere scoperti. La semplice domanda che lo scienziato si pone di fronte alle misteriose apparizioni e sparizioni di qualsiasi cosa: "Da dove viene e dove va?". - è sufficiente che si tratti di materia, energia o denaro. Per quanto voluminosi siano gli scritti di coloro che hanno cercato di insegnare al pubblico i misteri del denaro, queste sono le domande che *non vengono* poste e si deduce che gli esperti ortodossi di denaro non possono o non osano rispondere.

Il pubblico, tuttavia, non deve sentirsi allarmato dal fatto che un sistema monetario scientifico al posto dell'attuale reliquia della barbarie comporti un'interferenza negli affari e negli affari domestici. Significherebbe che avrebbero il sistema che la maggior parte di loro crede di avere ora. Così come il pubblico in generale non sa o non crede che zecche private irresponsabili creino e distruggano denaro arbitrariamente al ritmo di migliaia di milioni di dollari molte volte all'anno, non subirebbe alcun disagio in nessuna attività sociale legittima se la quantità di denaro e il livello dei prezzi rimanessero invariati. Ma si risparmierebbero un'immensa quantità di prelievi segreti e insospettabili. E di speculazioni antisociali con i loro soldi a loro insaputa.

Tutte le difficoltà e le obiezioni che coloro che vivono di emissione privata di denaro sollevano nei confronti di un sistema nazionale sono in realtà quelle che scomparirebbero con il sistema attuale. L'industriale e l'agricoltore sono le sue vittime, non i suoi beneficiari. L'unica difesa mai avanzata in pubblico di questo conio segreto di denaro che viene chiamato banca è che esso consente di finanziare nuovi uomini e imprese, di espandere le attività esistenti e di far passare un periodo di anni difficili all'agricoltura a spese e all'insaputa della comunità, e che ciò non sarebbe possibile se non con il sistema bancario privato. Questa difesa è assolutamente assurda. In effetti, in un sistema nazionale questo sarebbe il risultato naturale e normale, senza ingiustizie sociali, piuttosto che un'imposta privata non autorizzata sul corpo dei cittadini per l'immediato beneficio e la rovina finale di pochi privilegiati.

Bisogna infatti ricordare che i nuovi uomini così finanziati, le imprese esistenti così ampliate e gli agricoltori duramente colpiti così "assistiti" *pagano effettivamente gli interessi per i prestiti che dovrebbero ricevere*, proprio come se si trattasse di prestiti veri e propri e non di una nuova creazione di denaro a spese del resto della comunità. Non c'è la minima ragione per cui non dovrebbero ottenere ciò che dovrebbero pagare. Può esserci stata una difficoltà in tempi remoti, quando l'unica moneta era l'oro e l'argento veri. Ma è logico che se la nazione emettesse tutto il denaro necessario con la stessa velocità con cui può essere emesso senza aumentare il livello dei prezzi, e cioè con la stessa velocità con cui ci sono beni e servizi da scambiare, ci sarebbe un'abbondanza di denaro invece di una scarsità, per prestare e prendere in prestito così come per spendere e investire. Questa è la naturale conseguenza di un'era scientifica in cui non ci sarebbe mai stato il timore di una carenza di ricchezza da distribuire, se il sistema monetario avesse fatto la sua parte nel distribuirla. Questo è l'unico vero problema: le persone devono essere tenute artificialmente povere dal sistema monetario o si deve permettere loro di prosperare naturalmente?

Thorstein Veblen, il cui libro del 1921 "Gli ingegneri e il sistema dei prezzi" è divenuto noto all'autore solo dopo l'apparizione della seconda edizione britannica di questo libro, ha descritto un soviet di tecnici, che si ritiene sia una delle fonti delle dottrine dei tecnocrati. La sua ironia, almeno oggi, non ha bisogno di essere accentuata. È una satira per tutti i tempi su quest'epoca, grande solo nella sua scienza e nella scienza dell'uomo assunto!

Ma come in altre sue opere, finora più conosciute (e la critica potrebbe essere applicata altrettanto bene a tutta la letteratura sociologica e politica "rossa" del socialismo, del comunismo e del marxismo), non ha mai approfondito le ragioni fisiche alla base dell'inversione che ha investito il capitalismo - iniziando a ricostruire il mondo con il potere inanimato, di cui il "sudore della fronte" umano è solo un insignificante sottoprodotto, e finendo per rivolgere quel potere alla distruzione di ciò che ha creato. I suoi "interessi acquisiti", il crescente sabotaggio dell'industria competitiva da parte dei "capitani d'industria e della finanza" e degli "anziani statisti" sono espressioni personificate della profonda ignoranza di fondo delle necessità fisiche su cui la sua analisi si ferma. In questo libro, come nel resto della letteratura rivoluzionaria, si deve semplicemente dare per scontato che i capitalisti, i grandi imprenditori e i finanzieri - fino al più umile individuo del pubblico degli investitori che cerca di "salvare" in un mondo in cui la ricchezza marcisce - sono tutti diavoli disumani per natura e per necessità, e tutto il resto ne consegue come la notte il giorno.

Questa critica può sembrare strana se proviene dall'autore, che è stato accusato da lui stesso - e nientemeno che da H. G. Wells - di assumere lo stesso riguardo alla gerarchia bancaria. In ogni caso, visto in entrambi i modi, si tratta di un delizioso esempio di *argumentum ad hominen*, che è stato tradotto come "Nessun caso! Abusa dell'avvocato del querelante!". Tuttavia, una parola in più per spiegare l'apparente disumanità della critica scientifica non è fuori luogo.

L'atteggiamento scientifico nei confronti di queste questioni differisce completamente da quello sociologico, in quanto non è minimamente interessato alle motivazioni, alle intenzioni o alle proteste, ma solo alle conseguenze. Oggi la riforma deve letteralmente farsi strada in una giungla interminabile di controversie verbose e irrilevanti prima di poter uscire alla luce del sole.

Chi vuole capire come un prestigiatore esegue i suoi trucchi dovrebbe seguire il consiglio di un prestigiatore all'altro, e osservare l'*altra mano*, non quella su cui l'attenzione del pubblico viene indirizzata in modo così volubile e persuasivo. Ma per quanto riguarda la mente scientificamente preparata, essa è misericordiosamente sorda. Non è tanto che non creda a tutte le interminabili proteste di motivazioni e intenzioni sociali alte e altruistiche di scozzesi, quaccheri, ebrei, cristiani e chi più ne ha più ne metta, quanto che semplicemente non le sente, tanto è intenta a capire come *funziona* il meccanismo.

Il meccanismo della natura ci tiene ancora in pugno, come ha fatto fin dai tempi del primo uomo, anche se l'umanità ha impiegato molto tempo per disincagliare il meccanismo dalle personificazioni altamente pittoresche e melodrammatiche che l'uomo ha inventato per spiegare la sua situazione. Sia i sostenitori che i detrattori del capitalismo continuano a immaginarlo sotto le spoglie umane, decisamente antiquate, di dio e demone, ma in questo libro angeli e diavoli lasciano il posto al meccanismo di fondo. L'unico modo per controllare un meccanismo non è quello di imporre editti e leggi, ma di comprenderlo. La scienza ha avviato la civiltà su una nuova strada in cui i vecchi termini economici di ricchezza e debito, capitale, lavoro, denaro e simili hanno assunto nuovi significati, e prima di iniziare polemiche politiche e sociologiche è bene sapere che stiamo parlando tutti la stessa lingua.

FREDERICK SODDY.

Oxford.

11 marzo 1933.

Prefazione alla seconda edizione

L'ascesa quasi istantanea alla ribalta mondiale della nuova dottrina americana di salvezza sociale e industriale nota come Tecnocrazia ha fatto sì che questo libro, apparso per la prima volta nel 1926, sia andato improvvisamente fuori catalogo. È stata richiesta a gran voce una nuova edizione e, per soddisfarla il più rapidamente possibile, l'originale è stato riprodotto intatto, salvo piccole correzioni di bozze, con un'aggiunta prefatoria che spiega il suo rapporto con la Tecnocrazia, come la intende l'autore, e con altre scuole di pensiero affini. È stata inoltre colta l'opportunità di sviluppare ulteriormente alcuni punti e caratteristiche, a beneficio sia del nuovo lettore sia di chi ha già letto la prima edizione, in base all'esperienza acquisita in numerose conferenze e discussioni sull'argomento. Anche una questione particolare trattata per ultima, la relazione tra la Teoria della ricchezza virtuale del denaro dell'autore e la più vecchia Teoria della quantità di denaro, con la quale ha una somiglianza superficiale, è stata affrontata in questo modo. Ma naturalmente il lettore che legge l'opera per la prima volta difficilmente sarà in grado di seguirla appieno finché non avrà fatto conoscenza con la teoria più recente esposta nell'opera originale.

Sembra che i tempi siano maturi per una grande rinascita intellettuale che sintetizzi tutti i contributi parziali e dispersi in un corpo di dottrina consolidato, basato sulla "scienza ancora quasi sconosciuta dell'economia nazionale e lontana dalla controversia disinteressata come le proposizioni della geometria". Questo libro sottolinea piuttosto un difetto del sistema monetario che "un difetto del sistema dei prezzi", come afferma Technocracy. Entrambi attendono ancora un esame e un giudizio imparziale. È stata convinzione dell'autore, rafforzata e maturata con il passare degli anni, che a un errore di contabilità - un errore che quando viene sottolineato è ovvio come un errore aritmetico - sia da ricondurre l'intero brodo infernale che la civiltà scientifica è diventata . In quel luogo inaspettato, credo, si troverà "il destino fatale che rende eterna la miseria umana". Ma che si tratti o meno dell'intera soluzione, la sua correzione immediata sembra essere un primo passo necessario per un mondo più sano.

Oxford, *febbraio 1933.*

Prefazione alla prima edizione

Il capitolo introduttivo di questo libro descrive come si è arrivati alla sua stesura, mentre il riassunto alla fine espone le principali conclusioni positive a cui si è giunti. Sebbene non si tratti di un romanzo, ma piuttosto di un serio trattato su quella che a volte viene chiamata "la scienza del male", l'abitudine di dare un'occhiata alla fine prima di iniziare il libro non è affatto da deprecare. Destinato a tutti i tipi di lettori sinceramente ansiosi di comprendere le cause dei moderni disordini nella sfera politica ed economica, il riassunto spiegherà meglio di una breve prefazione l'obiettivo a cui il libro è diretto. È bene dare un'occhiata al bosco prima di immergersi tra gli alberi, altrimenti il panorama potrebbe essere davvero desolante.

Si tratta di un tentativo, oggi raramente realizzato, da parte di uno specialista di un campo della conoscenza di risolvere i problemi di un altro. Nella scienza, riconosciamo che la terra di confine tra materie affini è di solito il campo più fruttuoso per le nuove scoperte, e anche che non è sconosciuto che materie completamente nuove partano e si basino su progressi più o meno piccoli in materie apparentemente non correlate ad esse.

Questa indagine iniziò con il tentativo di ottenere una concezione fisica della ricchezza che obbedisse alle leggi fisiche di conservazione e fosse incapace di imitare il comportamento capriccioso dell'oggetto della ricerca psichica. Nel corso dell'indagine, una nuova teoria del denaro prese gradualmente forma e, col tempo, divenne la pietra angolare dell'intera sovrastruttura. Proprio perché questa teoria, a differenza di altre, non pretendeva di mettere in relazione il prezzo con lo stato del commercio o la quantità di beni prodotti, si riconobbe che i problemi di stimolo della produzione e di abolizione della povertà e della disoccupazione erano distinti dal problema puramente monetario. Si poteva "stabilizzare la stagnazione". A tempo debito si giunse alla soluzione e si elaborarono le condizioni generali per la progressiva espansione economica di una comunità, senza cambiamenti nel valore della moneta o alternanza di boom e depressione. Come era prevedibile, la soluzione, una volta trovata, si è rivelata di ordinario e incontrovertibile buon senso, che non richiedeva altro per essere dimostrato.

Ogni aumento della quantità di ricchezza immobilizzata in un sistema produttivo deve essere pagato con l'astinenza dal consumo. I proprietari di denaro, per il momento, contribuiscono in parte - di solito una piccola parte - inconsapevolmente. Il resto deve essere coperto da una vera e propria rinuncia permanente ai diritti di consumo. Osservate queste condizioni, il reddito della ricchezza può essere permanentemente ampliato, in un'epoca scientifica, in misura quasi indefinita. È proprio perché l'autentica astinenza iniziale è stata interrotta che l'attuale sistema è quello che è. Questa, in sintesi, è la soluzione del paradosso economico.

I ringraziamenti sono dovuti a un numero maggiore di autori, per l'aiuto materiale nella comprensione di questi problemi, rispetto a quelli che è stato possibile citare specificamente nel testo, nonché a numerosi corrispondenti e amici che hanno discusso le conclusioni dello scrittore e attirato la sua attenzione su molti dei passaggi pregnanti della letteratura citata, di cui altrimenti avrebbe potuto rimanere all'oscuro.

FREDERICK SODDY.

Gennaio 1926.

Aggiunta alla seconda edizione

Dedicato agli ufficiali di legge della Corona dell'Impero Britannico

TECNOCRAZIA E NUOVA ECONOMIA

La tecnocrazia sostiene che, grazie all'uso dell'energia inanimata della natura e per mezzo delle macchine e della produzione di massa, l'uomo è diventato indipendente dalle proprie fatiche fisiche per il suo mantenimento, che la cosiddetta "legge ferrea della scarsità", su cui si fondava la vecchia economia, è stata abolita, che la povertà *e la* disoccupazione allo stesso tempo sono ormai un orribile anacronismo, che il reddito e la spesa media dell'intera nazione americana potrebbero facilmente essere moltiplicati molte volte con meno ore di lavoro e più tempo libero, e che il banchiere è obsoleto come governante di una civiltà scientifica e tecnologica.

In questo è simile alla tesi sviluppata nei presenti libri, salvo, forse, che io ero e sono più conservatore sia per quanto riguarda l'entità che la rapidità con cui la scala media di vita può essere aumentata. Si tratta della dottrina che in Gran Bretagna si definisce New Economics. Fin dalla guerra si è sviluppata una scuola di pensiero, più o meno indipendente su entrambe le sponde dell'Atlantico, che crede in una nuova economia dell'abbondanza piuttosto che nella vecchia economia del bisogno. In Gran Bretagna, il Maggiore Douglas, che ha dato vita al movimento di riforma del Credito Sociale - che in questo libro viene criticato piuttosto che esposto - è il pioniere per quanto riguarda il totale cambiamento di prospettiva che la nuova visione richiede. Ma tutti i nuovi economisti considerano Arthur Kitson, a cui è stato dedicato questo libro, come il decano del movimento grazie ai suoi ripetuti attacchi degli ultimi quarant'anni alle fallacie dei moderni sistemi monetari. L'influenza degli ingegneri americani dell'efficienza, che hanno dato alla tecnocrazia il suo caratteristico fondamento statistico, e quella di Thorstein Veblen, ora descritto come il "padre della tecnocrazia", si sono fatte sentire, ma piuttosto come echi e riflessioni che direttamente, quest'ultimo attraverso il mezzo confuso di antipatie politiche e sociologiche in guerra.

Ma mentre in Gran Bretagna i nuovi economisti, con la possibile eccezione Scuola di Douglas, sono stati piuttosto come voci isolate che gridavano nel deserto, in America hanno ora l'orecchio della nazione. Lo spettacolo della miseria e della disperazione, con 13 milioni di disoccupati, nella più ricca delle nazioni, così familiare a noi nel Vecchio Mondo, ha portato, come abbiamo sempre sperato e previsto, immediatamente in primo piano l'ampia questione se la macchina debba essere autorizzata a schiavizzare o a liberare l'umanità. Siamo così vicini alla "legge di ferro" e alle tradizioni di rassegnazione, subordinazione e sacrificio che essa ha imposto, che la gente di qui non vede ancora alcun rimedio a quella che è stata (e quindi dovrà sempre essere!) la sorte tradizionale di gran parte dell'umanità. Anche in America, probabilmente, ci sono ancora fedeli credenti nella dottrina "Beato chi si aspetta poco, perché non sarà deluso".

PUNTI DI UNANIMITÀ

Tutti i nuovi economisti, compresi i tecnocrati, sono abbastanza d'accordo possibilità di un immenso miglioramento del tenore di vita al costo di un minor dispendio di tempo e di "diligenza" o "vigilanza" (per non usare il termine fuorviante, perché obsoleto, di "lavoro") e con un guadagno delle corrispondenti ore di "tempo libero". Alcuni di noi ritengono che anche questo termine sia obsoleto, se per la maggior parte delle persone non deve significare nulla di meglio di quanto non faccia oggi. Anche in questo caso si potrebbero scoprire ampie divergenze su quanto "tempo libero" rimarrebbe esattamente se la maggior parte delle persone si dedicasse con tutto il cuore allo sviluppo delle proprie attitudini intellettuali e culturali (con tutto l'armamentario di università, accademie e simili che ciò comporta) come ora si dedica, nel tempo relativamente limitato, al divertimento. Siamo tutti d'accordo, ancora una volta, sulla necessità di un'equa ridistribuzione di questo "tempo libero", ad esempio tra coloro che costruiscono e insegnano nelle università e coloro che devono avere il "tempo libero" per "lavorare" lì. Il sistema di un mezzo sovraccarico di lavoro, con tempo libero volontario e involontario ai due estremi, deve finire, e prima lo si fa meglio è. Ma probabilmente sono ancora l'unico a credere che tutto questo si risolverebbe automaticamente da solo se il sistema monetario fosse onesto e incapace di essere manomesso, e quindi mi sfugge la parte più insolubile del problema su come garantire questa giusta redistribuzione. Non è che mi sfugga la questione, quanto piuttosto che ritengo che il problema sia irrisolvibile fino a quando non si compie questo primo passo, che poi potrà essere affrontato se e come sarà necessario.

Su quella che si potrebbe definire la diagnosi del problema, ancora una volta, i nuovi economisti generalmente d'accordo sul fatto che senza dubbio l'origine è da ricercare nella natura stessa dei sistemi monetari moderni, così come sono diventati. Tutti noi disprezziamo come un'assurdità intellettuale il facile slogan "macchina *contro* uomo" e la teoria che implica che gli uomini vivono per lavorare piuttosto che lavorare per vivere. Per noi, in un modo o nell'altro, è "il denaro *contro* l'uomo". È sinistro che quello che era lo slogan originale dei rivoltosi luddisti ignoranti e disperati venga sempre più adottato da persone presumibilmente molto istruite e intelligenti. Se, alleggerendo le fatiche della vita, la scienza aumenta la produzione oltre la capacità del meccanismo distributivo, è il meccanismo distributivo che deve essere revisionato o demolito, non il meccanismo produttivo, e il meccanismo distributivo di una civiltà monetaria - in contraddizione con le precedenti forme di comunismo patriarcale, servo della gleba, clanico e feudale - è *il* denaro.

PUNTI DI DIFFERENZA

Sulla questione se il sistema monetario debba (1) essere eliminato, (2) ampliato ed esteso, o (3) semplicemente corretto per servire a ciò per cui è stato inventato, cioè distribuire ciò che c'è da consumare e usare, indipendentemente dalla quantità, si rivelano le più ampie differenze di opinione. Sembrerebbe, infatti, che i tempi siano ormai maturi perché gli autorevoli esponenti dei vari sistemi li spieghino e rispondano a tutte le domande pertinenti che si pongono a una giuria *disinteressata* e *preparata* di eminenti pensatori, abituati a trattare con il pensiero astratto e scientifico, e lascino a loro il compito di consigliare quale delle vie debba essere sperimentata per prima. Esse devono essere considerate come alternative, non complementari ma reciprocamente esclusive, e qualsiasi tentativo di compromesso e di combinazione di parti di esse risulterebbe quasi certamente un disastro. È risaputo che in queste questioni chi ha formulato conclusioni definitive e promulgato schemi concreti non è in grado di apprezzare a ragione altre proposte che si distruggono a vicenda. Allo stesso tempo, il proponente di ogni schema dovrebbe avere il diritto di contestare a ogni singolo membro della giuria di non essere disinteressato o di non avere sufficiente familiarità con le abitudini di pensiero generali necessarie per comprendere le implicazioni delle sue proposte. Sarebbe altrettanto assurdo giudicare il caso di fronte a una giuria composta da persone la cui condotta è in fase di revisione e di cui potrebbe necessario fare a meno, o da persone abituate solo a usare le parole e senza alcuna conoscenza della realtà.

Tra le tre classi sopra indicate, i tecnocrati (anche se chi scrive ha solo una conoscenza di seconda mano della proposta e non la comprende) sembrerebbero collocarsi al primo posto con il loro attacco al "sistema dei prezzi" e la loro proposta di eliminare il denaro e di utilizzare i "certificati energetici". Il mondo esterno, almeno, attende ancora informazioni precise su cosa si propone esattamente e su come i prodotti dell'industria e dell'agricoltura saranno distribuiti ai singoli individui nell'ambito di questo sistema, e sarebbe inutile, al momento, anticiparlo con critiche premature.

LA SCUOLA DOUGLAS

La Scuola Douglas in Inghilterra, con la sua proposta di vendere le merci sottocosto e di compensare la differenza al produttore e al venditore con un'emissione di "Credito Sociale" (che, per quanto ne so, è nuova moneta), sembra in un primo momento essere strettamente alleata dei Tecnocrati. Ma, per quanto capisco le proposte che sono state avanzate, sembrano piuttosto rientrare nella seconda classe - vale a dire, una grande amplificazione ed estensione del sistema di creazione di denaro come crediti, ma al consumatore piuttosto che al produttore.

Fino a un certo punto il rimedio è facile da capire. La grande sovrapproduzione di capitale, sebbene quello già esistente sia in gran parte inutilizzato, è ovviamente in qualche misura riconducibile al sistema esistente, in base al quale i produttori, depositando una garanzia collaterale e pagando un interesse, possono ottenere la creazione temporanea di denaro per consentire loro di produrre a spese dell'intera comunità. Ma nei sistemi monetari moderni non viene creato denaro, e nemmeno un regolare macchinario per la creazione di denaro, per la distribuzione.

Ogni studioso della materia sa che è altrettanto necessario fornire denaro ai consumatori per consentire loro di consumare, quanto ai produttori per consentire loro di produrre, e l'immissione di nuovo denaro sempre nel lato del produttore del sistema è un fattore innegabile che fa sì che la produzione superi la distribuzione.

Ma non è questa la vera punta di diamante dell'una o dell'altra dottrina, che ha penetrato, almeno per il momento, la cittadella stessa del "capitalismo". Per dirla con le parole dell'uno, a causa del numero sempre minore di lavoratori che producono sempre e sempre più grandi quantità di merci "il potere d'acquisto distribuito dall'industria sta diventando sempre più insufficiente per distribuire i prodotti dell'industria". Oppure, come sostiene l'altro, con lo sviluppo tecnico della produzione, il metodo tradizionale di distribuzione attraverso i salari, ecc. è crollato, ed è una pura illusione supporre che possa mai essere ripristinato. Nemmeno la metà dei disoccupati in America verrebbe riassorbita da un ritorno al precedente picco massimo di prosperità, e ci stiamo rapidamente avvicinando al momento in cui la maggioranza sarà senza lavoro. Entrambi condannano l'attuale sistema di salari o di prezzi come già impraticabile e come in definitiva assurdo. In questo sono causa di dispiacere, se non di rabbia, tra i miei fratelli neo-economisti, poiché la mia posizione è molto più vicina a quella della vecchia economia che a quella della nuova.

La mia obiezione allo schema di Douglas è in parte una questione di grado, per quanto riguarda la quantità di nuovo denaro necessario, tenendo presente l'impossibilità di ritirare di nuovo il denaro *dato*, in contrasto con la possibilità quando viene solo *prestato*. Ma esiste una divisione più profonda, che deriva dal tema esposto in questo libro - la teoria energetica della ricchezza, e la vera natura del Capitale che ne deriva come debito comunitario piuttosto che ricchezza. Da qui la necessità di cancellare dalla possibile produzione di ricchezza distribuibile tutto il capitale prodotto come una perdita morta. Si tratta di una sottrazione e non di un'aggiunta al flusso. Il tanto discusso teorema A+B della Scuola Douglas sembra considerare il capitale convenzionalmente come ricchezza piuttosto che come debito, e se così fosse riduce la proposta pratica di emettere Credito Sociale (o nuova moneta) su una scala simile a quella apparentemente contemplata a una semplice inflazione. Mi risulta che un'organizzazione berlinese che studia il problema ne abbia raccolti circa duemila.

In questa seconda categoria vanno classificati anche tutti gli schemi di riforma bancaria, che mantengono come ora il potere di creazione e distruzione del denaro in mani private, ma modificano i metodi per farlo e l'obiettivo apparente, o, in alternativa, nazionalizzano le banche e le lasciano continuare più o meno come ora, come direi, a distruggere il socialismo come hanno quasi distrutto l'individualismo. Chiaramente sarebbe ancora più ozioso per me tentare di esporle rispetto alle proposte di Douglas.

LO SCHEMA DELL'AUTORE

Il terzo metodo di correzione del sistema monetario per renderlo distributivo, in effetti ricreando un meccanismo distributivo, dato che la *ragion d'essere* di tutti i sistemi monetari è ora assente dal nostro, è il metodo che ho sostenuto fin dall'inizio in questo e in altri libri.[1] Non può ancora pretendere di essere sostenuto da nessuna "scuola", anche se ha i suoi singoli convertiti. In linea di massima, si basa sulla conclusione che tutti i benefici che si supponeva fossero conferiti alla comunità dal sistema monetario, qualunque cosa fossero un tempo, sono ora un'illusione e sono disonesti come la manomissione di pesi e macchine per pesare. Con la crescente distinzione tra l'*acquisizione* della ricchezza e la sua creazione - tra Demostene e il vescovo Berkeley - tutto questo giocherellare con la quantità di denaro, fingendo di prestarlo e creandolo, fingendo di essere ripagati e distruggendolo, appare in primo luogo come privo di un reale significato fisico dal punto di vista nazionale. Il risultato è che alcuni acquistano a spese e all'insaputa di altri. In secondo luogo, rende impossibile la distribuzione della ricchezza a un livello di prezzo costante, o addirittura a qualsiasi livello di prezzo. I presunti vantaggi che aveva un tempo - la stimolazione della produzione rispetto al consumo - sono ora uno svantaggio, ma si può seriamente dubitare che, a conti fatti, non ne sia derivata alcuna conseguenza negativa dal punto di vista della nazione nel suo complesso. Se ci sono carestie e grandi cataclismi naturali o umani, come guerre e pestilenze, è meglio affrontarli *senza* la catastrofe aggiuntiva e altrettanto devastante di un'unità monetaria variabile, che si limita a dare un peso ridotto a un gruppo di persone e un peso eccessivo a un altro - l'ultima goccia, sicuramente, nel modo di "assistenza".

---

[1] Confronta, *Money versus Man* (Mathews and Marrot, Londra, 1931).

Tornerebbe allo scopo per cui il denaro è stato inventato e all'assioma relativo alla sua emissione in tutte le civiltà monetarie precedenti a questa. Distruggerebbe completamente, senza lasciare una sola scappatoia, il potere dei privati di creare e distruggere denaro a piacimento. Sostituirebbe un sistema monetario nazionale scientifico, lasciando tutto il resto com'è, e sostiene che la guarigione del paziente sarebbe rapida e completa. Come nel caso dell'ultimo Czarevitch, sono i medici chiamati a intervenire che causano la malattia in attesa della chiamata, e la malattia stessa può essere meglio descritta come la somministrazione segreta di una droga che lascia la vittima inconsapevole di ciò che l'ha distrutta.

RICCHEZZA, CAPITALE E DENARO

Sebbene, in questo libro, il contributo positivo all'argomento dal punto di vista della politica pratica immediata sia contenuto nel suggerimento di tornare a un sistema monetario per la distribuzione di tutto ciò che la scienza e la diligenza umana sono in grado di ricavare dall'energia e dalle materie prime del globo, il lettore può essere avvertito in anticipo che l'analisi dell'impasse dipende da concezioni della ricchezza, del capitale e del denaro completamente diverse da quelle sostenute o dichiarate in precedenza da economisti, sociologi, uomini d'affari o politici o da quelle alla base delle stantie controversie tra capitalismo, socialismo e comunismo. Personalmente, è estremamente interessante e lusinghiero che il punto di vista sulla ricchezza e sul capitale sia stato adottato o, almeno, abbia avuto una certa influenza sul lavoro indipendente dei tecnocrati, ma per quanto riguarda il denaro, anche se il tempo sta facendo miracoli, credo di poterlo ancora definire mio.

Il lettore troverà nei capitoli iniziali una teoria energetica della ricchezza che non richiede ulteriori approfondimenti. Ma deve tenere presente la natura del Capitale (*Agenti di produzione* come definiti) che ne consegue, di ricchezza già consumata, e - poiché la ricchezza, non più del carburante, può davvero essere consumata due volte nel modo normale - il Capitale è una perdita irrecuperabile e un debito comunitario piuttosto che una ricchezza comunitaria. Un'illustrazione molto appropriata è la posizione delle ferrovie in Gran Bretagna, che non sono ancora state acquistate o pagate dai discendenti che hanno ereditato i crediti derivanti da chi si è astenuto dal consumare per permettere a chi le ha prodotte di consumare. Per quanto controversa possa essere la questione dell'identità degli individui originari che si sono astenuti, non c'è una vera controversia sull'astinenza.

A queste si contrappongono le autostrade, pagate da una tassa eccessiva sugli automobilisti, quattro volte più alta che in qualsiasi altro Paese del mondo. Questo fa pensare che la Gran Bretagna, la più vecchia affetta dall'illusione che il capitale fosse ricchezza comune piuttosto che debito, sia ancora in testa al mondo, almeno nelle sue convinzioni intuitive se non nei suoi atteggiamenti dichiarati. È quindi molto significativo che le stesse idee si siano ormai radicate anche in America, almeno a giudicare dai resoconti sulla tecnocrazia e i suoi principi che sono arrivati, illustrati come sono da molti esempi eclatanti della fecondità del *debito* piuttosto che della ricchezza.

IL CAPITALE COME RICCHEZZA GIÀ CONSUMATA

Per quanto riguarda gli economisti ortodossi più eminenti (tutti gli economisti ortodossi sono necessariamente eminenti, altrimenti sarebbero incredibili), sembra che si trovino ancora nell'infelice posizione di sapere tutto sull'impossibilità di consumare una torta due volte, almeno intuitivamente, ma di credere ancora nelle virtù vertiginose dell'interesse composto. È ora piuttosto tra i nuovi economisti (nelle proposte di Douglas e nel teorema A+B) che queste idee sbagliate sembrano persistere nella sfera dell'economia nazionale. Il fatto che si possa ottenere nuova ricchezza per il capitale, convincendo qualche altro individuo che la desidera ad accettarla in cambio, non deve renderci ciechi di fronte al fatto che una nazione non può ritrasformare la sua ricchezza in capitale in ricchezza consumabile, o mangiare i suoi aratri se è a corto di pane.

Un recensore della prima edizione di questo libro, con lungimirante umorismo, citando dalla prefazione che la soluzione del paradosso economico era "il più comune incontrovertibile buon senso che non richiede altro che questo per dimostrarlo", profetizzò che sarebbe stato rifiutato da ogni studente di economia. Fu lui stesso, tuttavia, a fornire l'indizio. Marshall, che "nella sua grande opera definì l'economia come il modo in cui un uomo ottiene il suo reddito e come lo usa", caratterizzò la distinzione tra "beni dei consumatori" e "beni dei produttori" (in quest'opera distinti come ricchezza per il consumo e l'uso e Capitale, o come Ricchezza I e Ricchezza II) come "vaga e forse di scarsa utilità pratica" - una distinzione senza differenza, in effetti, proprio come J. Stuart Mill affrontò la stessa questione. È vero, quando consideriamo come un individuo ottiene il suo reddito, ma non quando consideriamo come lo ottiene una nazione. Una volta compreso questo punto fondamentale, il tumulto delle attuali controversie politiche e sociali sul Capitale appare quasi privo di significato.

"RICCHEZZA NEI TUBI

Tuttavia, a causa di questa differenza di punti di vista, gli economisti ortodossi sembrano aver commesso un preciso errore di contabilità che vizia l'intero sforzo di spiegare il sistema monetario e il motivo per cui esso si comporta in modo così erratico e spasmodico. Quando si passa dalla concezione della ricchezza come "quantità realizzata" a quella più elegante di "ricezione periodica" o flusso - e anche nella teoria dell'energia si ha a che fare, ovviamente, con i flussi - non si può fare a meno di tenere conto correttamente di quella che può essere definita la ricchezza nelle tubature, cioè la quantità totale di ricchezza parzialmente prodotta in esistenza corrispondente a un determinato tasso di consegna o di ricavo ("volume del commercio"). Così la grande industria petrolifera americana[2] utilizza 100.000 miglia di tubature, che contengono permanentemente tre quarti di un miliardo americano (1.000 milioni) di galloni di petrolio. *La quantità* di tre quarti di miliardo di galloni di petrolio deve essere immessa, ma non esce, anche se il petrolio lo fa. Possiamo dire che questa quantità di petrolio non è bruciabile, anche se il petrolio lo è - che, sebbene il petrolio passi sempre dalla produzione alla combustione, tre quarti di miliardo di galloni sono *come sprecati finché la fornitura viene mantenuta.*

Un certo tasso di flusso di ricchezza dalla produzione al consumo richiede una certa quantità "nei tubi" nella condizione di semilavorato o parzialmente coltivato, e se vogliamo aumentare il flusso dobbiamo aumentare questa quantità persa in proporzione.

Perché il tasso di produzione, a differenza di quella comoda finzione che è la "velocità di circolazione del denaro", di cui stiamo per parlare, dipende da cose come il tempo di semina e il raccolto e i loro

---

[2] *Nature*, 19 aprile 1930, p. 589.

equivalenti industriali, piuttosto che dai banchieri che fingono di prestare denaro.

Se questa quantità non è onestamente compensata da un'astensione dal consumo in misura equivalente, essa si contabilizza in modo disonesto, con il trucco del denaro "qualcosa per niente", e abbassa il valore del denaro di ciascuno cambiando il valore di ogni unità. Se si omette di farlo, è perfettamente inutile cercare di mantenere costante il numero indice. La prova sufficiente, in questi giorni di incredulità nei confronti dei miracoli fisici, è che *non può provenire da nessun altro luogo.*

Il banchiere, così com'è diventato, si ostina a considerare la quantità di ricchezza consumabile che non è consumabile, e che è necessaria per riempire le tubature, come ricchezza consumabile, solo perché può essere drenata per ripagarlo, dislocando così l'intero servizio. Ma questo non è sufficiente.

Il punto può sembrare banale, ma è la chiave dell'intero problema di come mantenere costante il valore del denaro e aumentare al massimo il tasso di flusso dello stato di civiltà. La sua considerazione nel Cap. XI, prima della trattazione più completa della natura reale dell'accumulazione del capitale nel Cap. XII, a cui si aggiungono identiche considerazioni . XII, a cui si applicano le stesse considerazioni in merito all'astinenza da pagamento, può causare al lettore, se non si mette in guardia, inutili difficoltà.

CIVILTÀ MONETARIA

Le civiltà monetarie sono nate dai comunismi precedenti e li hanno soppiantati perché hanno permesso un maggior grado di libertà economica individuale agli uomini, ma non alle donne. Le civiltà monetarie sono, almeno per come si sono sviluppate finora, civiltà essenzialmente maschili. Possono fallire o necessitare di una revisione su quest'ultimo aspetto, ma devono essere praticate solo per garantire il primo senza tornare al comunismo.

Quello che conosciamo è caduto, o rischia di cadere, con un ritorno al tipo precedente, semplicemente perché il denaro moderno non sta al gioco.[3] La regola essenziale è che chi, nell'ambito di un'attività commerciale, riceve ricchezza in cambio di denaro - esso stesso ormai intrinsecamente privo di valore - deve cedere l'equivalente, e ciò è garantito semplicemente dal fatto che nella transazione precedente ha ceduto l'equivalente della ricchezza al denaro intrinsecamente privo di valore. Ma ciò non avviene *e non può essere* osservato con la moneta-credito, falsamente chiamata così, nella prima emissione di nuova moneta, e come risultato diretto l'intera civiltà scientifica è stata portata quasi alla rovina.

È solo per quanto riguarda la sua *prima* emissione (e la sua distruzione finale, se mai verrà distrutta) che il denaro moderno è un po' difficile da capire. Nel *primo* scambio di nuovo denaro per ricchezza, l'emittente, chiunque sia, ottiene qualcosa per niente, *e non può fare a meno di ottenere qualcosa per niente,* a meno che la comunità non debba fare tutta la fatica sprecata di incorporare qualcosa di valore, come l'oro, nel gettone di denaro. Per quanto riguarda le banconote, un tempo poteva essere plausibile credere che fosse il credito della banca a farle circolare, ma oggi è difficile immaginare uno Stato così corrotto che il suo credito non sia di gran lunga superiore a quello di qualsiasi società. Ma quando si tratta di denaro creato per prestare e distrutto quando il denaro viene rimborsato, gli utenti non sanno né chi lo ha creato né come è stato creato. Si differenzia da tutto il resto *solo* per la *prima* transazione in cui si scambia con la ricchezza e per l'*ultima* in cui viene decretato, e, in effetti, a cosa ammonta ora "tutto il resto"?

CANTIERE

Il denaro moderno è un gioco con i contatori che non può essere avviato fino a quando ogni individuo non versa una ricchezza reale per i contatori in un pool comune, e *non c'è un'autorità nazionale comune che si occupi del pool.* Ai tempi dei sovrani assoluti questo indispensabile funzionario era rappresentato dall'effigie del sovrano su ogni gettone per indicarne la "genuinità". In effetti, almeno in tempo di

---

[3] Questi punti sono stati illustrati in modo eccellente in un recente libro di D. W. Maxwell, *The Principal Cause of Unemployment* (Williams and Norgate, 1932).

pace, la principale giustificazione dell'autorità centrale era proprio questa necessità di proteggere il mezzo di scambio della nazione da coloro che lo avrebbero moltiplicato con imitazioni spurie e di mantenere la fiducia tra debitori e creditori mantenendo il valore della moneta in linea con lo standard. In America forse non hanno ancora bisogno di re, ma, al pari dei Paesi che li hanno, hanno altrettanto bisogno di una persona responsabile che si occupi del pool. Per quanto alcuni dei primi re inglesi possano aver tradito questa fiducia, in Gran Bretagna da un secolo i Reali hanno un curriculum uniforme di coscienziosa devozione al servizio pubblico, e la Famiglia Reale lavora probabilmente più duramente nell'interesse pubblico della maggior parte dei cittadini. Sembrerebbe naturale, in questo caso, rafforzare la prerogativa della Corona sull'emissione di denaro, che il sistema degli assegni ha reso lettera morta.

UNA ZECCA NAZIONALE

Quasi tutte le proposte avanzate in questo campo sono volte a estendere la pratica dell'emissione e della distruzione di denaro alle banche municipali, alle società di mutuo soccorso e simili, o a nazionalizzare le banche senza alterare minimamente il difetto esistente nel sistema monetario, ma anzi esagerandolo e moltiplicandolo fino all'assurdo. La proposta di questo libro è quella di ristabilire la Zecca Nazionale che ha il controllo sull'emissione o la distruzione di tutto il denaro, cioè la moneta a corso legale, e, se necessario, procedere contro tutti i sostituti rendendoli specificamente illegali. Il tasso di nuove emissioni sarebbe controllato da una commissione di statistici, presieduta dal Capo Supremo del Regno, che avrebbe uno status simile a quello della magistratura e funzioni analoghe a quelle degli istituti di controllo ufficiali che standardizzano i pesi e le misure nazionali. In Gran Bretagna il tasso medio di emissione di nuova moneta (cioè l'eccesso di "prestiti" rispetto ai "rimborsi") è stato di 1.000 sterline all'ora, ogni ora del giorno e della notte, negli ultimi 226 anni. Il tasso medio attuale è probabilmente almeno tre volte superiore. Sarebbe compito dell'autorità statistica stabilire a quale tasso dovrebbero essere effettuate le nuove emissioni per mantenere invariato l'indice dei prezzi. Al giorno d'oggi, la tendenza sarebbe uniformemente in una direzione: la caduta dei prezzi a causa della produzione che supera la distribuzione.

Le emissioni passate in Gran Bretagna sono dell'ordine di duemila milioni di sterline.

Occorrerebbe la ricchezza di duemila milionari per ripagare i cittadini di quanto hanno ceduto al pool di contatori di denaro, che per primo ho definito in questo libro la Ricchezza Virtuale della nazione. Ma, ahimè, la "ricchezza" dei milionari si rivela, all'esame, virtuale, se non virtuale, e consiste per lo più in rivendicazioni di ricchezza come quelle dei cittadini stessi. È difficile immaginare quale sia il compito di individui o corporazioni di assumersi l'intera responsabilità della moneta di una nazione, o cosa possano fare se non del male, soprattutto in una civiltà come la nostra. In effetti, lo storico probabilmente rintraccerà come una delle ragioni più importanti della morsa sull'industria e sullo sviluppo economico delle nazioni che stiamo vivendo, la totale inadeguatezza di tali individui o banche, per quanto "ricchi" o affidabili, ad assumersi la responsabilità della moneta nazionale. È come cercare di finanziare un programma nazionale di elettricità centralizzata con una cassa di risparmio, senza ottenere nulla di meglio di quello che abbiamo ora.

LA DEMOCRAZIA E LA QUESTIONE DEL DENARO

Tuttavia, come il Presidente Wilson imparò troppo tardi nel 1916: "Una grande nazione industriale è controllata dal suo sistema di credito - il nostro sistema di credito è concentrato. La crescita della nazione e di tutte le nostre attività sono nelle mani di *pochi uomini... che possono raffreddare e controllare e distruggere la nostra libertà economica*".

Se avesse chiamato le cose con il loro nome, e invece di parlare di un "sistema di credito" avesse rivelato ciò che il termine nasconde, e avesse parlato della "creazione e distruzione del nostro denaro", anche un bambino sveglio con una conoscenza scolastica della storia avrebbe potuto capirlo.

Così la democrazia finisce in una morsa assoluta da parte di pochi uomini sconosciuti! Almeno abbiamo il diritto di sapere chi sono veramente i nostri governanti, anche se ciò significa dissotterrare di nuovo tutto l'oro che hanno sepolto per farne delle corone. Cercarli significa non trovare nessuno che assomigli minimamente al tipo di persona che un grande impero o una grande repubblica scientifica avrebbe scelto volontariamente per strozzarli, ma una serie di reliquie pettiformi e di banchieri da quattro soldi che spazzano e falciano l'oro! Via loro! Lasciate che le grandi nazioni facciano il loro lavoro.

LA LEGGE!

Ma come? Una rivoluzione non ci avvicinerebbe, ma ci allontanerebbe molto dal nostro obiettivo. È ora nell'assoluto potere dei cittadini porre fine a queste pratiche nefaste nel modo più semplice e inaspettato: invocando la legge! Basta che un numero sufficiente di persone di buona volontà si riunisca e si rifiuti di pagare le tasse, sostenendo che, a causa di emissioni private di denaro su scala colossale, una grande frazione dell'intera imposta è falsa, per fare tabula rasa di tutte le reti tessute per intrappolare l'umanità dai maghi che hanno scoperto come ottenere qualcosa dal nulla e, per di più, farle fruttare perennemente. I funzionari della Corona non possono procedere all'infinito contro il misero falsario di una banconota falsa per alto tradimento piuttosto che per furto e strizzare l'occhio alla frode del contribuente con gli stessi mezzi per un ammontare annuo di oltre cento milioni di sterline. Ma essendo il diritto anglosassone quello che è, è altamente indesiderabile che qualsiasi individuo tenti di fare questo, senza almeno una copertura finanziaria molto completa e adeguata, o una sconfitta prematura potrebbe stabilire un precedente che risolverebbe l'aspetto legale della questione fino alla fine dei tempi.

COME FUNZIONEREBBE IL SISTEMA

Supponendo che il primo passo sia stato compiuto in modo sicuro - ed è, come in tutti i problemi monetari, il primo passo che conta - ci sarebbe l'interesse di alcune migliaia di milioni all'anno per l'alleggerimento della tassazione, più l'incremento annuale della quantità di denaro, che ora ammonta a molte decine di milioni all'anno, e l'ulteriore vantaggio che si eviterebbe il pagamento in perpetuo dell'interesse su questi incrementi annuali.

Dopo il prolungato periodo di deflazione che abbiamo attraversato, naturale immettere queste nuove emissioni nel sistema dalla parte del consumatore, in modo che il primo scambio - l'unico che conta - elimini un po' di ricchezza nel sistema.

Come il passaggio dell'ossigeno al sangue nei polmoni, in cui ogni cellula riceve la parte che le spetta, il nuovo denaro conferirebbe nuovo potere d'acquisto a ogni singolo membro della comunità in proporzione alla sua partecipazione al pool, e nessuno schema potrebbe essere più giusto o più equo di questo. Il termine stesso usato dagli esponenti ortodossi della scienza monetaria - *politica monetaria* - è sufficiente a condannarli. Chiunque parlerebbe di una *politica dei pesi e delle misure*, o penserebbe che sia giusto dire "quel poveretto è un caso meritevole, dategli venti once per la sua libbra, e a quel furfante ne bastano dodici per far quadrare i conti".

In seguito, se l'appetito superasse l'offerta, e fosse necessario stimolare la produzione, si metterebbero più naturalmente dalla parte del produttore, come, ad esempio, riscattando il debito nazionale permanente e liberando così nuova ricchezza da spendere in nuova produzione di capitale, senza dimenticare la "ricchezza nelle tubature" già considerata. Anche in questo caso è tutto come prima, perché i cittadini vengono salvati per sempre dopo aver pagato ulteriori interessi sul debito distrutto. La nazione sta infatti "risparmiando" per pagare il costo del nuovo capitale, una necessità che l'applicazione dell'economia individuale alle nazioni non ha mai previsto né consentito.

RIMBORSO DEL CAPITALE

Il primo passo compiuto, il secondo, il rimborso graduale del debito di capitale comunale, spiegato nel Cap. XIII, non richiede ulteriori commenti, se non quello di dire che, a mio avviso (vista la stima conservativa, relativamente ai tecnocrati, che faccio del possibile tasso di espansione tecnologica utile), ritengo che questi due passi siano da considerarsi come una sorta di "rivoluzione". XIII, non richiede ulteriori commenti, se non quello di dire che, a mio avviso (considerando la stima prudente, rispetto ai tecnocrati, che io faccio del possibile tasso di espansione tecnologica utile), penso che questi due passi sarebbero sufficienti per molto tempo a venire. Ma forse è bene spiegare un po' meglio le ragioni di questa affermazione.

Lo schema di rimborso, in effetti, rende tutti i titoli terminabili dopo un termine definito, e con la restituzione di una somma totale sicuramente superiore a quella investita in base all'aliquota d'imposta, come può essere calcolato da chiunque in base alle tabelle fornite. Una volta compreso chiaramente che il capitale è ricchezza già consumata e che, nella migliore delle ipotesi, ha una vita limitata, il vero problema è quello di scaricare dalle spalle della nazione il debito morto, non per scoraggiare ma piuttosto per incoraggiare l'affondamento della ricchezza nella produzione di nuovo capitale. È vero, se a qualcuno piace costruire una fabbrica di seta di rayon in grado, quasi senza che nessuno ci lavori (il che sembra un'impossibilità anche dal punto di vista della nuova economia), di fornire più seta artificiale di quanta ne voglia il mondo, è affar suo. Lo standard del numero indice, in base al quale i beni non desiderati diminuiscono di valore rispetto a quelli desiderati come ora, è tutto ciò che serve per fermare questa follia. Ma se il tempo libero non deve essere solo ozio e pigrizia, a mio avviso anche il sistema di produzione scientifico avrà il suo bel da fare per soddisfare le sue esigenze infinitamente diverse. Alcuni dati dei tecnocrati sembrano pertinenti.

"Per come è costituita la nostra società in America, solo il 7% dell'energia prodotta è destinata alla fornitura diretta di cibo. Il 93% viene utilizzato per mantenere il nostro schema sociale".[4]

Questo è dunque il progetto dell'autore per la salvezza e la rigenerazione, per non dire il ringiovanimento, della civiltà scientifica, e chi legge il libro non dovrebbe trovare molte difficoltà a comprenderne le basi teoriche. Naturalmente, può essere addobbato e ricamato per adattarsi alla fantasia di qualsiasi settore del pubblico senza intaccare minimamente la sua potenza, purché i decoratori e i ricamatori comprendano che ha un principio di base su cui non è possibile scendere a compromessi. Si tratta del principio stesso del denaro: nessuno può riceverlo nel modo degli affari senza rinunciare all'equivalente di ricchezza per esso. Rinunciamo a credere ai giochi di prestigio, se non nelle feste di Natale, almeno nel mondo degli affari e dell'economia, e al tentativo di ottenere qualcosa per niente. Giochiamo al gioco del denaro con una piscina aperta e un croupier responsabile, se non un vero re.

LEGISLAZIONE NAZIONALE SULLA VECCHIAIA

Con la più vera consapevolezza della natura esatta della ricchezza e dell'accumulazione di capitale che la teoria energetica della ricchezza fornisce, la loro capacità di nuocere scompare in gran parte.

---

[4] *L'A.B.C. della tecnocrazia*, Frank Arkright, 1933. Hamish Hamilton, Londra.

C'è la speranza che possa persino neutralizzare quel "principio di morte" che Trotter ha riconosciuto come finora insito nella natura stessa della civiltà, qui diagnosticato come il conflitto tra gli istinti innati di acquisizione (piuttosto per la sicurezza futura che per motivi avari o ostentativi) e l'impossibilità fisica di accumulare ricchezza.

Resta anche da aggiungere poco sull'aspetto internazionale oltre a quanto già detto. Se ogni nazione affrontasse e risolvesse questi problemi internamente, anche il problema internazionale ed esterno scomparirebbe. Ma la semplice unione degli Stati autonomi sotto il dominio mondiale del banchiere può al massimo evitarlo per un momento e minaccia l'eclissi della libertà economica non in uno Stato ma in tutti. Come prima, né il mondo intero né l'universo intero sono in grado di "placare una sete infinita". L'artificio matematico che i matematici indù hanno inventato per facilitare i conti ha mandato la civiltà fuori strada, così come la radice quadrata di quell'artificio sta mandando la fisica e l'astronomia all'infinito inseguimento dell'assurdità. Possiamo essere grati all'ingegnere che, almeno in questo caso, deve tenere almeno un piede per terra. Ma dobbiamo tenerli entrambi, se vogliamo che le nazioni abbiano un'economia che permetta loro di arrivare alla vecchiaia e di vivere.

LA TEORIA DELLA QUANTITÀ DI DENARO CONTRAPPOSTA ALLA TEORIA DELLA RICCHEZZA VIRTUALE

È tanto invidioso per un autore di una teoria del denaro criticare in modo distruttivo una teoria rivale quanto per un produttore criticare i prodotti di un altro. È psicologicamente più sottile, anche se meno informativo, proclamare ciò che i propri prodotti non faranno, come nel caso del famoso sapone che "non lava i vestiti". Ma l'odio deve essere affrontato per motivi di chiarezza.

La teoria quantitativa del denaro[5] tenta di stabilire una relazione tra il potere d'acquisto del denaro, cioè la quantità di beni che l'unità di denaro può acquistare, o il *suo reciproco*, il *prezzo*, cioè la quantità di

---

[5] *Si veda* Irving Theory, *The Purchasing Power of Money* (p. 18) (Macmillan and Co., New York, 1922).

denaro che deve essere pagata per una quantità unitaria di beni, e altre tre grandezze - cioè la quantità di denaro in circolazione, la velocità di circolazione e la quantità di beni scambiati, o "volume degli scambi". La relazione è che i prezzi devono variare proporzionalmente alla quantità di denaro in circolazione e alla velocità di circolazione, e inversamente alle quantità di beni scambiati.

In realtà, nella pratica, per prezzo si intende il numero indice del livello dei prezzi. [6] La quantità di denaro in circolazione è un'espressione vaga, poiché l'unica quantità certa è quella esistente, in possesso di qualcuno, senza ovviamente considerare le quantità in comproprietà come più di una quantità.

La velocità di circolazione è più vaga. È definita come il numero di volte in cui "la quantità in circolazione" viene scambiata con merci in un anno. Ma moltiplicando le ultime due quantità, le vaghezze si neutralizzano e si ottiene la quantità di merci scambiate con denaro in un anno o il volume degli scambi. Questa, così come l'indice dei prezzi e la quantità di denaro esistente, sono definite, anche se quest'ultima oggi non si può certo dire che sia accertabile in modo indipendente.

La cosiddetta equazione dello scambio, "La somma dei prodotti delle quantità di merci scambiate moltiplicate per i rispettivi prezzi", è uguale al "denaro totale cambiato per le merci", o "il volume degli scambi" è uguale al "prodotto della quantità di denaro in circolazione moltiplicato per la velocità di circolazione", sembra essere ciò che il matematico chiamerebbe un'identità come "due volte due" uguale a "quattro", dal momento che le ipotesi fatte nel considerare quanto denaro è in circolazione devono necessariamente influenzare in modo inverso la velocità di circolazione. Quindi solo la prima equazione è reale: la somma di tutti i beni acquistati moltiplicata per i rispettivi prezzi è uguale al denaro totale cambiato per i beni.

Se questo è corretto, non è straordinario che gli studi statistici abbiano confermato la teoria della quantità con un grado di accuratezza molto elevato, perché qualsiasi altra cosa sarebbe impossibile. In effetti, se la quantità di denaro disponibile per acquistare una certa quantità di beni viene modificata, il prezzo, in quanto quoziente del denaro per i beni acquistati con esso, deve variare con la quantità di denaro. Anche

---

[6] I riferimenti sono a questo libro.

se tutte le dolorose implicazioni di questo fatto vengono solitamente comprese solo dopo una lunga e amara esperienza, si tratta semplicemente di una definizione del prezzo come determinato dal numero indice. Poiché è fisicamente impossibile aumentare la quantità di beni esistenti aumentando la quantità di denaro disponibile per comprarli, poiché qualsiasi aumento dei beni disponibili è necessariamente in ritardo di almeno il tempo minimo per produrli, quanto sopra deve essere vero per *qualsiasi* teoria del denaro.

PREZZO

Il prezzo è essenzialmente una relazione tra due quantità, una di denaro e l'altra di ricchezza. Secondo la mia teoria, la duplice relazione, che tiene conto del fattore psicologico e di quello fisico, si ottiene considerando il prezzo non solo come la quantità di denaro necessaria per acquistare i beni, ma anche come la quantità di beni di cui i proprietari (per il momento) del denaro sono disposti a fare a meno o a cui rinunciano solo per loro volontà (senza interessi o altri incentivi se non la loro convenienza e necessità).

La teoria della quantità cerca semplicemente di superare la difficoltà che ogni teoria in questo campo incontra, di mettere in relazione una *quantità* totale di denaro esistente con un *tasso* di distribuzione della ricchezza (volume degli scambi), proprio come nei tentativi precedenti, credo, prendendo in considerazione il tempo necessario al denaro per circolare. Ma la cosiddetta "velocità di circolazione", definita come il numero medio di volte in cui il denaro cambia di mano in un determinato periodo, è più un'incognita persino del vecchio tempo di circolazione.

VELOCITÀ DI CIRCOLAZIONE

Come sviluppato nel capitolo XI, dal punto di vista dell'economia nazionale, il ciclo economico vero e proprio si riduce a due operazioni *interconnesse*, il pagamento dei produttori ai loro dipendenti e a loro stessi per la produzione di nuova ricchezza, e poi il pagamento dello stesso denaro da parte delle stesse persone e di altri consumatori per far uscire la ricchezza dal sistema di produzione *dopo che è stata* prodotta. Tutti i semplici scambi di proprietà finite hanno solo un'importanza individuale. Non importa se A o B, C, D... possiedono il cavallo da corsa, la proprietà, la fabbrica, le azioni o altro.

La velocità di circolazione del denaro può essere enormemente influenzata da persone che in borsa si affrettano a comprare e vendere azioni e a riacquistarle *all'infinito*, senza alcun effetto diretto sui periodi di semina e di raccolto e sui loro equivalenti industriali, o sulla velocità di produzione di nuova ricchezza da distribuire, che determina il destino delle nazioni.

Queste attività speculative spettacolari e, a livello nazionale, profondamente deplorevoli, si limitano a distribuire *denaro* e *capitale* tra gli individui, non a creare nuova ricchezza, se non di riflesso. Quanto il cosiddetto commercio e gli scambi, soprattutto nel mercato estero e internazionale, rientrino in una categoria simile, avendo poco a che fare con la vera produzione e distribuzione e nascendo dal mero cambio di proprietari speculativi, è un'indagine molto importante.[7] Molte delle difficoltà esistenti derivano dalle agevolazioni che speculatori e *imprenditori* possiedono oggi per far sì che il denaro venga creato per loro e distrutto di nuovo quando ne hanno fatto uso, per cui sarebbe una perdita di tempo tenerne conto in un sistema che si propone di far funzionare una vera moneta nazionale permanente di valore costante in beni, e in cui ogni transazione in cui essa cambia di mano implichi un corrispondente scambio di ricchezza equivalente.

Questa è infatti la nota chiave della trattazione del denaro in quest'opera. L'obiettivo è trovare le condizioni in cui un sistema monetario distribuirà tutto ciò che c'è da usare e consumare senza boom o crolli e con uno standard monetario costante debitore e creditore. Non si tratta di seguire le bizzarrie del sistema attuale, che sono di scarso interesse scientifico quanto il comportamento di uno strumento in cui qualcuno ha sempre manomesso la taratura per far sì che la lettura sia alta o bassa.

Per finire almeno con ciò che non farà, la Teoria della Ricchezza Virtuale del Denaro non ha alcuna pretesa, di per sé, di stabilire una relazione tra la quantità di denaro e il "volume del commercio". Ma con l'aiuto dell'ulteriore principio di conservazione (una vera e propria bussola da marinaio quando si ha a che fare con la realtà) - anzi, con poco altro se non la banale considerazione che la semplice esistenza di

---

[7] Confronta *The Principal Cause of Unemployment*, D. W. Maxwell (Williams and Norgate, 1932).

una qualsiasi quantità di ricchezza è la prova che qualcuno l'ha prodotta (e presumibilmente è stato pagato in ricchezza consumabile per farlo), e che nessuno l'ha ancora consumata - è possibile stabilire le condizioni che devono essere osservate se si vuole che il reddito della ricchezza di una comunità sia ampliato dai progressi scientifici *senza* cambiare il livello dei prezzi. La ricchezza virtuale si prende cura di se stessa. La quantità di denaro, variabile in modo indipendente, deve seguire e stare al passo con essa, se non si vuole che il livello dei prezzi cambi. Se l'analisi qui riportata, "basata sull'incontrovertibile buon senso", o su quella che è stata qui definita "la ricchezza nei tubi", è corretta, non richiede altro che i poteri che lo Stato ha ora di rimettere o imporre tasse per emettere e distruggere denaro e quindi per mantenere costante il numero indice. Se si impedisse l'emissione e la distruzione da parte di privati, si eliminerebbe il fattore più importante che ne determina la variazione e la sua regolamentazione sarebbe un compito relativamente facile. Non mi sono ancora convinto che questo non sia tutto ciò che sarebbe necessario per molto tempo a venire.

CAPITOLO I

INTRODUTTIVO

La scienza del mondo fermenta

Cosa è andato storto nel mondo? Nel pieno della Grande Guerra, molti scoprirono per la prima volta di vivere in una civiltà scientifica, e anche gli stessi uomini di scienza si resero conto della differenza tra il lievito della teoria e il suo aspetto pratico in un mondo in fermento. La scienza allora uscì quasi dal suo isolamento esoterico per diventare un culto - almeno, qualcosa che valeva la pena di coltivare, per fini professionali. Così indispensabile in tempo di guerra, sembrava curiosamente insignificante tra i servizi pubblici in tempo di pace. Fortunatamente per la scienza il pericolo è passato. Ci sono professioni scientifiche, molte, ma la scienza non è una professione. È una ricerca. Cosa è andato storto nel mondo? Seguiamo la ricerca.

Il momento è opportuno. Gran parte di ciò che è stato attribuito al nostro inevitabile destino - superiorità di carattere, spirito inestinguibile, invincibilità di intenti e altre qualità umane - assume una nuova valutazione con la scoperta che stiamo vivendo in un'era scientifica. Lo stesso si potrebbe dire delle virtù attribuite alla democrazia e alle libere istituzioni politiche; o ancora, del sistema capitalistico nel suo orgoglio di un Impero su cui il sole non tramonta mai e dei fenomeni di odio di classe e di baraccopoli su cui il sole non sorge mai. La scienza ha cambiato la natura della nostra vita economica, e i vecchi sistemi basati su un diverso modo di vivere sono, a detta di tutti, pericolosamente funzionanti, se non sono già diventati impossibili. Rimangono solo perché non c'è nulla di costruttivo per sostituirli e vengono convenzionalmente difesi per paura dell'anarchia e del caos che seguirebbero al loro aperto ripudio. Tutto nel mondo è ormai così delicato - che è solo un altro modo per dire che nessuno sembra avere una reale comprensione di come funziona il sistema economico o del perché funziona così pericolosamente - che la politica di tutti i partiti sembra essere piuttosto quella di sopportare i mali che abbiamo piuttosto che volare verso altri che non conosciamo. A questo proposito, la gente ha francamente rinunciato alla speranza che i governi, di qualsiasi colore, trovino una soluzione anche solo per uno dei problemi pratici immediati del giorno, ed è un periodo in cui il tempo è segnato. La stessa Grande Guerra viene vista non come un evento storico a sé stante, ma sempre più come una conseguenza inevitabile della stessa causa ultima. L'improvvisa ascesa del mondo occidentale a una posizione di dominante grandezza e potenza materiale, i pericolosi e molteplici problemi sociali insolubili che l'hanno accompagnata e che ora minacciano i nostri tempi, e il fenomeno della guerra moderna che sconvolge il mondo nella misura in cui siamo appena sopravvissuti, sono tutti ora più generalmente visti come dovuti principalmente ai cambiamenti introdotti nell'economia della vita dalle scoperte di un pugno di pionieri scientifici in possesso di un nuovo e proficuo metodo per ottenere la conoscenza naturale, e all'incapacità delle vecchie scienze umane di far fronte alla nuova situazione.

Da un lato, una classe più numerosa che mai ha raggiunto un tenore di vita più elevato, maggiori possibilità di svago e di cultura, portando con sé schiere di servitori e persone a carico, che si occupano delle loro comodità e dei loro lussi e condividono, in qualche misura, la loro prosperità. Ma i lavoratori delle industrie più fondamentali ed essenziali - come l'agricoltura, l'industria mineraria e la manifattura - sono stati indeboliti dalla concorrenza con le macchine piuttosto che beneficiarne e, peggio ancora, sono privati da queste ultime, in numero crescente, dei loro abituali mezzi di sussistenza. Per le masse prive di proprietà, se c'è stato un qualsiasi miglioramento nello standard di vita medio, è così piccolo da essere dubbio e - in confronto al progresso generale della produzione di ricchezza - spregevole. La sorte delle masse è certamente diventata più faticosa e insicura, non essendo mai libera dallo spettro della disoccupazione e della conseguente sommersione nell'indigenza e nel degrado. Così che, all'altro estremo, una classe più numerosa che mai, *a causa dell'*aumento della ricchezza mondiale, si trova in condizioni di povertà e di prigionia economica che avrebbero sconvolto un'epoca più povera.

Trascurando i cambiamenti che hanno interessato la scienza della produzione nell'ultimo secolo, si può sostenere che la sorte della maggioranza sia oggi un po' migliore o al massimo un po' peggiore di prima. Ma non è questa la vera questione in gioco.

Dobbiamo piuttosto scoprire come mai la scienza, che, senza esaurirsi economicamente, ha fornito le forze belliche per il più colossale e distruttivo conflitto della storia, con la potenza degli uomini delle nazioni impegnate nel servizio militare, non ha ancora abolito la povertà e le condizioni di vita degradanti dal nostro ambiente in tempi di pace. È impossibile per coloro che professano di comprendere l'economia e il governo sfuggire all'accusa di non sapere nulla di questi argomenti finché la povertà e la disoccupazione esistono in un'epoca di brillanti risultati scientifici. Mai stanchi di attribuire ad altri le eresie economiche, lo stato del mondo intero è la prova monumentale delle loro.

La Glasgow di James Watt e Adam Smith

È significativo riflettere sul fatto che Glasgow, che ha prodotto James Watt, l'inventore che ha portato al successo pratico la macchina a vapore, è stata la patria di Adam Smith, il padre del sistema di economia politica sotto il quale si è sviluppata l'era scientifica. Mentre il primo, nel 1774, perfezionava un motore destinato a sollevare gli uomini dalla fatica del lavoro animale e a stabilire in tutto il mondo un nuovo modo di sostentamento, il secondo, nel 1776, erigeva in un sistema teorico le condizioni in cui, *fino ad allora*, gli uomini avevano perseguito il loro sostentamento economico. Il mondo avrebbe potuto assimilare la macchina a vapore o l'economia, ma è difficile capire come avrebbe potuto digerire contemporaneamente due produzioni così incompatibili tra loro. Da allora, il mondo ha cercato di muoversi contemporaneamente in due direzioni opposte: verso un livello di vita più alto per alcuni e più basso per altri.

La Glasgow di James Watt e Adam Smith era una città di 28.000 abitanti, difficilmente meno provinciale di Kirkcaldy, la città natale dell'autore de *La ricchezza delle nazioni* e il luogo a cui si può ricondurre la maggior parte delle sue riflessioni sull'argomento.

La Glasgow di James Watt e Adam Smith è oggi una città di oltre un milione di abitanti, la seconda più grande dell'Impero britannico. È un monumento all'opera dell'uno e dell'altro, essendo, da un lato, il centro della grande industria di ingegneria navale di Clydebank e, dall'altro, della rivoluzione sociale contro l'affitto, l'interesse e il profitto, favorita dalla disoccupazione, dalla carenza di case e dall'alto costo della vita - famosa per le sue navi e i suoi oratori in ogni angolo del mondo.

Il paradosso economico

Questo libro non si occupa del possibile sensazionale progresso futuro della scienza, ma ha piuttosto la natura di un ritorno ai problemi attuali a partire da un'anticipazione ormai vecchia di una generazione, che riguarda la scoperta dell'energia atomica. Anche se difficilmente lo si sarebbe immaginato in tempi normali, le esperienze rivelatrici della Grande Guerra hanno dimostrato che molte delle conseguenze che era naturale prevedere sarebbero seguite al controllo di poteri fisici superiori a quelli che oggi possediamo si sono già verificate con i poteri effettivamente disponibili.

Allora, per la prima volta nella storia, abbiamo visto la scienza usata senza restrizioni finanziarie artificiali per scopi di distruzione. Prevalse un grado di liberalità e di unità di intenti che non è mai stato profuso nei compiti meno spettacolari ma più necessari della costruzione. Anno dopo anno le nazioni industrializzate produssero una marea crescente di munizioni da guerra, con il fiore della loro forza lavoro ritirato dalla produzione. Sembrava che non ci fossero limiti fisici alla misura in cui una nazione, scossa dalle sue abitudini economiche preconcette dall'imminente pericolo alle sue porte, potesse produrre le necessità materiali per la sua esistenza.

Mentre ora siamo tornati alla pace e allo squallore, alle fabbriche inattive e alle fattorie che tornano all'erba, siamo tornati come nazione alle condizioni prebelliche di allevamento di una razza C3, con un milione e un quarto di lavoratori disoccupati, incapaci di nutrirsi e vestirsi adeguatamente con uno standard militare, e incapaci persino di costruire case in cui vivere secondo il sistema economico esistente. Eppure abbiamo la stessa ricchezza di risorse naturali, la stessa scienza e inventiva, con condizioni molto più stabili e favorevoli alla produzione e un esercito di forza lavoro inutilizzata che viene demoralizzata dall'ozio forzato! Il sensazionalismo del profeta scientifico difficilmente poteva immaginare qualcosa di così sensazionale. Una nazione dotata di tutti i requisiti necessari per una vita abbondante è troppo povera per distribuire le sue ricchezze, è oziosa e si deteriora non perché non ne ha bisogno, ma perché non può acquistarle. Questo libro cerca di fornire un'analisi originale delle cause alla base di questa sorprendente contraddizione.

La prospettiva

Come spesso accade in questi tempi di rapidi cambiamenti, anche per la scienza pura, nuovi argomenti e campi di scoperta superano il periodo di crescita più attivo prima di essere accettati come parte normale e permanente della nostra eredità sociale e di entrare nelle riflessioni dei filosofi o nei programmi delle università. Per quanto riguarda le applicazioni della scienza più importanti dal punto di vista economico, la produzione di massa di tutti i tipi di beni grazie all'energia meccanica, i nuovi modi di trasporto e di comunicazione e la maggior parte delle invenzioni con cui le scienze fisiche sono state imbrigliate nel carro della vita per svolgere un lavoro utile e redditizio, stiamo semplicemente assistendo alla piena realizzazione di un'intuizione delle leggi e dei processi della natura ottenuta molto tempo fa. Contrariamente a quanto si crede, questi sviluppi non sono inesauribili. Un'invenzione meccanica, come una bicicletta, dopo un rapido periodo iniziale di progettazione in continua evoluzione, raggiunge la sua espressione finale, e così è in generale per il grande gruppo delle scienze meccaniche applicate fondate in primo luogo sulla perfezione del motore a vapore e, in generale, sulla corretta comprensione delle leggi dell'energia e della sua trasformazione, che è il preludio necessario al controllo delle forze naturali. Sembra che a tempo debito si possa arrivare a qualcosa che assomiglia a una fine degli sviluppi più importanti. Anche nel gruppo più giovane delle scienze elettriche si nota già la stessa tendenza. È vero che ci sono stati grandi progressi nelle scienze madri pure della fisica e della chimica, ma questi, per la maggior parte, sono ancora immensamente al di là di qualsiasi applicazione pratica. È quindi probabile che si verifichi un interregno, per quanto riguarda il progresso pratico sostanziale. I campi più vecchi saranno probabilmente risolti prima che i più nuovi siano effettivamente aperti. I biologi sostengono già che questo secolo sarà il loro inning, come lo è stato il secolo scorso per le scienze fisiche in termini di scoperte pratiche rivoluzionarie per il mondo, e si spera che a tempo debito metteranno in pratica la promessa.

Tra i più riflessivi, i profondi dubbi su dove le applicazioni della scienza che abbiamo già fatto hanno condotto e stanno conducendo la civiltà offuscano naturalmente le prospettive per il futuro. Sono molto diverse, per concezione e spirito, da quelle che caratterizzavano *l'Erewhon* di Butler e le altre satire sprezzanti dei vittoriani, ma hanno un andamento in qualche modo simile. Abbiamo ottenuto il dominio delle principali potenze della natura per poi cadere vittima dei nostri stessi meccanismi ed esserne distrutti? La nostra civiltà finirà con l'allevare il robot e il *rentier*, e affonderà sotto i conflitti di classe in patria e le guerre fratricide all'estero? Ha senso moltiplicare per un milione i poteri già conferiti dalla scienza se l'uso che facciamo di quelli che già abbiamo è sufficiente a mettere in pericolo il futuro della civiltà?

C'è una differenza tra la critica di oggi e la denigrazione precedente, più interessata e professionale, a cui era sottoposta la scienza nell'epoca vittoriana. Nessuno oggi è disposto a dare la colpa alla scienza o agli operatori scientifici per lo stato degli affari sociali che le loro scoperte e invenzioni hanno prodotto.

Chiunque altro ne abbia tratto profitto, gli scienziati stessi non ne hanno tratto vantaggio. Nessuno ora vede il male nella maggiore conoscenza e padronanza delle forze della Natura, né nei frutti materiali di questa conoscenza nell'alleggerire il lavoro della vita e nel fornire necessità materiali e comfort in abbondanza. Il fanatico più geloso e più acerrimo di oggi difficilmente potrebbe sostenere che cibo buono e nutriente, combustibile sufficiente, vestiti e case, mezzi di locomozione, trasporto e comunicazione efficienti e rapidi e i molteplici interessi della vita moderna siano di per sé un male. Il male è piuttosto che queste cose, che la scienza produce in modo così prodigioso, non sono più universalmente ottenibili. Il medico vi dirà con precisione cosa è essenziale per il mantenimento e la conservazione di un corpo sano. Ciò che la teologia vittoriana attribuiva al peccato e al diavolo, oggi la scienza medica lo attribuisce alla povertà e alla malattia.

È un'indicazione dell'arretramento che si è verificato rispetto agli elevati standard dei terribili vittoriani il fatto che un autore abbia recentemente definito il proprio bisnonno, responsabile della Poor-Law inglese, come "non il diavolo disumano che le sue opere lascerebbero intendere, ma un inglese vittoriano dolorosamente coscienzioso e amante del dovere".[8]

---

[8] *La rivoluzione della ragione*, John Strachey, 1925.

Scienze fisiche e scienze umane

C'è sempre la tendenza a trattare i complementari come avversari. Se parte da una visione monistica, secondo cui la natura è un'armonia divina ed esprime un'unica superlegge, la filosofia si trova di fronte al difficilissimo compito di cercare di ricomporre almeno tre puzzle che sono stati volutamente confusi.

Né le scienze meccaniche, né quelle biologiche, né quelle umanistiche da sole possono risolvere i problemi umani, ma ognuna può contribuire con la sua quota. Nella meccanica, la base dei rapidi progressi compiuti dalle ampie generalizzazioni alle realizzazioni pratiche è dovuta alla totale libertà dei suoi problemi dall'elemento di disturbo della vita. Si potrebbe pensare che sia una politica di disperazione cercare aiuto in uno studio di questo tipo per problemi che finora non sono stati risolti dagli umanisti. Tuttavia, la vita obbedisce a leggi fisiche. I suoi metodi sono ai poli rispetto a quelli dell'ingegnere, ma non può fare miracoli meccanici.

La fisica è complementare ad essa e la vita funziona secondo, non contro, i principi delle scienze fisiche.

In effetti, si può dubitare che, in senso stretto, qualsiasi altro aspetto della vita sia ancora entrato nel raggio d'azione di un'indagine scientifica esatta. La vita stessa è un'esperienza che deve ancora trovare i giusti metodi di indagine. Per questo motivo, le scienze biologiche si occupano quasi esclusivamente della chimica fisica dei processi viventi, piuttosto che della vita. La biologia minaccia di darci figli senza genitori per ectogenesi, così come la chimica ci dà, per sintesi, l'indaco senza alcun legame con la pianta dell'indaco.[9] Ma nonostante queste imitazioni c'è ancora qualcosa di infinitamente più interessante e difficile da capire nei processi naturali. Eppure, non è cosa da poco essere sicuri che la vita cooperi con le leggi fisiche naturali e non le violi, proprio come l'ingegnere ottiene i suoi trionfi comprendendo piuttosto che sfidando le forze che controlla. Né gli individui né le comunità possono sottrarsi alla conformità alle leggi della materia e dell'energia, per quanto possano applicarle ai propri fini.

---

[9] *Dedalo*, J. B. S. Haldane, 1923.

Soprattutto in questo Paese c'è stato un lungo divorzio tra la conoscenza naturale e quella umana. Il boicottaggio della scienza e il suo controllo da parte di interessi ostili sono ancora caratteristiche notevoli per un'epoca che si distingue solo per la sua scienza . Le università e le scuole pubbliche, in questo modo, stabiliscono gli standard e le mode dell'educazione popolare e non sfuggiremo con leggerezza alla pena di queste politiche oscurantiste.

Il loro effetto sull'economia, essenzialmente una materia che ha le relazioni più strette con il mondo dei fatti e delle realtà fisiche, è stato singolarmente disastroso, e l'irrimediabile confusione in cui si sono lasciati andare gli affari del mondo è in gran parte riconducibile all'assenza di un chiaro riconoscimento dei principi fisici alla base di questa materia.

I primi economisti francesi avevano una conoscenza delle conoscenze naturali del loro tempo. Ma, sebbene non sia mai stata così necessaria come nell'era scientifica successiva, le basi fisiche della materia vennero sempre più trascurate, a favore di idee convenzionali derivate da atteggiamenti giuridici nei confronti dei diritti di proprietà e dell'indebitamento umano.

Ma questo è solo un esempio. Ovunque l'idea che le poche migliaia di lavoratori creativi attivi nella scienza possano davvero esercitare un'influenza importante sui destini delle grandi nazioni e che, senza di loro e il fermento che hanno introdotto, la civiltà attuale non sarebbe probabilmente diversa da quella delle epoche precedenti non ha ancora ricevuto il giusto riconoscimento politico.

Per quanto riguarda i ricercatori scientifici, essi sono per lo più troppo impegnati nelle loro ricerche altamente specializzate e astruse per dedicare tempo ai problemi sociali. Le loro attività regolano in modo sempre più automatico i principi che appartengono ai normali affari del corpo politico, ma sono completamente avulse dalla coscienza della società come la respirazione lo è dalla volontà. Si considerano capaci di fare un lavoro migliore in laboratorio che negli affari. Riconoscono che la capacità di dare il più semplice e piccolo contributo al patrimonio di conoscenze richiede molti anni di seria preparazione e studio, molti risultati infruttuosi e puramente negativi e che, alla fine, le scoperte fatte non sono probabilmente quelle cercate, ma i sottoprodotti, per così dire, di una vita di incessante ricerca dell'ignoto.

Probabilmente sospettano che qualcosa di analogo valga per qualsiasi altro campo d'indagine, e non da ultimo per le confusioni della politica. Questo li porta a rendersi conto che le proprie opinioni politiche non sono di solito più originali di quelle di altre persone e non hanno la minima probabilità di essere più utili.

Il percorso dell'autore dalle scienze fisiche all'economia.

A qualcuno potrebbe interessare sapere come mai l'autore si sia allontanato così tanto dai confini del suo argomento e si sia esposto all'abuso che passa per argomento nelle questioni che riguardano la tasca piuttosto che la mente o l'anima.

Almeno, per difendersi, può affermare di aver visto lui stesso cose chiare e intere che non avrebbe potuto fare altrimenti, anche se non riesce a trasmettere la visione ai suoi lettori.

Negli ultimi anni del secolo scorso e in quelli iniziali di questo, la scoperta della radioattività e la sua interpretazione in termini di conoscenze esistenti hanno rivelato l'esistenza di riserve di energia potenziale negli atomi degli elementi radioattivi dell'ordine di un milione di volte superiori a quelle precedentemente conosciute. Queste riserve erano e restano impossibili da sfruttare per qualsiasi scopo fisico pratico e vengono cedute a ritmi molto lenti in un processo puramente naturale di trasmutazione degli elementi radioattivi in piombo ed elio. Non ci sono dubbi sulla loro esistenza in questi elementi e l'esistenza di riserve simili in altri elementi è stata legittimamente dedotta, anche se non ancora provata sperimentalmente. Seguendo il ben noto ragionamento che si applica in chimica, sembra certo che qualsiasi processo di trasmutazione artificiale sarebbe in grado di liberare queste riserve e di renderle disponibili come l'energia del carbone e del combustibile. Molte deduzioni puramente speculative lungo le stesse vaste linee sono state fatte da allora dalla teoria della relatività, ed è all'energia atomica, in primo luogo, che i fisici e gli astronomi guardano ora per spiegare il mantenimento del calore del sole e delle stelle, e in generale, l'energia viva della natura, per periodi di tempo cosmici. Non è necessario addentrarsi ulteriormente in questo campo, poiché poche scoperte scientifiche hanno suscitato un interesse più diffuso della radioattività, o sono state interpretate in modo più completo a beneficio del pubblico non scientifico. I nomi di Becquerel, M. e Mme. Curie, Rutherford, J. J. Thomson, Ramsay, Joly, Bragg e di altri pionieri di questo campo sono parole familiari.

Era naturale pensare a che tipo di mondo sarebbe stato se l'energia atomica fosse mai stata disponibile. Per paragonare un mondo del genere a quello di oggi, era necessario contrapporre quest'ultimo al mondo prima dell'alba della storia e dell'arte di accendere il fuoco. Così come i selvaggi morivano di freddo sul sito di quelle che oggi sono miniere di carbone e morivano di fame sui campi di mais che oggi sono alimentati con i fertilizzanti prodotti a Niagara, così, a quanto pare, noi conducevamo un'esistenza stentata, lottando l'uno contro l'altro come bestie selvagge per una parte delle forniture di energia concesse un po' avaramente dalla Natura, mentre intorno a noi esistevano le potenzialità di una civiltà che allora il mondo non aveva nemmeno immaginato possibile.

Il ruolo dell'energia nella storia dell'umanità.

In questo modo, cominciò a prendere forma una certa concezione del ruolo svolto dall'energia nella storia dell'uomo, e il progresso nella sfera materiale apparve non tanto come una successiva padronanza dei materiali impiegati per la fabbricazione delle armi - come la successione delle epoche della pietra, del bronzo e del ferro, onorate dalla tradizione - quanto piuttosto come una successiva padronanza delle fonti di energia nella natura, e il loro assoggettamento per soddisfare le esigenze della vita. L'insieme delle conquiste della nostra civiltà - in cui si differenzia dal lento e incerto progresso registrato dalla storia - è apparso come dovuto alla padronanza dell'energia del fuoco raggiunta con l'avvento della macchina a vapore. Se, dunque, c'è a portata di mano non solo nelle remote stelle, ma ai nostri piedi, una fonte illimitata di energia dell'ordine di un milione di volte più potente di qualsiasi altra conosciuta, quali tremende conseguenze sociali attendono la scoperta della trasmutazione artificiale!

Ma quanto è lontana la società umana dall'essere affidata con sicurezza a tali poteri? Se la scoperta fosse fatta domani, non c'è nazione che non si getterebbe anima e corpo nel compito di applicarla alla guerra, proprio come stanno facendo ora nel caso delle armi chimiche di nuova concezione per la guerra con i gas velenosi. H. G. Wells, poco prima dello scoppio della Grande Guerra nel 1914, si è dedicato alla questione con la consueta brillantezza e perspicacia, descrivendone così vividamente le probabili conseguenze che sarebbe superfluo, per chiunque abbia doti minori, approfondire l'argomento, almeno fino a quando non si avvicinerà la realizzazione pratica dell'inquietante sogno. Si tratta infatti di uno dei più recenti sviluppi della scienza pura, già indicato come ancora incommensurabilmente al di là dell'applicazione pratica. Potrebbe arrivare rapidamente o non arrivare mai. Al momento non c'è nemmeno un accenno a come iniziare. Se dovesse arrivare nelle attuali condizioni economiche, significherebbe la *reductio ad absurdum* della nostra civiltà scientifica, un rapido annientamento invece di un non troppo lungo collasso.

"Se quello che lei ci dice è vero", osservò un collega scienziato, uno dei professori di ingegneria, a Montreal nel 1902, "allora dovremmo tutti, a quanto pare, lasciare il lavoro che stiamo facendo e concentrare la nostra attenzione sulla soluzione di questo problema". È possibile che da allora molti abbiano avuto lo stesso pensiero. Eppure, nella ricerca scientifica, non c'è nulla di meno probabile che lo scopritore scopra ciò che si propone di scoprire. La Salle si è proposto di scoprire la Cina navigando verso ovest dall'Europa. Lachine non è in Cina, ma nel mezzo della provincia del Québec, a una corsa di tram da Montreal, sulla grande rotta transcontinentale moderna della C.P.R. verso l'Oriente. Ma il nome ricorda ancora la derisione con cui il tentativo pionieristico di La Salle fu accolto dai suoi contemporanei. La scoperta scientifica poteva registrare episodi altrettanto strani. Pasteur, studiando la fermentazione, scoprì l'importante proprietà dell'isomerismo ottico - che si è sviluppata quasi come una scienza a sé stante -, avviandosi verso il riconoscimento del ruolo svolto dai batteri. Ma la parte più importante del suo lavoro non riguarda né la produzione di birra né la saccarometria. Ha rivoluzionato la chirurgia, e ad essa innumerevoli milioni di persone devono la loro stessa vita.

La scoperta scientifica è una crescita piuttosto che un viaggio da pianificare. Il viaggio può essere a ovest per scoprire l'est, ed è attraverso la nebbia e il dead-reckoning che si mettono i luoghi su, piuttosto che colpirli da una mappa. Che la trasmutazione sia un giorno possibile e che l'era del carbone e del petrolio lasci il posto a un'era atomica si può prevedere con fiducia, ma quando, e se nel ciclo di questa civiltà, nessuno può indovinarlo.

Il vero capitalista: una pianta

Sembrava tuttavia che mancasse un punto per spiegare l'esplosione fenomenale di attività che seguì nel mondo occidentale l'invenzione della macchina a vapore, perché non poteva essere attribuita semplicemente alla sostituzione dell'energia inanimata al lavoro animale. Gli antichi utilizzavano il vento per la navigazione e attingevano all'energia idrica in modo rudimentale. Il profondo cambiamento che si verificò allora sembrò piuttosto dovuto al fatto che, per la prima volta nella storia, gli uomini cominciarono ad attingere a un grande *capitale* di energia e smisero di dipendere interamente dai *proventi* del sole. Tutte le esigenze degli uomini pre-scientifici erano soddisfatte dall'energia solare del loro tempo. Il cibo che mangiavano, i vestiti che indossavano e la legna che bruciavano potevano essere considerati, per quanto riguarda il contenuto energetico che dà loro valore d'uso, come riserve di luce solare. Ma bruciando carbone si libera una riserva di luce solare che ha raggiunto la terra milioni di anni fa. Nella misura in cui può essere utilizzata per gli scopi della vita, la scala di vita può essere aumentata, *in misura quasi necessaria*, nonostante la devozione alle idee primitive dei popoli di Kirkcaldy e della Giudea.

Poi è arrivata la strana riflessione sul carburante considerato come un capitale, sul cui *consumo è* stata costruita tutta la nostra civiltà, nella misura in cui è moderna.

Non è possibile bruciarlo e conservarlo, e una volta bruciato non c'è modo, dal punto di vista termodinamico, di estrarre da esso un interesse perenne. Questi misteri fanno parte delle leggi inesorabili dell'economia più che della fisica. Con la dottrina dell'evoluzione, il vero Adamo risulta essere un animale, mentre con la dottrina dell'energia il vero capitalista risulta essere una pianta. L'epoca fiammeggiante che stiamo attraversando non è dovuta ai nostri meriti, ma al fatto che abbiamo ereditato accumuli di energia solare dall'era carbonifera, cosicché la vita per una volta è stata in grado di vivere al di là del suo reddito. Se l'avesse saputo, sarebbe stata un'epoca più felice! Se l'energia atomica venisse sfruttata, si verificherebbe un'esplosione di attività umana tale da far sembrare i trionfi dei nostri tempi una pacchianata e la lotta dell'umanità primitiva per l'energia il ricordo fantastico di un orribile sogno.

La scienza è maledetta?

Ma cosa si guadagna semplicemente ingrandendo una scala? Una riproduzione ingrandita dell'epoca attuale soddisferebbe un'anima umana? Domande imbarazzanti che richiedono una risposta. Con tutta questa nuova ricchezza, la povertà dei nostri antenati non è stata abolita, ma è tornata in forma mostruosa. Un esercito crescente di disoccupati, privi di adeguati mezzi di sussistenza, infesta un mondo capace di produrre molto più di quanto consuma, tanto che in un certo senso, nuovo nella storia, i poveri sono diventati sottomessi ai ricchi anche solo per avere il permesso di guadagnarsi da vivere. La scienza è maledetta? Qual è il genio del male che perverte anche la realizzazione delle nostre speranze e dei nostri sforzi più sani, e rende il progresso più simile a una scalata da incubo tra pendii scivolosi e sempre più ripidi, che alla marcia di massa dell'umanità lungo un'ampia strada maestra, resa diritta e liscia dalla crescente conoscenza, dall'ordine e dalla legge? È inutile aspirare a una civiltà più pericolosamente esaltata finché non si riuscirà a estendere all'economia degli uomini qualcosa della definizione e della certezza dell'economia di un motore a combustibile. Così la necessità impellente non è quella di avere sempre più grandi adesioni di potenza fisica, ma di sapere come assicurarsi i frutti di ciò che già possediamo. I forti di continuano a depredare i deboli, sia le nazioni che gli individui, mentre la crescita della conoscenza renderebbe il mondo intero più gentile. Ma questo non può avvenire finché non capiamo cosa c'è di sbagliato, né mentre attribuiamo a un sistema economico poteri misteriosi di cui un fisico riderebbe.

Scienza applicata e scienza delle radici

Così, mentre ci caliamo nel presente da, per così dire, un'anticipazione telescopica di un futuro lontano, le voci del mercato cadono in qualche modo su orecchie che sentono con una certa differenza. Gli uomini di scienza non sono adatti per natura ai compiti di governo, ma potrebbero dare un contributo tecnico prezioso nei problemi più ampi dei trasporti, del migliore utilizzo delle nostre risorse naturali, della formazione più efficiente del lavoro. L'azoto dell'aria potrebbe sposarsi con lo spirito della cascata per fertilizzare il nostro suolo in tempo di pace, in modo da poter generare più uomini, e ancora, per produrre alti esplosivi in tempo di guerra per far esplodere le eccedenze, vera e propria *conditio sine qua non* della civiltà moderna. O, ancora, nell'agricoltura, la scienza potrebbe aiutare ad allevare migliori marche di grano, a produrre un Burgoyne's Fife che superi il tradizionale Square Head's Master e sopporti meglio il clima. Anche nello sviluppo dell'Impero, con la sua ricchezza di possedimenti tropicali inabitabili dall'uomo bianco, solo la scienza può sperare di affrontare il flagello della malaria e placare le devastazioni della malattia del sonno, e se i nostri funzionari pubblici fossero patologi, invece che morbosi studenti della patologia della natura umana, si potrebbe ottenere molto. Inoltre, pensando a cosa sia il governo e a come le azioni dei popoli possano essere influenzate da appelli esperti ai loro sentimenti ed entusiasmi, la psicologia, la più giovane delle scienze, potrebbe essere coinvolta per condurre l'umanità fuori dal pantano in cui è stata fatta cadere dalla crescita troppo rapida della conoscenza. Mentre, come la risacca della vita, che si infrange sugli ostacoli che ne impediscono il flusso, un monito incessante rimbomba religiosamente sullo spirito scientifico e sulla ricerca della verità per se stessa, senza la quale non ci può essere speranza di rigenerazione per la società.

Scienza e governo

Siamo forse più vicini alla radice della questione? Questo libro non si occupa di nulla di tutto . Non nega la loro portata e le loro possibilità in questi giorni di educazione universale e di crescita degli interessi intellettuali , se la civiltà dovesse durare. Si occupa piuttosto della differenza che si crea rispetto a ciò che è noto visto da un punto di vista nuovo. Il contributo di uno scienziato fisico dal punto di partenza della scienza fisica, non ha nulla a che fare con la tecnologia o l'ingegneria, con la psicologia o l'inculcazione dello spirito scientifico, ma con il problema del governo nella sua forma più elevata! Come in biologia il materialismo si è rivelato fecondo e il vitalismo sterile nella conquista di nuove conoscenze, non tanto perché gli organismi sono solo macchine, ma perché, qualunque cosa siano, obbediscono alle leggi accertabili della fisica e della chimica, così nei compiti di governo sembrerebbe che si possa ottenere un grande chiarimento applicando alla loro chiarificazione concezioni fisiche comuni che sono un'ovvietà nel mondo inanimato.

Il tema, in varie fasi di sviluppo, è già stato oggetto di numerose conferenze e discussioni pubbliche e di due pamphlet.[10] La validità dell'argomento e le deduzioni che ne derivano, pur essendo sufficientemente impegnative, non sono mai state contestate

---

[10] *Economia cartesiana: The Bearing of Physical Sciences on State Stewardship*, 1922, e *The Inversion of Science and a Scheme of Scientific Reformation*, 1924. Hendersons.

pubblicamente. Ma alcuni hanno desiderato una trattazione più completa e meno ellittica.

Il tentativo di rispondere a questa domanda ha condotto l'autore molto più in profondità di quanto avesse mai sperato o previsto di poter penetrare, e infine, secondo la sua stessa opinione, a la soluzione definitiva del paradosso economico dell'epoca. Si è trovato un po' come Saulo di Tarso che si converte in San Paolo, partendo per perseguitare gli economisti e finendo, se non per diventarne uno - forse non sono così clementi come i primi cristiani -, con la speranza di una riconciliazione finale. Se non altro, ora ha un rispetto più vivo per le sottili insidie di cui l'argomento è ricco e per l'impossibilità di evitarle tutte senza una bussola da marinaio come la legge di conservazione del fisico. Dietro e al di fuori dell'agitazione dei singoli membri della comunità, ognuno intento ai propri affari, esiste una scienza quasi sconosciuta dell'economia nazionale, lontana dalle controversie disinteressate come le proposizioni della geometria, e semplice, relativamente, come le leggi dei gas a cui tutti i gas obbediscono in comune sono in contrasto con l'infinita complessità delle leggi che regolano il comportamento delle loro molecole componenti. Almeno in questo campo vitale non ci dovrebbe essere più spazio per i bisticci.

Gli uomini di scienza sono stati ripetutamente esortati a collaborare per trovare la soluzione problemi che minacciano il nostro tempo. Questo è un contributo individuale e non autorizzato a un argomento che di solito è tabù per loro. Non deve essere considerato come rappresentante di alcuno studio originale dell'autore sull'argomento. Sarebbe un peccato se venisse considerato in qualche modo come un riflesso della reputazione di lungimiranza e nobiltà di pensiero che la scienza contemporanea ha ereditato come risultato del lavoro dei suoi primi pionieri - dopo la loro morte sicura.

CAPITOLO II

LE SCOPERTE DELLA VITA

Scoperta, subconscio e conscio

La chiave dell'epoca è la scoperta, e la vita stessa è una scoperta. Una volta fatta, innumerevoli generazioni possono usarla e viverci senza conoscerne la natura, senza cambiare ulteriormente il loro modo di vivere e, anzi, ritenendola l'unico modo possibile di vivere. Un'altra scoperta li sostituisce e nello schema dell'evoluzione nasce una nuova specie con nuove funzioni. Come per l'origine delle specie, così per l'economia della vita delle società moderne, anche se il primo processo è infinitamente lento mentre il secondo è ora allarmante nella sua rapidità.

"Nessuno può aggiungere un cubito alla propria statura con il pensiero", e l'origine delle specie nella comunità rispecchia la crescita subconscia, apparentemente irrazionale, dell'organismo individuale. È intrinseca e indipendente dalla volontà. Gli individui nascono nel mistero, si sviluppano con fedeltà pecoreccia fino a diventare adulti, respirano, fanno circolare il sangue, digeriscono il cibo e secernono enzimi e ormoni complessi, la cui natura esatta lascia perplessi i chimici più abili, indipendentemente dalla loro facoltà di ragionamento e di solito nella totale ignoranza dei principi più semplici delle scienze di cui sono esempi così sorprendenti. L'origine delle specie è altrettanto sconcertante.

Gli uomini sono cresciuti apparentemente dagli ordini inferiori degli animali in modo del tutto inconsapevole e solo di recente ne sono stati informati.

Se invece consideriamo i passi successivi di scoperta e invenzione con cui l'era scientifica si è sviluppata dal suo precursore, appare totalmente diversa.

L'evoluzione del motore a vapore e dell'auto a motore dalla diligenza, con innumerevoli inventori che si occupano di ogni piccolo passo e pochi che ci riescono, sembra tanto diversa dal modo in cui, per esempio, gli anfibi hanno invaso e portato la vita sulla terraferma.

Tuttavia, se assumiamo una visione più ampia, più parallela a quella che, dopo tutto, in quest'epoca lontana, deve essere quella di un biologo che cerca di spiegare l'origine delle specie, c'è davvero una differenza così grande? James Watt si vedeva, come lo hanno visto i suoi biografi, tendere la mano verso la potente leva che avrebbe sollevato la civiltà? L'uomo medio è anche solo vagamente consapevole della direzione in cui sta andando? Potrebbe essere profondamente consapevole di un *malessere* nella costituzione sociale, forse come molti anelli mancanti nell'evoluzione delle specie si sono sentiti fuori sintonia con il loro ambiente prima di scomparire. Per un intero secolo dopo le scoperte che avrebbero cambiato la vita economica del mondo, i più accorti non solo rimasero quasi ignari, ma negarono anche che si fosse verificato un reale cambiamento.

Le precedenti teorie più crude sull'origine delle specie - che erano dovute alle differenze infinitesimali che si verificano tra gli individui di una specie, sotto l'azione puramente impersonale ed esterna della legge della sopravvivenza del più adatto che porta, attraverso un processo di selezione naturale, all'origine di nuove specie - probabilmente non sono più sostenute dai biologi moderni. È chiaro che finché non avremo una teoria intelligibile della normale crescita individuale, difficilmente potremo sperare che una di queste spieghi i grandi e apparentemente discontinui scostamenti dalla norma che hanno prodotto nuove specie. La selezione può favorire nuove crescite, ma non può spiegarle. Parallelamente a questa visione precedente, e al suo ovvio riflesso, abbiamo la teoria secondo cui il progresso umano, dal selvaggio primitivo alle razze altamente intellettuali e potenti di oggi, è stato una sequenza di passi infinitamente piccoli imposti all'attenzione dell'umanità da necessità esterne, e che è qualcosa di simile al puro caso chi tra le masse compie per primo il passo e quindi la scoperta. Una simile visione del progresso umano e del genio non è certamente vera per le scoperte scientifiche dell'epoca attuale, è contraria all'esperienza di ogni insegnante, non potrebbe essere applicata all'arte, alla letteratura o alla musica, e probabilmente non è affatto vera per il progresso umano.

Lo scopritore, anche se non sa come fa una scoperta, sa che questi filosofi ne sanno di meno. Si risente amaramente della visione che il grande pubblico ha delle scoperte, secondo cui esse sono i normali frutti del progresso, mentre il progresso è, al contrario, il frutto della scoperta, e la scoperta non è un evento normale ma eccezionale. Senza dubbio gli scopritori senza nome delle arti di fusione del bronzo e di tempra dell'acciaio non si sentivano meglio utilizzati. In attesa di una spiegazione più completa dell'origine delle specie, possiamo estendere le nostre simpatie alle scimmie più simili all'uomo.

Se manteniamo l'attenzione sui fatti concreti, piuttosto che su teorie che sembrano cancellare i fatti, troviamo sia nella storia biologica che in quella umana non una continuità, ma una successione di grandi scoperte - fatte gradualmente o lentamente, con la forza della crescita intrinseca o della ragione - che, una volta fatte, modificano bruscamente l'intera tendenza futura e il modo di esistere. Guardando all'indietro con occhi degli storici e degli economisti che non hanno mai fatto una scoperta, o dei biologi che non hanno ancora dato origine a una nuova specie, tutti i passi si confondono, gli intermezzi noiosi e senza eventi svaniscono, e anche se il resoconto è di un progresso continuo e costante, la realtà è stata una serie irregolare di sorprese. Guardando in avanti, la scoperta ha molto più il carattere di una crescita subcosciente simile a quella che ha dato origine alle specie, e indipendente dalla coscienza della società come la digestione lo è dalla volontà. Che la Natura salti o meno, la vita lo fa senza dubbio.

Il flusso ininterrotto di energia dal dal mondo inanimato alla vita

La clorofilla, se non è stata la prima scoperta della vita, deve essere stata molto precoce. Non è certo che la vita oggi conosciuta e studiata scientificamente sopravvivrebbe se questa scoperta venisse cancellata. La materia verde colorante della vegetazione è la porta attraverso la quale l'energia entra nel mondo vivente. Il regno vegetale detiene ancora l'unica chiave per la fonte originale di energia naturale, la luce del sole, e tutto ciò che vive trae i mezzi per vivere dal regno vegetale attraverso lo strumento del colorante clorofilla che agisce come trasformatore dell'energia solare.

È noto da quasi un secolo, ma spesso se ne dimenticano le implicazioni, che, con poche ed economicamente irrilevanti eccezioni, tutta l'energia che rende il mondo vivente proviene dal sole. L'energia interna dell'organismo vivente non è creata dall'organismo stesso né fornita dalla Provvidenza o dall'usura. Arriva attraverso i corpi delle piante, e degli animali che a loro volta si nutrono di piante, dal sole sotto forma di radiazioni.

L'uso interno ed esterno dell'energia

È conveniente e pratico fare una distinzione tra l'energia interna della vita, che mantiene il metabolismo, e l'energia esterna che un animale o una pianta possono utilizzare per svolgere un lavoro sull'ambiente circostante, la pianta per superare la resistenza alla crescita delle sue radici e alla diffusione dei suoi rami, e l'animale per la locomozione e altri movimenti. Nei bovini da tiro e negli uomini, gran parte dell'energia consumata può essere destinata all'esecuzione di lavori esterni. Gran parte di questa energia può essere utilizzata semplicemente per vincere la resistenza morta, trasformandosi così in calore, come dimostrarono i classici esperimenti del conte Rumford nel 1798, sull'ebollizione continua dell'acqua durante l'alesaggio dei cannoni da parte di macchine azionate da cavalli, e come, in effetti, fu scoperto dalla maggior parte dei popoli primitivi, prima del contatto con la civiltà, e usato per accendere il fuoco. Ma quando il lavoro viene svolto contro una resistenza attiva, come nel sollevamento di pesi contro la gravità, può essere immagazzinato o accumulato come lavoro in forma potenziale, recuperabile di nuovo come lavoro, per esempio, lasciando cadere il peso. Come un orologio deve essere caricato e dotato di una riserva di energia disponibile prima di funzionare, così un uomo deve essere caricato prima di poter caricare un orologio, e l'economia della vita si occupa principalmente dei modi in cui la natura carica l'uomo. La tendenza naturale dell'energia a degradarsi a un certo punto in calore senza valore deve essere aggirata, in modo che alla fine ci sia qualcosa di utile da mostrare, qualcosa, cioè, che, a piacere, possa essere trasformato nuovamente in lavoro e utilizzato nella vita.

Ora, per quanto riguarda l'energia interna della vita, anche se non ci sono barriere teoriche alla sintesi artificiale degli alimenti che la forniscono - a partire da materiali e poteri del tutto inanimati come, ad esempio, la grafite e l'acqua, e l'energia di un mulino a vento - in pratica, tutto passa ancora attraverso la pianta. La vasta estensione della nostra offerta di cibo, che in questo Paese ci permette di sfamare una popolazione almeno cinque volte superiore a quella dell'era pre-scientifica, è stata *indirettamente* realizzata dai motori primi puramente inanimati utilizzati sia per trasportare i prodotti di paesi lontani, sia per sostituire il lavoro umano e animale, nel senso tecnico del lavoro fisico, nelle fattorie. Inoltre, le fonti di energia idrica che si sprecano sono sfruttate e parte della loro energia è stata immagazzinata tramite processi chimici per dare fertilizzanti che aumentano la produttività del suolo. Alcuni di questi apportano alla pianta azoto già energizzato, che essa non è in grado di produrre da sola, ma per il quale dipende da parassiti batterici o dal magro apporto naturale dell'aria prodotto dall'azione dei lampi e dei raggi del radio.

Anche in questo caso, come spesso accade, seguiamo un unico filo conduttore, perché è continuo: il flusso di energia in natura e il modo in cui la vita lo utilizza. Ciò non significa che gli altri fattori siano irrilevanti o trascurabili, ma semplicemente che, se seguiamo questo filo ininterrotto, emergono alcune conclusioni fisiche che sono indipendenti da tutte le altre considerazioni e alle quali la vita deve sempre conformarsi. Nel caso attuale, ad esempio, una parte consistente e crescente del merito dell'aumento dell'offerta alimentare è dovuta al lavoro dei biologi nella selezione di nuove varietà di grano.

È possibile che le future razze di uomini alimentino i loro fuochi interni nello stesso modo in cui noi eseguiamo il lavoro esterno, con energia inanimata. Ma fino a quando non saranno fatte scoperte completamente nuove, l'agricoltura rimane ancora l'industria chiave della vita. Tutto ciò che la scienza ha potuto fare è stato di aiuto indiretto. Fondamentalmente rimane invariata, come la raccolta della luce solare da parte della clorofilla e la sua trasformazione nell'energia chimica degli alimenti, direttamente o attraverso l'agenzia intermedia di trasformazione degli animali. La depressione che l'ha colpita in questo Paese ha un'importanza locale piuttosto che mondiale. Non è in questo campo, ma solo per quanto riguarda l'energia esterna della vita, che la scienza oggi passa così largamente sopra la vita e attinge direttamente all'energia puramente inanimata che si trova in natura, senza la necessità di farla passare attraverso i corpi viventi. È vero che gli uomini sono ancora necessari, anche se ogni anno diminuiscono, poiché i compiti di routine vengono svolti sempre più automaticamente dalle macchine. Ma la funzione è cambiata. L'operaio contribuisce ormai solo a una parte insignificante del lavoro richiesto al proprio corpo. È lì piuttosto per contribuire con l'intelligenza. Da operaio è diventato il direttore di un processo artificiale, aggirando la tendenza naturale dell'energia a sprecarsi con la diligenza piuttosto che con la forza.

Le origini dell'energia disponibile

La dottrina dell'energia insegna che, sebbene l'energia si conservi in tutti i processi e non venga mai né creata né distrutta, essa ha una tendenza naturale a passare subito alla forma inutile e indisponibile, che è il fine ultimo di tutta l'energia cinetica, cioè il calore della stessa temperatura dell'ambiente circostante. La vita non è certo l'unico processo di rilevanza economica in cui questa tendenza viene aggirata, ma è di gran lunga il più importante. Da questo punto di vista, le macchine non sono altro che imitazioni della vita, poiché tutte possiedono una qualche replica dell'intelligenza per eseguire un ciclo artificiale di operazioni scelte in prima istanza dal cervello del progettista.

Al giorno d'oggi, il processo di maggiore importanza economica attraverso il quale il ricavato dell'energia solare viene trasformato in una forma utile o "disponibile" senza l'intervento della vita è quello che origina l'energia idrica. Una minima parte dell'energia che cade sull'oceano sfugge alla totale degradazione in calore inutile ed evapora l'acqua. Attraverso un processo naturale - molto simile, tuttavia, a quello che viene fatto avvenire artificialmente nella macchina a vapore - il vapore acqueo sale e subisce un "raffreddamento ed espansione adiabatica". In questo modo compie un utile lavoro su se stesso nell'ascesa contro la gravità. Si raffredda mentre sale, finché non si condensa di nuovo sotto forma di pioggia, si raccoglie nei fiumi, che azionano ruote idrauliche e turbine nel loro percorso verso l'oceano. L'energia eolica, che in passato aveva un'importanza economica maggiore nella navigazione, nellirrigazione e nella bonifica per mezzo di mulini a vento, rientra in una categoria esattamente analoga.

Si tratta, tuttavia, di una parte relativamente molto insignificante del reddito solare, che sfugge alla vigilanza della vita in prima istanza che così le offre una seconda possibilità. L'origine dell'energia petrolifera è dubbia, e se ne parlerà ancora. L'energia delle maree rientra nella categoria eccezionale di non derivare dalle radiazioni. È fornita dall'energia di rivoluzione della luna intorno alla terra e dalla rotazione della terra sul suo asse. Per questo motivo, il periodo del giorno e del mese lunare aumentano lentamente su periodi di tempo secolari, e alla fine il giorno terrestre dovrà diventare uguale all'anno terrestre, così come già il giorno lunare è uguale al mese lunare.

L'energia dei vulcani e delle sorgenti calde deriva dal calore interno della terra, ma la sua origine è dubbia nello stesso senso dell'origine dell'energia del petrolio, a cui si farà riferimento più avanti.

La chimica fisica del metabolismo

Passiamo ora alle principali fonti di energia in natura rese disponibili per la vita dall'azione della vita. La parte del reddito solare che cade su oggetti opachi si trasforma istantaneamente in calore, e rapidamente dopo che, per conduzione, in calore di temperatura uniforme con l'ambiente circostante. In questa forma consiste nell'energia di movimento delle molecole ultime di cui è fatta la materia. Come energia cinetica, esiste ancora in quantità intatta, ma è inutile. I moti in questione sono distribuiti in ogni direzione, o perfettamente decoordinati, mentre l'energia meccanica è essenzialmente energia diretta in una direzione definita dello spazio. È impossibile coordinare nuovamente la direzione, senza compiere più lavoro di quanto se ne guadagni, anche se, mentre il calore ha una temperatura più alta di quella circostante, si può sfruttare la sua naturale tendenza a fluire verso oggetti più freddi, per riconvertirne una piccola parte in energia meccanica.

Ma quando l'energia solare cade sulla clorofilla della vegetazione non viene trasformata in calore, bensì in energia chimica. Pochi, probabilmente, tra coloro che hanno sperimentato il fresco sollievo dal sole entrando in una fitta foresta, si rendono conto che è dovuto a qualcosa di più della semplice ombra. La foresta è una delle unità del trasformatore primario della Natura, che per efficienza e scala fa sembrare insignificanti tutte le opere dell'uomo. La luce del sole non viene più degradata in calore lottando contro una resistenza opaca, ma viene trasformata, anche se solo in piccola parte, in una riserva di energia potenziale nel legno, che può essere recuperata quando il legno viene bruciato.

In un processo del tutto misterioso, ma pur sempre puramente fisico, la clorofilla riunisce l'energia delle onde luminose e l'anidride carbonica e l'umidità dell'aria, producendo da queste l'ossigeno e i carboidrati, la formaldeide e le numerose varietà di zucchero, destrine o gomme, amido e cellulosa, enumerate in ordine di crescente complessità molecolare. Come indica il nome "carboidrato", sono tutti composti da carbonio e acqua. In passato si sarebbe considerata una sintesi chimica effettuata dall'organismo vivente stesso e da esso dipendente. Ma ora si sa che è dovuta a un processo che il chimico chiama catalisi, in cui una reazione che può avvenire senza disobbedire alle leggi dell'energia, ma che tuttavia non ha luogo, può avvenire in presenza di una minuscola quantità di una sostanza, chiamata catalizzatore, che apparentemente non reagisce e che rimane inalterata. Buchner, nel 1897, scoprì che un estratto di lievito, in cui ogni traccia delle cellule vive del lievito era stata cancellata, fermentava comunque lo zucchero in alcol come la pianta vivente. L'azione è dovuta a un catalizzatore, o enzima, come viene generalmente definito in biochimica, *secreto dall'organismo*, ma non organizzato o vivo. Le sostanze puramente minerali, come il platino finemente suddiviso e altri metalli, possiedono poteri simili nelle reazioni inorganiche. Sebbene l'azione della clorofilla sia probabilmente catalitica, cioè la sua presenza permette ad altre sostanze di reagire che non reagiscono in sua assenza, in questo caso c'è la caratteristica aggiuntiva, che conferisce al processo la sua eccezionale importanza, che la reazione chimica non può assolutamente andare avanti se non con il continuo apporto di energia fornito dalla luce. La clorofilla, infatti, realizza il matrimonio tra energia e materia. È un catalizzatore fotochimico attivo, secreto dalla pianta vivente, ma esso stesso una semplice sostanza, né organizzata né viva.

Quando si brucia del carburante o si consuma del cibo nel metabolismo, la reazione che avviene è esattamente l'inverso di quella prodotta dalla clorofilla alla luce del sole. I carboidrati vengono bruciati in anidride carbonica e acqua dall'ossigeno dell'aria e viene ceduta energia sotto forma di calore. Per ricombustinare l'anidride carbonica e l'acqua in carboidrati e ossigeno, l'energia ceduta durante la combustione deve essere restituita. Questo è ciò che fa la pianta. L'energia del sole, in presenza di clorofilla, rientra nei prodotti morti della combustione e del metabolismo, l'ossigeno viene reimmesso nell'aria e i composti di carbonio e acqua formati vengono immagazzinati nei tessuti della pianta.

Un mondo che ha avuto origine come si suppone sia stato il nostro, come un pianeta staccato dal sole madre, durante la sua evoluzione da una nebulosa, può essere considerato come ben "bruciato" in prima istanza. Nel momento in cui è diventato una dimora adatta alla vita, tutto il carbonio, si suppone, sarebbe esistito combinato con l'ossigeno. Ciò solleva la questione dell'origine della vita da un nuovo punto di vista. Come può nascere la clorofilla se non grazie alla vita, e come potrebbe mantenersi la vita se non grazie alla clorofilla? La clorofilla è un composto di carbonio estremamente complicato, che i chimici considerano provvisoriamente composto da 55 atomi di carbonio, 72 di idrogeno, 4 di azoto, 5 di ossigeno e uno di magnesio. Non è ancora stato prodotto artificialmente e la natura della sua struttura molecolare - che è sempre un passo preliminare necessario in qualsiasi sintesi artificiale - rimane in notevole dubbio. È difficile pensare che questo particolare composto possa esistere naturalmente senza la vita, eppure la sua esistenza, così come la conosciamo, è essenziale per il processo vitale. Ne esistono varietà brune, come le alghe brune, che dal punto di vista chimico sono indistinguibili da quelle verdi.

Possiamo supporre che la vita sia iniziata con catalizzatori fotochimicamente attivi più semplici della clorofilla, e che forse abbia utilizzato in un primo momento sostanze puramente minerali come catalizzatori. Ma, per quanto si possa risalire all'origine della vita, essa si sta già servendo di una sostanza estremamente complessa e peculiare per ottenere l'energia necessaria dalla luce del sole, attraverso un tipo di azione molto notevole e, in effetti, quasi unica. L'intera gamma della chimica e della biochimica non offre praticamente alcun parallelo. Certamente nessun prodotto chimico viene prodotto industrialmente con un processo analogo ai metodi naturali di produzione dell'amido e della cellulosa.

Sentiamo parlare così spesso dei trionfi pratici della chimica, che il lettore potrebbe essere sorpreso dal fatto che nessun chimico abbia ancora la più elementare teoria del perché avvenga un cambiamento chimico. L'affermazione che i prodotti della combustione sono incombustibili in carboidrati e ossigeno, grazie all'energia della luce solare, in presenza di un catalizzatore fotochimico attivo, la clorofilla, è una descrizione, non una spiegazione.

Tuttavia, siamo arrivati a *sospettare* che, prima che possa avvenire *qualsiasi* cambiamento chimico, debba verificarsi un processo preliminare di "attivazione", come viene definito, delle molecole che reagiscono e che la radiazione, in generale, sia l'agente che trasforma la normale molecola chimicamente inattiva in una che reagirà con un'altra, quando attraversa il suo percorso. La radiazione solare si colloca al centro della lunga gamma di radiazioni, che si estende dalle onde utilizzate per la trasmissione wireless sul lato lungo della lunghezza d'onda, ai raggi X di Röntgen e ai *raggi Y* del radio sul lato corto. Siamo soliti dimenticare che tutte le sostanze conosciute sono calde, nel senso che un corpo freddo è un corpo privo di energia termica, ovvero un corpo all'irraggiungibile zero assoluto di temperatura, -273° C. Tutti, come il sole, irradiano energia. La quantità a temperatura ordinaria è molto piccola e la lunghezza d'onda dei raggi è sul lato lungo della regione della luce visibile. Cioè, l'irradiazione è di raggi di calore scuro fino a quando non si raggiunge la temperatura del calore rosso visibile. Ma è sempre in corso e alcune moderne teorie del cambiamento chimico si appellano a questa radiazione di calore scuro come all'agente attivante che precede anche le reazioni chimiche più comuni e spontanee. Se questo punto di vista si dimostra fondato, ogni reazione chimica diventa analoga a quella che avviene nella pianta. L'intero argomento è di per sé un'illustrazione di come la vita arrivi intuitivamente a scoperte che la ragione fa solo molto tempo dopo e con la massima difficoltà.

Carbone e petrolio

Secondo i geologi, in passato la vita si è originata nel mare e da lì ha invaso la terraferma. Molto prima che l'evoluzione animale fosse molto avanzata, la vegetazione fiorì in abbondanza sotto forma di gigantesche foreste arboree, i cui resti fossili forniscono oggi le nostre misure di carbone. In quest'epoca, il Carbonifero, la temperatura doveva essere più elevata e la quantità di anidride carbonica e di vapore acqueo nell'aria più alta di oggi. È in queste condizioni che si sono formate e accumulate le immense riserve di energia da cui dipende quasi interamente la civiltà moderna. Questo accumulo è interamente opera della vita. Per quanto se ne sa, oggi non sta accadendo nulla di simile e lo sviluppo umano, così come lo conosciamo, dipende interamente da una concatenazione favorevole di eventi biologici e geologici di epoche immense.

L'origine degli oli minerali è incerta. Sono costituiti essenzialmente da composti di carbonio e idrogeno, o idrocarburi. Esistono, a grandi linee, due probabili origini, che possono aver operato entrambe. Dalla frequente presenza di tracce di organismi marini nell'olio naturale, si è ipotizzato che esso possa derivare dalla decomposizione, e successiva trasformazione sotto calore e pressione, dei resti di pesci, che in epoche passate potevano abitare i mari in maggiore abbondanza rispetto ad oggi. Senza insistere particolarmente sulla sua origine animale, è abbastanza concepibile che resti vegetali, come il carbone, incontrino nella terra le condizioni favorevoli per essere convertiti in petrolio. Un moderno processo tecnico, ancora in fase sperimentale, noto come "berginizzazione" del carbone, trasforma il carbone in polvere, mescolato con catrame, in olio riscaldandolo con idrogeno sotto grande pressione a una temperatura elevata.

D'altra parte, un'origine puramente inorganica è suggerita dal lavoro di Moissan sui carburi metallici, che vengono prodotti alla temperatura del forno elettrico riscaldando i metalli o i loro ossidi con il carbonio. Il carburo di calcio, ottenuto riscaldando calce e coke, è universalmente noto come fonte, a contatto con l'acqua, dell'idrocarburo gassoso acetilene. Altri carburi metallici danno altri idrocarburi nello stesso modo e dal carburo di uranio è stata ottenuta una miscela di idrocarburi liquidi, molto simile per carattere e costituzione al petrolio naturale. È quasi certo che, nelle profondità dell'interno terrestre, esistano condizioni di alta temperatura e alta pressione che, se presenti, provocherebbero la formazione di tali carburi dai loro elementi componenti. In tal caso, la produzione di petrolio attraverso la successiva infiltrazione di acqua può essere legittimamente dedotta.

Energia solare e atomica

Il punto è di un certo interesse poiché, secondo la prima teoria, l'origine dell'energia del petrolio è la luce del sole, mentre per la seconda è il calore interno della terra. Anche in questo caso, secondo le visioni più antiche, il calore interno della terra era considerato parte dell'eredità originaria del calore solare, quando la terra fu espulsa da un sole ancora gassoso. Secondo i punti di vista moderni, sviluppati da Joly, il calore interno della terra viene continuamente mantenuto dal processo di radioattività. Se è così, il petrolio, secondo la seconda teoria della sua origine, deriva la sua energia dall'atomo. Il suo utilizzo rappresenta quindi un primo passo verso l'emancipazione della vita dalla dipendenza totale dalle fonti solari. Lo stesso vale per i piccoli usi del calore interno della terra che l'uomo ha probabilmente sempre praticato, proprio come i Maori di Whakarewarewa, oggi, usano le sorgenti calde per tutte le loro necessità domestiche. Gli islandesi coltivano persino ortaggi, che il clima non permetterebbe altrimenti, grazie al loro aiuto. Un altro esempio è l'industria del borace in Toscana, dove il vapore dei *suffioni* viene utilizzato per far evaporare l'acqua delle sorgenti calde contenenti borace.

In effetti, l'utilizzo su larga scala di questa energia per la produzione di energia elettrica è stato prospettato durante la guerra, a causa della scarsità di carbone in Italia. È stato anche suggerito, in modo non del tutto chimerico, che se il carbone venisse a mancare il calore interno della terra potrebbe essere sfruttato su larga scala scavando pozzi sufficientemente profondi e facendovi circolare acqua sotto pressione, convertendola così in vapore.

Per quanto riguarda l'energia del sole stesso, sembrano esserci poche ragioni per dubitare che anch'essa sia dovuta all'energia atomica. È vero che la radioattività e i processi noti di disintegrazione atomica sono troppo particolari e limitati per fornire tali immense quantità. D'altra parte, la teoria della relatività ha introdotto una nuova concezione del rapporto tra energia e materia che, sebbene ancora del tutto priva di verifica sperimentale, è considerata l'unica spiegazione verosimile del mantenimento, nel corso delle epoche cosmiche, della prodiga evoluzione dell'energia del sole e delle stelle. Questa teoria fonde le leggi di conservazione dell'energia e della materia in una sola, nel senso che la materia si conserva solo quando la sua energia è invariata e che l'energia si conserva solo se la massa è invariata. Ogni perdita di energia da parte di un sistema è accompagnata da un'effettiva perdita di massa, anche se infinitesimale e ancora totalmente non verificabile sperimentalmente. Un'annichilazione della materia, se potesse avvenire, comporterebbe la comparsa di un'energia pari al doppio della massa persa che si muove alla velocità della luce. La perdita di massa è troppo piccola, in relazione all'energia sviluppata, perché sia stata ancora messa in evidenza, anche nei cambiamenti più energetici conosciuti. Si suppone che l'energia cosmica possa essere la conseguenza di un lento processo di annichilazione della materia.

Le prove della spettroscopia stellare mostrano che le stelle iniziano la loro carriera incandescente come idrogeno ed elio, e che solo in seguito fanno la loro comparsa gli elementi più pesanti. Si deduce che gli elementi più pesanti si formano per condensazione da quelli più leggeri. Se prendiamo un caso, dal punto di vista delle moderne vedute sulla struttura atomica, e supponiamo che il gas idrogeno stia subendo, nell'economia stellare, una condensazione in elio, in modo che quattro atomi del primo si uniscano per formare un atomo del secondo, il processo da solo spiegherebbe l'origine dell'energia cosmica. Infatti, condensandosi in elio, i quattro atomi di idrogeno subirebbero una perdita di massa di circa tre parti su quattrocento, essendo il peso atomico dell'idrogeno pari a 1,0075, rispetto a quello dell'elio pari a 4,000. È a una fonte come questa che si appella il cosmogonista moderno. *Le prime* fasi dell'evoluzione degli elementi - come l'ultima, la disgregazione degli elementi più complessi nella radioattività - si può prevedere che producano energia piuttosto che richiederla.

La civiltà cerca di controllare il Flusso di energia dalla fonte più vicina

Dopo aver trattato brevemente le fonti di energia in natura e il modo in cui, in prima istanza, si rendono disponibili per la vita, i passaggi successivi non presentano alcuna novità. L'intero regno animale si distingue da quello vegetale per la totale incapacità di utilizzare l'energia naturale inanimata nel suo metabolismo interno. Questa deve essere immagazzinata nei tessuti delle piante, di cui si nutrono gli erbivori. I carnivori sono un passo simile più lontano dalla fonte originale e gli onnivori, come gli uomini, hanno due corde al loro arco. Dalla caccia e dall'inseguimento l'uomo si è sempre più evoluto verso l'addomesticamento degli animali non solo per il cibo, ma anche per la lana, il cuoio e le materie prime dell'abbigliamento. In tempi più stabili, la stessa tendenza ha portato all'agricoltura e alla coltivazione consapevole delle piante naturali sia per il cibo che per le materie prime. Dal punto di vista energetico, il progresso può essere considerato come una padronanza e un controllo successivi delle fonti di energia, sempre più vicine alla fonte originaria.

Possiamo tentare di tradurre i fatti salienti di questa indagine nel modo seguente.

Il diagramma rappresenta il flusso di energia in natura da sinistra a destra. La linea che va dall'energia solare all'uomo è la linea che la vita ha sviluppato intuitivamente per la proprietà intrinseca della sua stessa crescita. Le linee che puntano da destra a sinistra indicano le direzioni in cui l'uomo si è spinto consapevolmente per aumentare e controllare gli approvvigionamenti, e la tendenza del progresso a far uscire sempre più la vita dal sistema economico.

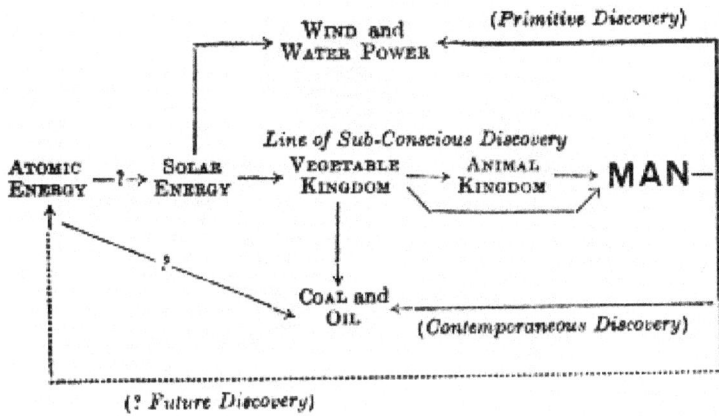

```
                    WIND and        (Primitive Discovery)
            ──────→ WATER POWER ←─────────────────────────────┐
           │                                                   │
           │          Line of Sub-Conscious Discovery          │
 ATOMIC  ──?─→  SOLAR  ────→ VEGETABLE ────→  ANIMAL  ───→ MAN─│
 ENERGY         ENERGY       KINGDOM  ╲      KINGDOM  ╱         │
    ↑        ╲      ?                  │                        │
    │          ╲                      ↓                        │
    │            ╲────→  COAL and ←────────────────────────────┘
    │                    OIL      ←──                            
    │                        (Contemporaneous Discovery)        
    └──────────────────────────────────────────────────────────
        (? Future Discovery)
```

CAPITOLO III

LE BASI DELL'ECONOMIA NAZIONALE

La lotta per l'energia.

Anche se un secolo fa non lo si capiva, e anche se le applicazioni di questa conoscenza all'economia della vita non sono ancora generalmente realizzate, la vita nel suo aspetto fisico è fondamentalmente una lotta per l'energia, in cui una scoperta dopo l'altra porta la vita a nuove relazioni con la fonte originaria. Lo sviluppo evolutivo è stato di tipo parassitario: organismi sempre più elevati sono sorti e hanno ottenuto le necessarie forniture di energia nutrendosi di quelli inferiori. Ma con l'uomo e lo sviluppo della ragione cosciente, il processo energetico si sta invertendo. A poco a poco l'impalcatura su cui è salito viene scartata e l'uomo sta consapevolmente risalendo sempre più alle fonti originarie di energia per la sua vita. Allo stato attuale, nel ventesimo secolo, la maggior parte del lavoro esterno della vita può essere svolto meglio da macchinari alimentati a combustibile. In questa direzione c'è ancora un rapido sviluppo, anche se probabilmente è passato il periodo più attivo. Finché le scorte di combustibile resisteranno, non c'è letteralmente limite alla produzione di beni necessari alla vita che possono essere realizzati in questo modo, come è stato accennato nel primo capitolo, se le restrizioni finanziarie fossero rese inoperanti, come lo sono state durante la guerra. In presenza di un'abbondante disponibilità di legname e di materie prime simili, questa classe di manufatti copre la maggior parte degli accessori e dei lussi necessari per vivere, dalle case e dai mobili alle auto a motore e alle apparecchiature wireless. Comprende praticamente tutti gli strumenti, gli edifici e gli impianti necessari per la produzione, il trasporto e la comunicazione. A questi *agenti di produzione* si limita nel seguito il termine camaleontico di *Capitale*.

Per quanto riguarda gli alimenti e le materie prime di origine biologica, l'estensione della produttività, sebbene praticamente enorme e difficilmente meno importante che nelle altre categorie, è favorita solo indirettamente dal nuovo passo. Gli alimenti sono ancora essenzialmente prodotti interamente dal processo agricolo originale. Questo vale anche per le materie prime di origine vegetale e animale, anche se molte di esse possono essere sostituite da sostituti artificiali di un tipo o di un altro, se i prodotti naturali sono introvabili.

I grandi insegnamenti della termodinamica

Ripercorriamo brevemente le grandi generalizzazioni della prima parte del secolo scorso in materia di energia, che si applicano non solo alle macchine, ma con altrettanto rigore agli esseri viventi e alla vita delle comunità. Di solito si parla di Prima e Seconda Legge della Termodinamica, nome che richiama la loro origine. Sono state riconosciute, in primo luogo, per le relazioni tra calore e lavoro, o tra energia termica e meccanica. Ma i principi sono di applicazione universale tra il calore e qualsiasi forma di energia. Il linguaggio supera solo molto tardi le idee e le idee precedono, nel tempo, le etichette linguistiche. Le definizioni formali delle leggi della termodinamica non riuscirebbero a trasmettere alcuna idea del loro carattere a chi non ne fosse già in possesso, mentre le affermazioni descrittive mancano della precisione e dell'universalità dell'idea generale. Queste leggi sono essenzialmente, in prima istanza, espressioni dell'esperienza, testate dopo la loro comprensione in modo approfondito ed esaustivo con esperimenti in campi nuovi e ancora non sperimentati, ma non sono ancora tali da poter essere semplicemente dedotte da principi primi.

L'impossibilità delle macchine a moto perpetuo o degli uomini

La Prima Legge è facile da capire e non è altro che una dichiarazione della legge di conservazione dell'energia. Essa nega la possibilità di una macchina a moto perpetuo, in cui qualsiasi motore primo - macchina, sistema molecolare o uomo - possa continuare a fornire lavoro dal nulla, senza che venga fornita una quantità equivalente di energia. Un'automobile che funziona senza benzina o un uomo che vive senza cibo ne sono un esempio. Le forme assunte dall'energia fisica sono numerose, ma tutte possono essere convertite in energia termica e misurate come energia termica, così come qualsiasi conto, ai fini del calcolo, può essere trasformato in sterline, qualunque sia la valuta originale. L'unità scientifica dell'energia termica è quindi la caloria.[11] La caloria è la quantità di calore necessaria per innalzare un chilogrammo d'acqua di 1° centigrado (o una libbra d'acqua di 1,023° Fahrenheit). L'unità britannica del lavoro o dell'energia meccanica è il piede-libbra e l'unità metrica il chilogrammo-metro. Rappresentano il lavoro compiuto per sollevare il peso dalla distanza specificata, o l'energia cinetica posseduta da quel peso quando è caduto liberamente per gravità da quella distanza. L'unità di potenza, nota come cavallo-potenza, è la potenza necessaria per sollevare 550 libbre un piede in *un secondo*, o 1 libbra 550 piedi in un secondo, o 1 libbra un piede in 1/550 di secondo. Il cavallo-ora è il lavoro svolto da un cavallo-ora in un'ora ed è pari a circa due milioni di piedi-libbra. Se il lavoro viene svolto contro una resistenza nulla e quindi convertito completamente in calore, senza che venga immagazzinato in forma potenziale, come nel sollevamento di un peso, da un cavallo-ora si ricavano 653,6 calorie ogni ora. O un cavallo-ora equivale a 653,6 calorie. In modo analogo è possibile valutare l'energia degli alimenti necessari per mantenere un uomo adulto medio per un anno. Si tratta di circa un milione di calorie.

Questa quantità di calore viene ceduta se il cibo viene bruciato. Consumato da un uomo, una piccola parte può essere ceduta come lavoro nel lavoro e nella locomozione, ma la maggior parte appare sempre come calore corporeo. Come meccanismo di lavoro, l'uomo può essere altamente efficiente dal punto di vista della parte del valore energetico del suo cibo che appare come lavoro.

A volte supera il 30% e i migliori motori a vapore raramente si avvicinano a questa efficienza.

La Prima Legge, in quanto legge di conservazione dell'energia, è essenzialmente quantitativa. Non esprime nulla sulla qualità o sull'utilità dei vari tipi di energia. Di per sé non afferma né nega la possibilità fisica di mangiare una torta e continuare ad averla, perché al

---

[11] Quando si scrive con la *c* minuscola si indica un'unità mille volte inferiore.

posto dell'energia del cibo, quando viene mangiato, abbiamo un equivalente di energia termica.

Questo è il campo di applicazione della Seconda Legge, che tiene conto della direzione naturale in cui l'energia tende a trasformarsi: da energia-cibo a energia-calore di scarto per consumo o decadimento, non da energia-calore di scarto a energia-cibo, che sarebbe un processo innaturale . Un processo innaturale in questo senso non è necessariamente impossibile dal punto di vista fisico, ma è sempre impossibile dal punto di vista economico come mezzo per risparmiare lavoro, cioè per utilizzare la stessa energia due volte o, più in generale, per arrivare a un *perpetuum mobile* impiegando sempre la stessa energia all'infinito.

Nel suo significato pratico, l'energia in sé non ha alcuna importanza. È solo il flusso di energia da una forma all'altra e da un luogo all'altro a essere importante. Questo flusso avviene sempre in un'unica direzione naturale e può essere invertito solo facendo fluire, per così dire, più energia verso il basso che verso l'alto. Come suggerisce questa analogia, un flusso di energia ha alcune delle caratteristiche di un fiume e, in effetti, le leggi della termodinamica sono state originariamente elaborate sulla base della visione allora prevalente del calore come un vero e proprio fluido. Quando, in seguito, la visione cinetica - secondo cui il calore è dovuto all'energia decoordinata dell'agitazione delle singole molecole della materia - divenne generale, la seconda legge della termodinamica divenne meno facile anziché più facile da dedurre dai principi primi.

Processi fisici illustrativi

È facile immaginare un processo in cui i pesi, ad esempio, vengono fatti salire contro la gravità grazie alla caduta di pesi più pesanti. Proprio nel periodo in cui il motore a vapore entrò nell'uso generale, fu scoperto un metodo di esecuzione del lavoro umano molto più efficiente di qualsiasi altro. È stato utilizzato nella costruzione di alcune fortificazioni di Parigi e, se non fosse stato per la macchina a vapore, sarebbe probabilmente diventato molto comune. L'operaio lavora salendo una rampa di scale e scendendo con una corda, alla quale è attaccato il carico che deve sollevare e che è solo di poco inferiore al suo peso. In questo modo può lavorare molte volte di più che con una carriola o con i metodi più vecchi.

La facilità con cui tutte le altre forme di energia tendono a trasformarsi in energia termica è parallela alla difficoltà di invertire il processo. Il calore tende a passare da una regione a temperatura più alta a una a temperatura più bassa, proprio come l'acqua tende a scorrere in discesa. Invertire il processo è come far scorrere l'acqua in salita: un processo artificiale che richiede, *oltre a un* dispositivo meccanico, rispettivamente una pompa o un impianto di refrigerazione, *il dispendio di lavoro*. È facile capire perché si debba lavorare per pompare l'acqua in salita, perché si può recuperare il lavoro quando l'acqua pompata in alto viene fatta scorrere in basso. In forma modificata, lo stesso vale per un flusso di calore. Una macchina a moto perpetuo del secondo tipo, come viene definita, non contravverrebbe alla Prima Legge di conservazione, ma alla Seconda Legge di utilità. Una macchina del genere sarebbe l'equivalente di un uomo che mangia del cibo e lo trasforma in anidride carbonica, acqua e calore, per poi rimettere l'energia termica guadagnata nell'anidride carbonica e nell'acqua e rifare il cibo. Il calore radiante di un corpo ad alta temperatura, sebbene simile nel nome all'energia termica, è una forma di energia di altissima qualità e molto disponibile, all'estremità opposta della scala rispetto all'energia termica a bassa temperatura in cui viene naturalmente degradata.

Nella macchina a vapore, la tendenza naturale del calore a passare da una temperatura più alta a una più bassa viene utilizzata per eseguire il processo innaturale di conversione del calore in lavoro. Qualsiasi processo naturale - che si tratti del flusso di acqua in discesa, del flusso di calore da un corpo caldo a uno più freddo o del flusso di un gas da una pressione più alta a una più bassa - può, almeno in teoria, essere diretto ed eseguito in modo da convertire almeno una parte del flusso di energia in energia meccanica o lavoro. Ma la quantità di energia che può essere convertita è diversa a seconda del tipo di energia. A parte le perdite accidentali, dovute alle imperfezioni di qualsiasi meccanismo reale - attrito, resistenza e così via - e che possono essere ridotte all'infinito da dispositivi migliori e più "ideali", alcuni flussi di energia sono completamente convertibili in lavoro e altri solo parzialmente. Un motore elettrico, a parte le perdite accidentali di cui si è parlato, convertirà completamente l'energia elettrica che gli viene fornita in energia meccanica e, anche nella pratica, si possono raggiungere rendimenti molto elevati, superiori al 90%. Ma un flusso di calore non può mai, nemmeno in circostanze "ideali", essere convertito più che parzialmente in lavoro. Trascurando, come prima, tutte le perdite accidentali dovute a imperfezioni meccaniche pratiche, la proporzione massima di qualsiasi flusso di calore in grado di essere convertito in lavoro è indicata dalla Seconda Legge nella sua forma quantitativa come segue. [12]

Nel flusso di calore da una temperatura più alta, T1° A., a una più bassa, T2° A., di ogni T1 unità di calore T2 unità non sono convertibili, e devono rimanere invariate come calore qualunque sia il processo in esame; ma c'è l'*opportunità* o la *possibilità* - mai facile, e spesso praticamente impossibile, da realizzare - di convertire le unità T1 - T2 al massimo in energia meccanica mediante opportuni dispositivi meccanici e di altro tipo. Così, in pratica, un motore a vapore, che viene alimentato con vapore vivo a 200° C. (473° A.) e che rigetta il vapore al condensatore a 40° C. (313° A.), non può - a parte tutte le perdite dovute all'attrito e ad altre resistenze e imperfezioni - convertire in lavoro più di 160/473, cioè circa un terzo, dell'energia termica con cui viene alimentato. Il motore a combustione interna, in cui l'energia termica è fornita dall'esplosione di miscele gassose, a temperature vicine al calore bianco (2.000° A.), è termicamente molto più "efficiente" di qualsiasi motore a vapore.

Come esempio di un processo pratico in cui il flusso naturale di energia viene invertito - per qualche scopo pratico speciale - possiamo prendere la refrigerazione, che consiste essenzialmente nel pompare il calore da un corpo freddo in un corpo più caldo, quest'ultimo solitamente alla temperatura dell'aria circostante. In questo processo è necessario un dispendio di lavoro pari a quello necessario per pompare l'acqua da un pozzo al livello del suolo. In pratica, la refrigerazione viene effettuata utilizzando prima il lavoro da compiere per comprimere un gas che viene convertito in calore (la direzione naturale del flusso di energia), in modo che il gas diventi caldo. Il gas compresso caldo viene raffreddato alla temperatura dell'ambiente circostante (ancora una volta la direzione naturale del flusso di energia).

Poi il gas compresso viene lasciato espandere e compiere lavoro, il che rappresenta l'inversione del primo processo. Il gas si raffredda al

---

[12] Nota sulla scala della temperatura assoluta: Lo zero reale o assoluto della temperatura, espresso nella scala dei centigradi, è di -273 °C. In altre parole, a questa temperatura la materia non possiederebbe alcuna energia termica. La scala assoluta della temperatura si ricava dalla scala centigrada aggiungendo semplicemente 273°. Così 15° C. corrispondono a 288° A.

di sotto della temperatura dell'ambiente circostante perché il lavoro che gli viene fatto compiere gli viene sottratto a spese della sua energia termica. In questo modo, paradossalmente, il lavoro viene prima convertito in calore per avere la possibilità, in una fase successiva, di convertire il calore in lavoro. Ma se prima non si spende del lavoro per comprimere il gas, contro la sua naturale tendenza a espandersi, non si potrà in seguito sfruttare questa tendenza naturale dei gas a espandersi per superare la naturale disinclinazione del calore a trasformarsi in lavoro.

Sebbene il calore non sia un fluido materiale, la Seconda Legge rappresenta ciò che sarebbe se lo fosse e se la temperatura del calore rispetto all'ambiente circostante corrispondesse all'altezza del fluido rispetto al livello. Per sollevare l'acqua da un pozzo è necessario un lavoro, e per refrigerare una sostanza è necessario un lavoro. Il compito di convertire l'energia termica di scarto di temperatura uniforme in lavoro è come cercare di ottenere energia dall'acqua dell'oceano. Lo zero assoluto del livello dell'acqua sarebbe il centro della terra, e lo zero assoluto della temperatura o del livello del calore sarebbe -273°C. Ma non sono possibili sbocchi al centro della terra e condensatori allo zero assoluto, e in ogni caso il livello zero pratico è molto al di sopra, essendo il livello del mare in un caso e la temperatura della terra nell'altro.

La ricchezza come forma o prodotto dell'energia
La sua illimitata producibilità

Si giunge così alla conclusione che qualsiasi tipo di moto perpetuo è impossibile.

Un flusso continuo di energia fresca è necessario per il funzionamento continuo di qualsiasi sistema operativo, sia esso animato o inanimato. La vita è ciclica per quanto riguarda le sostanze materiali consumate, e gli stessi materiali vengono utilizzati più volte nel metabolismo. Ma per quanto riguarda l'energia, essa è unidirezionale e non è nemmeno concepibile un uso ciclico e continuo dell'energia. Se abbiamo energia disponibile, possiamo mantenere la vita e produrre ogni requisito materiale necessario. Ecco perché il flusso di energia dovrebbe essere la preoccupazione principale dell'economia. In un mondo che dispone di adeguate scorte di energia, di conoscenze scientifiche e di invenzioni per utilizzarla, e di forza lavoro in grado e disposta a svolgere i compiti e i servizi necessari, la povertà e l'indigenza sono istituzioni puramente artificiali, dovute all'ignoranza dei principi di governo, attivamente, se non deliberatamente, promosse per fini di classe da convenzioni legali che confondono la ricchezza con il debito. Sotto un qualsiasi sistema di governo scientifico, esse scomparirebbero come il vaiolo e la malaria, per mezzo di misure preventive piuttosto che migliorative o curative.

Naturalmente, chi ha studiato l'argomento ha capito perfettamente che la ricchezza consumabile non è come l'oro, l'argento, il radio o altri elementi che esistono solo in piccole quantità nella terra e che non possono ancora essere prodotti artificialmente. L'attrattiva di tali sostanze come misure di ricchezza, su cui basare il valore monetario, sta ovviamente nel potere sul debitore che esse mettono nelle mani del creditore. Il denaro, infatti, diventa un monopolio, e questo monopolio è il vero governo. La ricchezza, nel senso dei requisiti di vita, può ora essere prodotta a seconda delle esigenze e non ha alcuna relazione con questi ingegnosi dispositivi finanziari. Il suo studio è stato tristemente trascurato dall'economista.

Sebbene a tutti, tranne che a un ingegnere o a un fisico, l'energia sembri un elemento secondario nella produzione di ricchezza, se ci occupiamo di ciò che viene utilizzato nel processo di creazione della ricchezza, è l'elemento più grande e importante.

Pertanto, nel costo di manutenzione di un'auto la benzina è una voce secondaria. Fino a poco tempo fa i pneumatici costavano di più. Tuttavia, se seguiamo i pneumatici fino alla loro origine, scopriremo che gran parte del loro costo è dovuto al dispendio di energia. Richiedono il flusso dell'energia solare di un particolare clima, il lavoro fisico nelle piantagioni di gomma, il carbone per le ferrovie e le navi che trasportano le materie prime dai tropici e per le fabbriche dove vengono trasformate in pneumatici. Anche queste ferrovie e navi, così come tutti gli edifici e le attrezzature necessarie per la loro produzione, non meno che i materiali che utilizzano - il ferro, i metalli e il carbone che devono essere estratti - sono il risultato del dispendio di energia fisica. Gli eserciti di persone che queste industrie mantengono devono essere riforniti di cibo, vestiti e case, e l'energia, sotto una direzione umana intelligente, è il primo requisito per la fornitura di *tutte* queste cose.

Povertà e disoccupazione
Una mostruosa contraddizione

Gran parte di questo, naturalmente, se non le sue implicazioni, è ben compreso dagli specialisti, anche se di solito la fonte della ricchezza non viene fatta risalire fino all'energia fisica del sole. Ma lunghe epoche di penuria e di assoggettamento, a una forma di dominazione dannosa o a un'altra, hanno abituato le persone a considerare la ricchezza come qualcosa che, come l'oro, è essenzialmente limitata nella quantità, cosicché, se alcuni ottengono molto, altri devono andare in deficit per compensare il saldo, piuttosto che una quantità che i progressi scientifici hanno reso capace di un'espansione quasi indefinita. Nessuno dei veri problemi del mondo si concentra oggi sulla mera fornitura di ricchezza. Le difficoltà sorgono piuttosto nel liberarsi anche di una piccola parte di ciò che si può produrre, senza lottare per il privilegio di produrlo o venderlo. Ma a chi pensa alla ricchezza non in termini di energia e di impegno umano, ma in termini di denaro, non sembra esserci nulla di incongruo nel perdurare dell'acuta sofferenza economica in cui è precipitata l'Europa, né alcuna prova del fallimento della più elementare funzione di governo nello spettacolo della disoccupazione e della povertà *in uno stesso momento.*

Il passaggio dal lavoro alla diligenza

La trattazione elementare dei principi della termodinamica che è stata tentata non può risultare del tutto superflua se si pone l'attenzione su quella che è probabilmente la confusione più diffusa in tutto il pensiero sociologico del momento, ovvero quella tra ciò che viene qui definito lavoro o energia in senso puramente fisico e ciò che passa per esso nel linguaggio comune. Un lavoratore manuale fornisce dal proprio corpo l'energia del lavoro fisico che svolge. Parte del suo cibo serve a produrlo. È un motore primo autonomo. Ma un uomo che si occupa di una macchina può "lavorare sodo" nel senso ordinario del termine senza compiere alcun lavoro fisico vero e proprio.

La sua vera funzione è cambiata. La sua azione è quella che in fisica è conosciuta con sufficiente espressività come "azione del grilletto". Nell'azione di un grilletto si libera una quantità di energia che non ha alcun rapporto con il lavoro di premere il grilletto, e nel funzionamento di qualsiasi apparecchio a motore è la stessa cosa. Una donna che si lamenta del fatto che il lavoro di una donna non è mai finito, intende dire che nelle operazioni domestiche di cucinare, pulire e in generale provvedere alle necessità di una casa, c'è un continuo esaurimento della sua attenzione e delle sue attività mentali, e che i molteplici compiti della gestione domestica sono infiniti. Di solito non si lamenta dell'effettivo lavoro fisico e dello sforzo che comporta uno di questi compiti, ma del lungo e faticoso giro di vigilanza continua che richiedono. In particolare in questo campo, forse, abbiamo ancora una combinazione di lavoro fisico e attenzione mentale continua, e anche se i dispositivi di risparmio del lavoro hanno fatto molto per alleviare la fatica della gestione della casa, nella sfera domestica, come anche nei servizi di trasporto e in molti altri, abbiamo buoni esempi di compiti che richiedono sia la cura individuale che lo sforzo che nessuna crescita della scienza è in grado di soppiantare del tutto. Mentre in una fabbrica, impegnata in una produzione decisamente di routine, solo una parte molto piccola e irrilevante del lavoro fisico effettivo può essere apportata dagli operai, e questa quantità è in grado di ridursi quasi indefinitamente, man mano che le macchine diventano sempre più automatiche. La necessità di un'attenzione costante al lavoro rimane, anche se è necessario un numero minore di lavoratori. Per un uomo che potrebbe occuparsi comodamente di una dozzina di macchine automatiche è una noia mortale essere limitato dalle regole sindacali a occuparsi di una sola.

A questo proposito, per quanto riguarda le industrie che si suppone richiedano un'offerta di manodopera non istruita a basso costo e le occupazioni alla cieca che sottraggono i bambini alla scuola e non offrono alcuna possibilità di sostentamento ragionevole per un adulto, è una questione molto aperta se non siano il risultato naturale dell'abbondanza di tale manodopera. Almeno in America, si riteneva che la restrizione dell'immigrazione minacciasse l'esistenza di alcune industrie che dipendevano dalla continua fornitura di manodopera a basso costo e sottopagata dall'Europa. Ma l'esperienza ha dimostrato che quando l'offerta è stata , è stato facile riadattare le industrie interessate alle nuove condizioni. In generale, si può dubitare che qualsiasi occupazione, quanto possa sembrare richiedere un tipo di lavoratore rozzo e animalesco - o i servizi di schiere di bambini e ragazzi, come nel caso della consegna dei giornali e delle forniture domestiche - non possa oggi essere svolta meglio se tale tipo di lavoro fosse completamente eliminato, grazie a un'adeguata organizzazione aziendale e a metodi più moderni.

La funzione dell'operaio, dall'introduzione dell'energia meccanica, è totalmente cambiata in molte industrie, e in nessuna il cambiamento è indifferente. Sempre più spesso non lavora in senso fisico, ma dirige una fonte di energia inanimata a fare ciò che, da sola, non potrebbe fare.

In molte industrie, come nella produzione di massa di autoveicoli o di qualsiasi tipo di macchinario che ha attraversato il suo rapido periodo di evoluzione ed è arrivato a qualcosa di simile a una forma definitiva e permanente, la regola sarà quella di una maggiore produzione con l'impiego di un numero sempre minore di mani, man mano che i processi coinvolti diventano sempre più controllati automaticamente. Tuttavia, anche in questo caso, non c'è la possibilità di rinunciare completamente all'operaio umano. Il suo compito, fisicamente più leggero, diventa mentalmente sempre più monotono e poco interessante. Mentre, se guardiamo alle molteplici esigenze del mondo, dalla gestione domestica e dal trasporto di merci e passeggeri alle miniere - la fonte, dopo tutto, della nuova ricchezza - rimane una quantità sufficiente di lavoro duro nel senso di diligenza continua, se non in senso scientifico, per occupare permanentemente gran parte della popolazione mondiale per una parte almeno della giornata.

La scienza, sostituendo sempre più il lavoro umano e animale, non sostituisce l'operaio, ma tende a trasformare la sua funzione. Dovrebbe dargli per un'ora di attenzione quello che prima otteneva per dodici ore di lavoro.

L'estrazione mineraria, l'edilizia, la costruzione e la manutenzione delle strade, i trasporti e, non da ultimo, l'agricoltura sono processi innaturali in senso termodinamico. In termodinamica la distinzione tra energia inutile e utile si basa sulla direzione e sulla dissipazione di questa direzione. Una forma utile è quella che ha una direzione definita in cui tende a fluire. Una forma inutile è quella in cui la direzione è internamente "ingarbugliata", con le parti più piccole possibili che si muovono continuamente, in numero uguale in tutte le direzioni possibili, nello stesso momento. Un processo innaturale consiste nel dirigere un flusso di energia nella sua direzione naturale, in modo tale che non possa scorrere senza svolgere qualche compito utile e fare qualche lavoro necessario per vivere. Questo è il terzo fattore essenziale nella creazione di ricchezza, la funzione che un tempo veniva chiamata "lavoro", ma che oggi sarebbe molto meglio definire "diligenza". Sono poche le eccezioni in una civiltà degna di questo nome in cui non sarebbe meglio che il semplice lavoro fisico pesante venisse svolto da una forza meccanica.

Curiosamente, il "lavoratore agricolo" è sempre stato molto più un diligente offerente delle fatiche di piante e animali che un vero e proprio lavoratore in senso fisico.

Il fatto che il suo lavoro sia molto più qualificato e insostituibile di quello di molti operai impiegati nei cosiddetti mestieri specializzati è stato dimostrato durante la guerra. La manutenzione delle macchine poteva essere eseguita, dopo pochissimo apprendistato, da manodopera giovane e non qualificata, ma solo in caso di necessità militari estreme gli abili braccianti agricoli venivano arruolati nei ranghi.

Scoperta, energia naturale e diligenza: i tre ingredienti della ricchezza

Quando ci occupiamo dei fattori reali alla base della produzione di ricchezza - al netto delle questioni legate al diritto di proprietà, ai diritti individuali di possesso e alle complicazioni introdotte dai sistemi monetari - possiamo riassumerli in Scoperta, Energia naturale e Diligenza umana. La prima entra in gioco sotto forma di contributi improvvisi e più o meno spasmodici che, una volta apportati, modificano in modo permanente l'intero corso futuro della storia. Ma gli ultimi due devono essere forniti in modo continuo e incessante finché dura il tempo. Sotto il termine Diligenza, usato al posto di Lavoro, vanno inclusi non solo i servizi degli artigiani e degli operai, ma anche quelli degli uomini d'affari, dei datori di lavoro, dei dirigenti e degli abili calcolatori, nella misura in cui contribuiscono essenzialmente alla produzione di ricchezza e alla sua consegna nei tempi e nei luoghi in cui è richiesta per l'uso. Nella misura in cui tali "servizi" non aumentano né la qualità né la quantità della ricchezza prodotta, ma solo il suo prezzo di vendita, non costituiscono alcuna aggiunta alla ricchezza nazionale, poiché i guadagni di questi individui sono a spese del resto della comunità. Sebbene sembri ancora tradizionale e consueto considerare i produttori come i padroni o i datori di lavoro, e i salariati come i loro servi assunti, se non addirittura come meri oggetti dell'*imprenditore* speculativo, in questo libro si fa poca distinzione tra i soldati semplici e gli ufficiali dell'esercito economico. Tutti i gradi dell'intera organizzazione che apportano servizi manuali o cerebrali essenziali al processo di produzione, dal dirigente all'operaio, sono ugualmente considerati produttori

Confusioni tra ricchezza nazionale e individuale

È difficile o impossibile ottenere un mezzo fisico per misurare la ricchezza - come, ad esempio, nelle unità di energia fisica e di vita umana - il tempo speso nella sua produzione - che sia in grado di applicarsi comunemente a tutte le numerose varietà di ricchezza: ma questa difficoltà non deve farci dimenticare le palesi assurdità dell'economia convenzionale introdotte dal misurare sempre la ricchezza in base al valore di scambio o al prezzo del denaro. In questo modo è facile che ciò che potrebbe essere considerato solo una calamità nazionale sembri aumentare la ricchezza nazionale, o che ciò che è in tutto e per tutto una benedizione nazionale sembri ridurla. Intermediari e speculatori non necessari possono aumentare di molto i prezzi delle merci senza che ciò comporti un aumento della ricchezza nazionale. Le associazioni di produttori e i trust per limitare la produzione e aumentare i prezzi possono ridurre la ricchezza nazionale e aumentare il suo valore monetario, a prescindere dalle variazioni del livello generale dei prezzi e dei costi di produzione. Questi "servizi", che sono propriamente mezzi per acquisire ricchezza a spese del resto della comunità piuttosto che produrla, non sono, ovviamente, ingredienti fisicamente necessari della ricchezza.

Il dilemma economico

La questione viene affrontata in modo un po' superficiale da J. S. Mill, nei suoi *Principi di economia politica*. Egli fa una distinzione tra la ricchezza di un individuo e quella di una nazione, ma difficilmente chiarisce quanto di ciò che viene considerato ricchezza nell'economia convenzionale sia allo stesso tempo una sottrazione e un'aggiunta alla ricchezza nazionale. Così, nelle sue Osservazioni preliminari, solleva la questione se, se l'atmosfera potesse essere monopolizzata, non si verificherebbe un aumento della ricchezza, e dice: "Sebbene l'aria non sia una ricchezza, gli uomini sono molto più ricchi per averla ottenuta *gratuitamente*, dal momento che il tempo e il lavoro che sarebbero altrimenti necessari per soddisfare il più urgente di tutti i desideri possono essere dedicati ad altri scopi". In caso di monopolizzazione, prosegue: "Il suo possesso, al di là delle proprie necessità, sarebbe per il suo proprietario una ricchezza, e la ricchezza generale dell'umanità potrebbe a prima vista sembrare accresciuta da quella che sarebbe una così grande calamità per loro. L'errore starebbe nel non considerare che, per quanto il possessore dell'aria possa diventare ricco a spese del resto della comunità, tutte le altre persone sarebbero più povere per tutto ciò che sono costrette a pagare per ciò prima ottenevano senza pagare".

Si potrebbe prevedere che egli discuterà in modo analogo i casi dell'affitto come effetto del monopolio naturale della terra, e dell'interesse e del profitto - a parte e in eccesso rispetto al pagamento per il noleggio di impianti necessari e per i servizi necessari resi in qualità di manager e simili - ma poiché in questi casi la comunità è sempre stata costretta a pagare, l'errore, se di errore si tratta, è apparentemente giustificato dalla tradizione.

Inoltre, l'umanità sarebbe molto più ricca se potesse ottenere *gratuitamente* il cibo e il combustibile, così come l'aria, poiché il tempo e la manodopera necessari per soddisfare questi bisogni più urgenti potrebbero essere dedicati ad altre occupazioni, magari al tempo libero per perseguire valori di scarso valore sul mercato. In queste circostanze ci sarebbe una riduzione della ricchezza dell'umanità da quella che sarebbe una così grande manna e una benedizione per loro. Semplici contraddizioni di questo tipo possono servire a dimostrare che, nel tentativo di evitare le difficoltà della sua materia considerandola semplicemente come una scienza degli scambi di mercato, l'economista si è effettivamente impalato sulle corna di un dilemma molto scomodo. Ci si può giustamente chiedere se sia una scienza della ricchezza, o la mancanza di essa, a portare a queste curiose inversioni.

Economia politica ed economia politica

In queste considerazioni c'è il nocciolo del problema per cui le scoperte e le invenzioni, che sono senza dubbio vantaggi nazionali, portano a profondi mali nell'organismo sociale ed economico.

È solo nelle comunità non sofisticate che la produzione avviene direttamente per il consumo e l'uso. Nelle società moderne il prodotto non viene realizzato per il consumo o l'uso, ma per lo scambio o la vendita. Il consumo è considerato un male necessario e l'accumulo di ricchezza da parte degli individui è il motivo trainante.

Ma la ricchezza individuale, a differenza di quella nazionale, può essere semplicemente il debito nazionale, che in effetti è molto più facile e sicuro da accumulare rispetto alla ricchezza reale.

Da questo scambio, non dalla produzione *in sé*, nascono le rivendicazioni di ricchezza individuale e la ricchezza, che in una società non sofisticata deve essere la proprietà effettiva dei beni esistenti, nelle società moderne si estende a una rivendicazione generalizzata sulla totalità della ricchezza presente e futura della comunità. Tali rivendicazioni non derivano solo dalla partecipazione attiva e positiva al processo produttivo. Servizi puramente immaginari, come la pretesa di prestare denaro, possono essere una rivendicazione legale di ricchezza. Inoltre, la partecipazione può essere negativa piuttosto che positiva. Le pretese di ricchezza di un individuo possono derivare dal fatto di non impedire la produzione, di assisterla nel senso di astenersi dall'ostacolarla. Ma poiché nessuna nazione può vivere né prestiti immaginari, né gli interessi sui suoi debiti, né astenersi dall'ostacolare la produzione, uno studio che non liberi fin dall'inizio la sua concezione della ricchezza nazionale da questa confusione non è in senso proprio economia *politica*. Può essere economia politica per coloro che desiderano una vita tranquilla e vivere in buoni rapporti con i loro vicini, e se l'economia politica non significa più economia nazionale, è tempo che il suo nome venga cambiato in economia politica.

L'effetto paralizzante delle vecchie convenzioni

Non c'è mai stata un'epoca storica così ricca come la nostra di tutto ciò che poteva bastare per una civiltà nobile e duratura, mentre è ancora alle civiltà antiche che dobbiamo rivolgerci se vogliamo trovare la prova che lo sforzo e l'immaginazione umana sono stati sprecati su scala nazionale per qualcosa di non strettamente utilitaristico. Le potenze più gigantesche attendono i nostri ordini per fornirci tutto ciò di cui abbiamo bisogno, ma noi conduciamo una vita affannosa e frenetica, preoccupati per lo più della necessità immediata di tenere il lupo fuori dalla porta e di distruggere i nostri rivali *commerciali*.

Almeno per quanto riguarda l'immediato presente e il futuro, non c'è alcun requisito concepibile che non possa essere prodotto sulla terra o estratto da essa in base alle necessità del mondo. Si tratta di una conclusione che va contro i nostri istinti di branco derivati da un'epoca pre-scientifica e l'attuale illusione di povertà accuratamente alimentata sotto il dominio dell'usuraio. Essa taglia il nodo gordiano dei pericoli sociali, nazionali e razziali che incombono sul futuro. Non c'è infatti questione politica attuale, per quanto insolubile possa apparire agli istinti di branco dell'umanità, che non sia fondamentalmente modificata da questa scoperta. Se compresa e agita in modo appropriato, il mondo guadagnerebbe un po' di respiro, in modo da poter fare con più calma e scientificità i necessari preparativi e aggiustamenti per il futuro.

La crescita della popolazione non è più un problema

Questo non vuol dire che, in ogni possibile eventualità, la soluzione scientifica dei problemi economici della vita porterà pace e sicurezza permanenti a una popolazione mondiale in continua espansione. Ma l'idea che abbiamo oggi di paesi affollati, con popolazioni che si riempiono a dismisura e che minacciano nell'immediato futuro conflitti razziali su scala gigantesca, deriva in realtà da standard convenzionali sul numero di persone che un determinato paese è in grado di sostenere. Naturalmente, se l'espansione degli ultimi tempi prosegue in una progressione geometrica incontrollata, col tempo i limiti fisici del pianeta si faranno sentire. Attualmente non c'è più di un individuo per ogni dieci o quindici acri di superficie abitabile nella media di .

Secondo le stime di[13], questo Paese ha circa il doppio delle persone che può sfamare economicamente secondo gli standard di pace e deve quindi importare almeno la metà del cibo consumato. Ma l'idea dell'emigrazione rimane quella che era quando non c'erano i piroscafi veloci e i lussuosi alberghi galleggianti. Anche se il peggio dovesse arrivare e il resto del mondo ci boicottasse e si rifiutasse di commerciare con noi, il compito di trasportare mezza popolazione non è molto formidabile. Tuttavia, non è molto probabile che l'aumento della popolazione continui all'infinito. Con la crescente conoscenza e pratica del controllo delle nascite è più probabile il contrario. Sebbene i problemi razziali siano formidabili, non bisogna dimenticare che, prima che qualsiasi altra razza possa sfidare la supremazia delle razze bianche, deve adottare la scienza e subire le stesse influenze che sono ora all'opera nel mondo occidentale, anche se è molto improbabile che copi tutti i nostri errori.

Inoltre, si è portati a pensare che qualsiasi grande cambiamento nella politica di un Paese sia in grado di infliggere oggi ai lavoratori difficoltà altrettanto grandi di quelle originariamente causate dall'introduzione dei macchinari all'inizio del secolo scorso. Per fare un esempio, si potrebbe ipotizzare che, se in futuro questo Paese decidesse di dipendere dalle proprie risorse e meno dal commercio

---

[13] Vedi prima.

estero, l'agricoltura avrebbe un boom e le industrie metalmeccaniche sarebbero depresse. Ciò non significherebbe, probabilmente, che un vasto numero di lavoratori delle città sarebbe costretto a tornare all'agricoltura e a svolgere lavori non qualificati sulla terra. È molto più probabile le industrie metalmeccaniche si rivolgano molto di più alle industrie agricole locali rispetto a quelle attuali. L'agricoltura diventerebbe più industrializzata e, come i trasporti, probabilmente non utilizzerebbe più il lavoro animale se non su scala relativamente ridotta. In effetti, la tendenza in questa direzione è già molto marcata.

In tutti i settori dell'industria, l'effetto generale del progresso scientifico è stato quello di rendere gli uomini più adattabili e capaci di dedicarsi a una maggiore varietà di occupazioni rispetto al passato. Nei nuovi Paesi, dove le condizioni sono meno stereotipate, le persone pensano molto meno a un cambio totale di mestiere o occupazione di quanto non facciano in patria. Man mano che la produzione di ricchezza diventa sempre più una scienza compiuta, sono sempre meno le qualifiche personali molto speciali richieste per il suo perseguimento. L'uomo che prima si rendeva indispensabile, ad esempio, per la capacità di valutare a occhio la temperatura di un forno, viene sostituito dal pirometro, ancora più preciso. Un inventore, una volta che è stato indotto a rivelare la sua invenzione, diventa una quantità del tutto trascurabile, anche se, come precauzione commerciale, sarebbe meglio cloroformizzarlo per evitare che inventi qualcosa che prenda il posto della prima invenzione . Dal punto di vista amministrativo generale, non ci sarebbero grandi difficoltà nel passare da un tipo di produzione a un altro, anche se ciò comporta la conversione di un tipo di lavoratore in un altro. Il problema oggi è più simile a quello di trasformare i cocchieri in autisti, piuttosto che gli autisti in frustatori nati.

CAPITOLO IV

LE FALLACIE DEGLI ECONOMISTI ORTODOSSI

Ricchezza e debito

La ricchezza è una quantità fisica positiva, ma il debito è una quantità negativa. Non ha un'esistenza concreta e per il fisico è una quantità immaginaria. Se abbiamo a che fare con i numeri, allora possiamo dare loro con grande appropriatezza l'uno o l'altro segno; ma in fisica, che ha a che fare con quantità reali, possiamo farlo solo con cautela. La quantità fisica positiva, due maiali, è qualcosa che chiunque può vedere con i propri occhi. È impossibile vedere meno due maiali. Il numero minimo di maiali che si può trattare fisicamente è zero. Bisogna dare per scontato almeno due maiali in più prima di poter utilizzare, anche solo per fare i conti, la quantità immaginaria, meno due maiali.

Sebbene si possa, con il massimo purismo matematico, dedurre due da uno e lasciare meno uno, non si possono dedurre due maiali da un maiale e lasciare meno un maiale. In effetti, nella matematica pura, le quantità negative sono state riconosciute e giustificate per la prima volta dai matematici indù grazie alla loro analogia con il debito.

L'economista probabilmente negherebbe che i maiali siano necessariamente una ricchezza nel suo senso del termine, ad esempio, se corrono allo stato brado e non vengono espropriati.

Sicuramente un acquirente non darà nulla al venditore per dei maiali che il venditore *non ha ottenuto di vendere*, e il punto sembra un cavillo senza senso. Se i maiali scorrazzassero in una tenuta privata sarebbero ricchezza per il proprietario della tenuta, per cui si giunge alla conclusione che è tutta una questione di proprietà privata. Ciò che è ricchezza dopo che se ne è appropriato non era ricchezza prima. Quindi, in una società comunitaria e non individualista, non ci sarebbe ricchezza nel senso dell'economista. Questa potrebbe essere una distinzione tra ricchezza e non ricchezza nella mente dell'economista, proprio come Mill affermava: "La distinzione tra capitale e non capitale non risiede nel tipo di merce, ma nella mente del capitalista, nella sua volontà di impiegarla per uno scopo piuttosto che per un altro".

Ma ci sono altre differenze di maggiore importanza. La carne di maiale, ad esempio, ha un valore alimentare, che può essere misurato in calorie, indipendentemente da chi la possiede, a differenza di una macchina che non ne ha; e questa non è certo una considerazione del tutto trascurabile nel decidere tali questioni.

La ricchezza si è rivelata una grandezza troppo difficile e complessa per essere analizzata dall'economista moderno. I primi economisti hanno tentato di affrontarla, secondo i loro punti di vista, ma la scuola moderna ha sempre più dato per scontata la ricchezza e la sua origine e si è limitata a studiare il debito o, come vedremo, la crematistica piuttosto che l'economia. I debiti sono soggetti alle leggi della matematica piuttosto che a quelle della fisica. A differenza della ricchezza, che è soggetta alle leggi della termodinamica, i debiti non marciscono con la vecchiaia e non si consumano nel processo di vita. Al contrario, crescono di un tanto all'anno, secondo le note leggi matematiche dell'interesse semplice e composto. La prima si applica quando l'interesse viene pagato periodicamente, la seconda quando non viene pagato. Per una ragione sufficiente, il processo di interesse composto è fisicamente impossibile, mentre il processo di decrescita composta è fisicamente abbastanza comune. Perché il primo porta con il passare del tempo sempre più rapidamente all'infinito, che, come il meno uno, non è una grandezza fisica ma matematica, mentre il secondo porta sempre più lentamente verso lo zero, che è, come abbiamo visto, il limite inferiore delle grandezze fisiche.

È questa confusione di fondo tra ricchezza e debito che ha reso così tragica l'era scientifica. È fondamentalmente radicata nella mentalità occidentale e, se si riuscisse a raddrizzarla, la civiltà scientifica potrebbe finalmente imboccare la strada giusta. La confusione è abbastanza ovvia quando viene evidenziata, e in questi giorni di conoscenza positiva della natura del mondo materiale e dell'abitudine di pensare con senso comune e concretezza che essa genera, il compito non dovrebbe presentare difficoltà insuperabili. Gli storici del futuro, speriamo più felice, che si prospetta per l'umanità, probabilmente troveranno difficile credere che in un'epoca scientifica un simile errore abbia potuto esercitare sulla mente umana l'influenza che ha in questo terzo decennio del XX secolo.

Le origini della confusione

L'antica giurisprudenza greca e romana non si occupava, ovviamente, della vera natura della ricchezza, allora completamente al di là del potere di comprensione dei mortali, e nemmeno del suo oggetto e scopo primario nel mantenimento della vita, ma dei diritti degli individui che possedevano la proprietà - che includeva gli schiavi e il loro lavoro - e doveri degli individui che la possedevano. I moderni sistemi giuridici che riguardano la proprietà non hanno tenuto il passo con la nostra conoscenza della ricchezza e sono ancora in gran parte basati su codici antichi. Essi si occupano principalmente dei titoli legali di proprietà, in base ai quali gli individui che non possiedono la ricchezza la acquisiscono come desiderata attraverso questi titoli. È naturale per l'uomo comune, per il quale il denaro o qualsiasi altro titolo di ricchezza è, di norma, del tutto equivalente alla ricchezza reale, considerare il denaro come ricchezza. Il fatto che la legge, che si occupa del governo, rimanga un mero riflesso di modi di vita precedenti e più primitivi è un grave pregiudizio per il valore sociale della conoscenza scientifica .

Per quanto riguarda gli economisti, essi hanno compiuto sforzi spasmodici per liberare i loro sistemi da queste confusioni, bisogna ammettere con un certo successo, fino a quando i rapidi sviluppi della finanza e delle banche moderne e i cambiamenti che hanno investito la natura stessa del denaro negli ultimi anni hanno riportato di nuovo i demoni che avevano in parte esorcizzato con una forza sette volte maggiore.

La definizione di ricchezza è sempre stata la pietra di paragone di un pensiero chiaro in materia economica, e dopo secoli di sforzi questa definizione ancora ci sfugge. Aristotele cercò di tagliare il nodo gordiano definendo la ricchezza come tutte le cose il cui valore può essere misurato in denaro, e i giuristi romani, nel loro modo pratico, seguirono l'esempio definendo la ricchezza come ciò che può essere comprato e venduto.

Il denaro, tuttavia, è solo una rivendicazione di ricchezza e definire la ricchezza come ciò che può essere rivendicato da rivendicazioni di ricchezza o può essere misurato da rivendicazioni legali numeriche di ricchezza chiamate denaro, è come definire un fluido come ciò che può essere riempito e misurato da un buco vuoto, in grado di contenere il fluido, chiamato misura del fluido.

Questa logica ha sempre esercitato, e probabilmente eserciterà sempre, una forte attrazione sul tipo di mente dominante e legale, più interessata alla proprietà della ricchezza che ai processi che la portano all'esistenza e che a loro volta la portano all'esistenza. Per l'economista, invece, il loro fascino era fatale. Risolveva molte piccole difficoltà e apparenti incongruenze sulla reale natura della ricchezza ignorandola completamente e basandosi, come facevano i giuristi romani, sul principio della scambiabilità come unico criterio. Solo quella è ricchezza che può essere scambiata con denaro. Eppure sarebbe stato evidente che un peso, sebbene si misuri in base a ciò che tira su, è comunque un peso che tira giù. L'idea di mettere in equilibrio una cosa contro un'altra per misurarne la quantità implica l'equiparazione della quantità misurata con una quantità uguale e *contraria*. La ricchezza è la quantità positiva da misurare e il denaro, in quanto rivendicazione di ricchezza, è un debito, una quantità di ricchezza *dovuta ma non posseduta dal proprietario del denaro*. Ma la capacità di misurare il valore di scambio della ricchezza con il denaro è stata ritenuta l'unica cosa necessaria per ridurre l'"economia" a una scienza quantitativa adatta al grande gruppo matematico-fisico delle scienze esatte. Sfortunatamente, a causa della confusione iniziale dei segni, l'ha ridotta all'assoluta inutilità che si manifesta oggi, in cui la società è amministrata non da e per coloro che creano ricchezza e salute, ma da e per coloro che creano bisogno, e ogni progresso scientifico sembra essere contrastato da un regresso nella scienza del governo.

È difficile credere che gli antichi fossero davvero così sciocchi come sono stati fatti apparire. Infatti, Xρñua, solitamente tradotto con "ricchezza", in prima istanza significava *desiderio* o *richiesta*, e per derivazione è arrivato a significare qualsiasi cosa desiderata o richiesta. Se gli antichi erano abituati alla logica, che si suppone fosse il loro punto di forza, dovevano sapere che, sebbene la *cosa* desiderata possa essere uguale alla *cosa* posseduta, la *mancanza* di una cosa è il contrario del suo *possesso*. La crematistica, la scienza dei desideri e delle richieste e del modo in cui si scambiano l'uno con l'altro, è uno studio a sé stante, più semplicemente chiamato commercio. Ma l'economia, in senso nazionale, si occupa della ricchezza come di ciò che viene prodotto dagli esseri umani per mantenere la propria vita. Ancora una volta, confrontate Demostene e il vescovo Berkeley. Il primo disse: "Il credito è il più grande capitale per *l'acquisizione* della ricchezza", mentre l'altro si chiede "se il potere di comandare l'industria altrui (cioè il credito) non sia una vera ricchezza".

Nel XVIII secolo la scuola francese di filosofi, nota come Fisiocrati - "gli economisti originali" - tentò di basare l'economia sulla realtà fisica. Essi rintracciarono l'origine di tutta la ricchezza nella terra e vi si avvicinarono il più possibile per quanto consentito dalla scienza del loro tempo. Ma, non riuscendo a formulare il valore di scambio reale della ricchezza in termini di vita, adottarono la definizione giuridica in termini di denaro. Karl Marx, contrariamente a quanto si crede, non cercò di dimostrare che l'origine della ricchezza fosse il lavoro umano, ma piuttosto che lo fosse il valore di scambio o il prezzo del denaro della ricchezza.

Per quanto riguarda la ricchezza, aveva perfettamente ragione, per quanto riguarda la sua affermazione: "Vediamo, quindi, che il lavoro non è l'unica fonte di ricchezza materiale, di valori d'uso prodotti dal lavoro. Come dice William Petty, 'il lavoro è suo padre e la terra sua madre'".[14] Sono stati piuttosto i discepoli del profeta a dimenticarsi della madre, finché la loro memoria non è stata rinfrescata dalla recalcitranza dei contadini russi.

Ma i più ortodossi tra i seguaci dei Fisiocratici, sebbene all'inizio avessero una certa parvenza della conoscenza naturale di questi ultimi, presto persero del tutto l'interesse scientifico per la ricchezza. Come Adam Smith, sono stati i tutori e i mentori dei proprietari di beni piuttosto che degli uomini di scienza. La loro attenzione è stata distolta dalle convenzioni legali in base alle quali si acquisiscono i titoli di proprietà della ricchezza, che hanno avuto l'ardire di descrivere come leggi economiche inesorabili. Dopo ingloriosi sforzi per trovare una definizione del presunto oggetto dei loro studi, sembrano aver rinunciato al tentativo. Naturalmente è logicamente impossibile definire il miscuglio di ricchezza e debito, i loro vari fattori parziali, i loro ingredienti e persino i titoli legali di proprietà, compresi in tutto ciò che può essere comprato e venduto, dalla terra, il lavoro, il bestiame vivo, il combustibile e altri beni deperibili, le case e i beni permanenti, le fabbriche, gli strumenti e gli

---

[14] *Capitale*, Libro I, cap. I, p. 10.

agenti di produzione, la luce, il calore e l'energia, le scoperte, le invenzioni, l'avviamento delle imprese, l'abilità e le attitudini personali, gli affitti, i titoli di Borsa, i debiti nazionali, le banconote, le ipoteche e il credito. La ricchezza come quantità reale - e, in quanto tale, soggetta alle leggi di conservazione - non riuscirono a distinguerla.

Dalla padella alla brace

Fino a questo momento l'economia era una materia relativamente semplice rispetto a ciò che è diventata in seguito con lo sviluppo della finanza . J. S. Mill, seguendo Adam Smith, poteva disprezzare gli errori volgari del vecchio Sistema Mercantile, che considerava la ricchezza nazionale come sinonimo di denaro e di metalli di conio, così:

"La credenza universale di un'epoca dell'umanità... diventa per un'epoca successiva... troppo assurda per essere considerata un'opinione seria... Sembra una delle rozze fantasie dell'infanzia, immediatamente corretta da una parola di una persona adulta".

Ma, incurante del fatto che, anche ai suoi tempi, il denaro non era più necessariamente una specie o un metallo prezioso, ma poteva essere, come oggi principalmente è, un semplice riconoscimento cartaceo del debito della comunità nei confronti del proprietario del gettone, egli cadde in un errore più grande di quello che attribuì al Sistema Mercantile nella sua stessa definizione di ricchezza. [15]

"Il denaro, essendo lo strumento di un importante scopo pubblico, giustamente considerato ricchezza, ma è ricchezza anche tutto ciò che serve a qualsiasi scopo umano e che la natura non offre gratuitamente... Fa parte della ricchezza tutto ciò che ha un potere d'acquisto, per il quale qualsiasi cosa utile o piacevole verrebbe data in cambio".

Questa è la confusione più completa tra ricchezza e debito che sia mai stata fatta da una mente comune non addestrata, e l'errore vizia ancora oggi tutti i ragionamenti economici.

---

[15] J. S. Mill, *Principi di economia politica*, edizione 1909, p. 6.

H. D. MacLeod se ne è impossessato e con grande coraggio l'ha portata alla sua logica conclusione.[16] Egli rimprovera agli economisti precedenti di aver esitato a includere il credito (o la capacità di indebitarsi) di un commerciante come ricchezza solo per paura di essere costretti ad ammettere che la ricchezza può essere creata dal nulla. Questo non lo preoccupa. Egli definisce l'economia pura come la scienza che tratta degli scambi e nient'altro che degli scambi. "Il credito di un mercante è potere d'acquisto esattamente come il denaro". Pertanto, secondo Aristotele e Mill, il credito è ricchezza. Nel corso di questo sillogismo MacLeod si appassiona al suo argomento e procede a dimostrare che la ricchezza *può essere* creata dal nulla. Ma prima di citarlo, può essere utile qualche parola di introduzione e spiegazione.

In primo luogo MacLeod, in qualità di avvocato ed esperto legale in materia di credito, utilizza il termine *Debito* nel suo significato giuridico, come somma dovuta da A a B *e da* A a B. Nell'uso comune il termine suggerisce la posizione del debitore piuttosto che quella del creditore. Possedere un debito significa esserne debitori, per cui le persone acquistano debiti come acquistano ricchezza se possono trarre profitto dall'attività. Esercitare o utilizzare il proprio credito significa indebitarsi. Concedere o estendere un credito significa avere un debito.

In secondo luogo, la confusione che si sta esaminando nasce, per quanto riguarda la ricchezza degli individui, dal fatto che un individuo, indipendentemente dal fatto che abbia o meno proprietà e anche se non ne ha alcuna, può avere credito. Se la sua condizione di povertà non è nota, o se la gente si fida della sua abilità negli affari, può essere in grado di indebitarsi. Usando o spendendo il suo credito può ottenere ricchezza, contraendo allo stesso tempo un debito equivalente. Pertanto, lo zero della non ricchezza non è, nel suo caso, il punto da cui si deve calcolare la ricchezza personale di tale persona nel contrasto con una persona senza ricchezza e senza credito. Possiamo contare il suo credito, o il potere non esercitato di indebitarsi, come parte della sua ricchezza personale, ma per farlo dobbiamo iniziare a contare la sua ricchezza da sotto lo zero - da una quantità negativa, cioè l'importo che dovrebbe se avesse esercitato tutto il suo credito e speso tutto ciò che possiede e tutto ciò che deve. In modo analogo, l'altezza del suolo, che di solito viene calcolata a partire dal livello del mare, potrebbe essere

---

[16] H. D. MacLeod, *The Theory of Credit*, Longmans, Green & Co., 1893.

calcolata, per qualche scopo o indagine speciale, a partire dal fondo dell'oceano. Ma in questo modo non sarebbe più facile bonificare uno Zuyder Zee o prosciugare e bonificare una palude inabitabile. Riportiamo ora alcuni estratti *dalla Teoria del credito* di MacLeod:

"Come si crea un debito? Con il semplice consenso di due menti. Dalla semplice volontà umana. Quando due persone si sono accordate per creare un debito, da dove viene? Viene forse estratto dai materiali del globo? No. È un prodotto di valore creato dal Nulla assoluto e, quando si estingue, è un prodotto di valore decretato nel Nulla dalla mera volontà umana. Vediamo quindi che esiste una terza fonte di ricchezza oltre alla Terra e alla Mente umana, cioè la Volontà umana".

"I beni, gli oggetti, le merci, la ricchezza possono essere creati dal Nulla Assoluto e DECREATI di nuovo nel Nulla Assoluto da cui sono venuti, grande confusione di tutti i filosofi materialisti da Kapila ai giorni nostri e alla prima scuola di economisti. L'importanza superlativa di queste considerazioni apparirà quando verremo ad esporre il meccanismo e gli effetti pratici del grande sistema bancario".

E di questo sistema più di TRENT'ANNI FA era già in grado di dire:

"Attualmente il credito è la specie più gigantesca di proprietà in questo Paese e il commercio dei debiti è, al di là di ogni paragone, il ramo più colossale del commercio. Il tema del credito è una delle branche più estese e intricate del diritto mercantile. I mercanti che commerciano in crediti - cioè i BANCHIERI - sono oggi i governanti e i regolatori del commercio; essi controllano quasi le fortune degli Stati.

Come ci sono negozi che trattano pane, mobili, vestiti e ogni altra specie di proprietà, così ci sono negozi - alcune delle strutture più sontuose dei tempi moderni - con l'esplicito scopo di trattare i debiti; e questi negozi si chiamano BANCHE.

"E come ci sono mercati del grano, mercati del pesce e molti altri tipi di mercati, così c'è un mercato per la compravendita dei debiti esteri, che si chiama Borsa Reale. Così le banche non sono altro che negozi di debiti, e la Borsa Reale è il grande mercato dei debiti d'Europa".

Aggiunge trionfante che "non c'è nessuno che abbia mai avuto una concezione dei principi e del meccanismo del grande sistema del Credito maggiore di quella che una talpa ha della costituzione di Sirio".

L'interesse di tutto ciò è che MacLeod - un'autorità riconosciuta in materia di teoria bancaria e creditizia - è semplicemente più schietto degli economisti nel trattare la questione. Ha ragione nel portare alla sua logica conclusione la definizione di ricchezza adottata da Mill e da altri economisti, e nel dimostrare che se la ricchezza è ciò che può essere comprato e venduto, può essere creata dal nulla in barba alle leggi della fisica. È la definizione di ricchezza data dall'economista ad essere sbagliata e a viziare la conclusione. Se ragionassimo in modo simile in fisica, probabilmente scopriremmo che i pesi possiedono la proprietà della levitazione.

Credito

È quindi di grande importanza acquisire il prima possibile una concezione reale del credito, che in tempi difficili come quelli attuali appare sempre all'immaginazione dei più sanguigni come dotato di poteri quasi magici. C'è da dire che queste convinzioni hanno un qualche fondamento nell'Economia Nazionale, distinta dall'Economia Individuale, in quanto - come vedremo quando verrà discusso quello che viene definito il principio della Ricchezza Virtuale - una comunità può, e anzi deve, agire come se possedesse più ricchezza di quanta ne possiede, per un ammontare pari al potere d'acquisto totale del suo denaro, e non deve pagare alcun interesse sul debito! Ma il nostro scopo attuale è piuttosto quello di evitare l'aspetto nazionale del denaro, per quanto possibile.

La proprietà della ricchezza è trasferibile con o senza lo scambio di un immediato *quid pro quo* in ricchezza. Il possesso di beni comporta il potere di prestarli ad altri, così come di venderli o di consumarli. Così un mercante con una reputazione di acume negli affari può ottenere ricchezza dai proprietari in conto vendita, e questo potere di contrarre un debito è un potere d'acquisto sicuro quanto il denaro o la ricchezza.

Ma non è una ricchezza nel senso di una parte della ricchezza della nazione. L'esercizio del potere di indebitarsi cambia temporaneamente la proprietà della ricchezza e non influisce sulla sua totalità. Anche se il credito di un commerciante, pur non esercitato, viene considerato come una parte della sua ricchezza individuale, è chiaro che dobbiamo iniziare a calcolare la sua ricchezza non dallo zero della non ricchezza, ma da una quantità in meno.

Il creditore, o prestatore della ricchezza, può nuovamente trasferire il suo diritto al rimborso dal debitore a un terzo in cambio di ricchezza, nel qual caso la transazione non è in alcun modo diversa da quella che avverrebbe se il debitore avesse ottenuto la ricchezza a credito dal terzo in prima istanza. Ma consente al creditore originario di comportarsi come se, avendo ceduto la proprietà della sua ricchezza, la possedesse ancora, purché possa trovare un altro disposto a cedere temporaneamente la sua proprietà di ricchezza a condizioni simili. Il denaro non è né più né meno che un mezzo per effettuare il trasferimento della proprietà della ricchezza senza una *contropartita* in ricchezza.

La distinzione tra denaro e credito, come potere d'acquisto, è che l'uso del primo non lascia l'utente in debito, mentre l'uso del secondo sì. Nel caso del denaro, l'acquirente non deve pagare di nuovo per la ricchezza acquistata, ma il venditore che riceve il denaro trasmette il gettone, come un diritto legale alla ricchezza su richiesta, indefinitamente - cioè, il credito circola e non viene cancellato.

Nel primo caso, un commerciante che usa il suo credito personale contrae un debito con un individuo e gli dà una UI o promessa di rimborso, che gli viene restituita e distrutta quando il debito viene ripagato. Nel secondo caso, l'acquirente, utilizzando il denaro come potere d'acquisto, non è un debitore che contrae un debito, ma un creditore che viene ripagato in ricchezza di un debito dovutogli dalla comunità generale, nella quale il denaro circola come moneta legale. Il denaro, o UI nazionale, passa in possesso di un altro membro della comunità e gli conferisce un analogo diritto di rimborso, e così via, all'infinito. A meno che non sia convertibile in moneta d'oro e non venga convertito in moneta d'oro e non venga fuso in lingotti, e in questa forma di ricchezza ripaghi il debito al proprietario del denaro, la I O U nazionale non viene cancellata.

Tutto questo non ha nulla a che vedere con la questione, totalmente diversa, se chi prende in prestito utilizza la ricchezza in modo più o meno vantaggioso di quanto avrebbe fatto il proprietario originario. Il punto - e sarebbe impossibile esagerarne l'importanza - è che, se si segue il processo fino in fondo, si scoprirà che tutte le forme di potere d'acquisto - diverse dalla ricchezza data in cambio di ricchezza attraverso il baratto, ma *incluso il* denaro tranne quando, come spiegato, viene effettivamente distrutto e convertito in lingotti - non sono una parte della ricchezza, ma solo strumenti per trasferirne la proprietà, senza un immediato *quid pro quo* in ricchezza, per il diritto a un futuro rimborso in ricchezza.

Di solito si cerca di sostenere che dietro il debito c'è un equivalente di ricchezza in possesso del debitore, proprio come nel caso della moneta d'oro che può essere fusa e demonetizzata.[17] Così Irving Fisher,[18] parlando del credito bancario, osserva: "Quando i non iniziati apprendono per la prima volta che il numero di dollari che i detentori di banconote e i depositanti hanno il diritto di prelevare da una banca supera il numero di dollari presenti nella banca, sono propensi a saltare alla conclusione che non c'è nulla dietro le banconote o i depositi. Eppure, dietro tutte queste obbligazioni c'è sempre, nel caso di una banca solvibile, un valore pieno; se non proprio dollari, in ogni caso *dollari di valore di proprietà"*.

Ma questo significa semplicemente conferire a una proprietà due proprietari stesso tempo. Chiaramente, se un pezzo di proprietà con due proprietari può essere considerato come due pezzi di proprietà, allora non c'è nulla di straordinario nella scoperta di MacLeod che la ricchezza può essere creata dal nulla e decretata nel nulla dal semplice *impulso* della volontà umana.[19] Ma, come ha saggiamente osservato Ruskin, "la radice e la regola di tutta l'economia è che ciò che una persona ha, un'altra non può averlo".

Il credito *significa* sicuramente che il creditore *cede* al mutuatario l'uso del bene prestato. È vero che nel concedere un credito bancario la banca non rinuncia a nulla, ma la comunità sì, e il mutuatario lo riceve.

---

[17] In questa illustrazione l'oro di una moneta è considerato di proprietà del re o della nazione che l'ha emessa finché non viene deturpato e convertito in lingotti.

[18] *Potere d'acquisto della moneta*, 1922, p. 40.

[19] MacLeod cita l'economista Say: "Coloro che considerano il Credito come Capitale sostengono che la stessa cosa può essere in due posti contemporaneamente", ma lo liquida sprezzantemente con l'osservazione: "Say non ha mai pensato ai principi fondamentali dell'economia". Questo genere di cose sembra passare per argomenti in economia - una prova di quanto essa meriti il titolo di scienza.

Mill, per quanto illogico e incoerente nel suo sfortunato tentativo di definire la ricchezza, non si faceva illusioni sulla natura del credito. Per lui "la più piccola considerazione" era sufficiente per eliminare l'idea che il prestatore e il mutuatario potessero avere contemporaneamente l'uso della stessa proprietà. Scrivendo nel 1848, non poteva certo essere citato come un'autorità sui moderni sistemi di credito, ma almeno era abbastanza moderno nell'affermare che, come potere d'acquisto, nei loro effetti sui prezzi, "il denaro e il credito sono esattamente alla pari". Nella sua definizione di ricchezza, il contesto non lascia dubbi sul fatto che egli definisse la ricchezza nazionale in contraddizione con le forme di ricchezza individuale , neutralizzate dalla coesistenza di un debito uguale, come, ad esempio, un mutuo, che non è affatto una ricchezza nazionale. Avendo definito la ricchezza come potere d'acquisto e avendo affermato che il denaro e il credito sono alla pari in questo senso, è chiaro che non era coerente considerare il credito come, al pari del mutuo, una mera aggiunta ai beni di un individuo a spese di un altro.

Ma non è necessario accettare le assurdità del credito di MacLeod. È sufficiente riformulare l'argomento in una forma ineccepibile. *Tutto è potere d'acquisto che può essere scambiato con la ricchezza.* Il lavoro, il denaro, il credito, la ricchezza possono essere scambiati con la ricchezza. Quindi tutte queste cose sono potere d'acquisto. Per quanto il sillogismo possa illuminare la natura del potere d'acquisto, lascia quella della ricchezza ancora da definire, con la possibilità che, dopo tutto, le leggi di conservazione della materia e dell'energia siano vere. È curioso che si lasci a un chimico il compito di correggere la logica di un logico.

Poiché il denaro e il credito sono alla pari come potere d'acquisto, come si può considerare giustamente il denaro come parte della ricchezza, mentre il credito non lo è? L'essenza del denaro, come del credito, è che il proprietario rinuncia temporaneamente al possesso della ricchezza a cui ha diritto in cambio di denaro - un gettone, come la I O U di un commerciante, ma emesso dalla nazione per indicare che il proprietario ha rinunciato alla proprietà della ricchezza e ha diritto alla sua restituzione su richiesta. Così il denaro, lungi dall'essere giustamente considerato come una parte della ricchezza nazionale, è giustamente considerato come una parte del debito nazionale, i crediti degli individui sulla ricchezza nazionale, esattamente come i Consoli o i Prestiti di Guerra, tranne per il fatto che, essendo rimborsabile in ricchezza su richiesta in ogni mercato, non ha e non deve avere interessi come un debito rimborsabile, se mai, in futuro.

Questo punto di vista non è nuovo, ma è stato espresso da persone diverse come Ruskin e MacLeod. Il primo disse: "Tutto il denaro, propriamente detto, è un riconoscimento di debito... una promessa documentale ratificata e garantita dalla nazione di trovare una certa quantità di lavoro su richiesta".[20] Il secondo disse:[21] "La quantità di denaro in un Paese è la quantità di Debito che ci sarebbe se non ci fosse il denaro". "Quando non c'è debito non può esserci moneta". Ancora una volta parla del denaro come di un debito trasferibile nei confronti della comunità generale.

Ma il buon senso è sicuramente sufficiente a convincere l'uomo moderno che un certificato che declama varie mezze verità su Giorgio V re di tutta la Gran Bretagna, difensore della fede e imperatore dell'India, non ha valore per lui per questo motivo, ma come prova che ha diritto a una ricchezza in cambio di esso, proprio come un biglietto ferroviario, di valore artistico e informativo ancora minore in sé, è la prova che il titolare ha il diritto di fare un viaggio in treno.

Così, nel considerare il denaro come ricchezza nazionale piuttosto che come debito nazionale, gli economisti hanno semplicemente riportato ai tempi moderni un'abitudine di pensiero nata con la pratica, ormai quasi del tutto abbandonata, di fabbricare i certificati di debito con metalli di valore intrinseco. Le forme di carta e di credito sono debiti assolutamente necessari e vantaggiosi, sui quali non si può chiedere alcun interesse, ma non sono ricchezza.

Gli esperti in materia hanno confuso il pubblico piuttosto che illuminarlo, cadendo proprio negli errori che era loro compito evitare. L'idea che il denaro moderno sia una parte della ricchezza nazionale è oggi tanto rozza quanto l'idea che il denaro e i metalli preziosi fossero l'unica vera ricchezza nazionale. La girandola del tempo ha portato le sue vendette, e la convinzione universale di un'epoca sta diventando per un'epoca successiva troppo assurda per essere considerata un'opinione seria.

---

[20] Fino all'ultimo, *1862*.

[21] Loc. cit.

L'APERÇU del professor Cannan della scienza della ricchezza

Per avere un'ampia visione moderna della posizione dall'economia ortodossa, non possiamo fare di meglio che rivolgerci a uno dei più importanti insegnanti della materia di oggi. Almeno loro hanno imparato a camminare con delicatezza e a combattere contro le definizioni. Può essere istruttivo tentare di dare una sintesi del primo capitolo del libro del professor E. Cannan, "La materia dell'economia".[22]

Apprendiamo che si deve considerare ricchezza ciò che è abituale e conveniente per la scienza della ricchezza considerare come ricchezza. All'inizio gli economisti entrarono in polemica sulla ricchezza nazionale, ma l'uso del termine "politica" non intende limitare la scienza alla ricchezza delle nazioni. In origine ricchezza significava benessere - lo stato di benessere, così come *benessere* significa lo stato di salute. Le controversie del XVIII secolo e la consapevolezza che la ricchezza consisteva in altre cose concrete oltre all'oro e all'argento, hanno fatto sì che questo significato di ricchezza venisse perso di vista a favore di quello di beni materiali. Ma l'economista si occupa di aumenti e diminuzioni di quantità che implicano l'elemento del tempo, e i ricercatori di definizioni formali hanno trascurato questo aspetto. La domanda: "Quanto hai all'anno?" non viene posta a un uomo della classe più bassa o a un bambino di qualsiasi classe, ma piuttosto: "Quanto hai?". Nella società colta, tuttavia, la concezione di una ricevuta periodica si è fatta strada e ha sopraffatto la concezione di una somma realizzata.

Gli economisti, senza accorgersi del cambiamento, arrivarono a usare il termine "ricchezza" per indicare il prodotto annuale di una nazione. All'inizio i fisiocratici lo fecero con gli occhi dell'agricoltore, negando la produttività a tutto il lavoro non immediatamente impiegato sulla terra. Adam Smith estese il "lavoro produttivo" ai miglioramenti permanenti e Say ai "prodotti non materiali", cosicché, a dispetto di J. S. Mill, che in questa come in altre questioni cercò di aggiornare

---

[22] E. Cannan, *Ricchezza*, 1924.

l'obsoleto, il prodotto annuale fu considerato comprensivo di servizi oltre che di merci.

Ma per evitare la duplicazione del calcolo della produzione annuale, è stato necessario distinguere tra la produzione lorda e la produzione netta, intendendo con quest'ultima le merci e i servizi che raggiungono effettivamente il consumatore, *più* quelli aggiunti alle scorte esistenti *meno* quelli detratti dalle scorte. Ma non c'è modo di distinguere effettivamente tra prodotto netto e prodotto lordo, e si è diffusa la pratica di sostituire "reddito" con "prodotto netto". Marshall, nella sua grande opera, definì l'economia "come l'uomo ottiene il suo reddito e come lo usa". Invece di partire dalla terra e dal lavoro e di risalire al prodotto, escludendo i doppi calcoli, guardiamo ai risultati netti come dimostrano i redditi monetari degli individui. Ma i redditi monetari non includono il consumo del prodotto dell'agricoltore o i doveri domestici della moglie, e anche se possiamo stimare il valore monetario di questi ultimi, resta da chiedersi se i servizi di una madre al proprio figlio siano economici e debbano essere valutati allo stesso valore monetario di quelli di una balia. A questo punto è necessario "andare dietro" alla valutazione in denaro e considerare il reddito "reale" come distinto dal reddito in denaro, a causa delle complicazioni introdotte dalle variazioni del potere d'acquisto del denaro. Ci troviamo a brancolare alla ricerca di una misura degli effetti positivi delle merci e dei servizi su coloro che li ricevono. Di conseguenza, la pratica degli insegnanti di economia è sempre più orientata dagli oggetti esteriori e dalle azioni particolari alla considerazione dell'utilità e della soddisfazione. Le istituzioni democratiche rendono ora necessario prendere in considerazione il dolore e la fatica che comporta la creazione di utilità e considerare anche gli interessi delle classi lavoratrici, sulle quali ricade la maggior parte di questa fatica.

Gli economisti più anziani non ci pensavano e l'idea di sacrificare deliberatamente l'utilità positiva al tempo libero non li sfiorava. Ma la maggior parte degli economisti più recenti considererebbe la condizione economica di un popolo che lavora dieci ore al giorno superiore a quella di un popolo che ha le stesse soddisfazioni positive lavorando sedici ore al giorno. Il nostro argomento diventa quindi l'utilità meno la disutilità, e la ricchezza è tornata al suo vecchio significato, *il* benessere. Ma questo solleva questioni solitamente considerate estranee all'economia. Sebbene non sia possibile una definizione soddisfacente, nella pratica non esistono grandi differenze di opinione o di uso su ciò che è o non è oggetto dell'economia. Le cose economiche possono essere definite al meglio come economiche, così come le cose blu possono essere descritte al meglio come blu. Ma, come seconda migliore descrizione, dobbiamo ripiegare su "avere a che fare con il lato più materiale della felicità umana".

La teoria della ricchezza a interesse

Ora, tutto questo, come rassegna dei progressi delle correnti e dei gorghi del pensiero economico, è straordinariamente abile e, naturalmente, per essere adeguatamente apprezzato deve essere letto l'originale. Ma è anche estremamente intelligente e politico nel senso moderno di questo termine tanto abusato. Si arriva a perfezionare il tranquillo accantonamento delle domande davvero scomode dei non sofisticati che devono lavorare per produrre ricchezza e che non solo chiedono: "Quanto hai?", ma anche, in modo un po' più critico e puntuale di Marshall, "Come hai fatto a ottenerlo?". Abbiamo almeno un'eco aggraziata, anche se non riconosciuta e incerta, delle idee di Ruskin, che si dichiarava profondamente disinteressato alle conclusioni della scienza economica e più interessato agli scambi finali denotati dalla produzione e dal consumo, cioè la vita per la ricchezza e la ricchezza per la vita. Il cambiamento di visione di un individuo che passa dall'infanzia all'età matura e dalla povertà all'agiatezza rispecchia perfettamente la storia dell'economia fino ad oggi. Ma sorge spontanea la domanda se questa sia davvero un'economia politica, cioè nazionale. Gli individui crescono dalla giovinezza all'età e muoiono, ma le nazioni devono avere un'economia che permetta loro di crescere e vivere.

Le classi più istruite e agiate, infatti, considerano di solito la concezione fisica della ricchezza - cioè i beni reali, il cibo, il carburante e simili - come un'idea rozza e rudimentale da cui la civiltà si è allontanata. Per loro la civiltà significa uno stadio molto più avanzato della società e del "progresso", in cui le persone ricche traggono svago senza alcuno sforzo in perpetuo come pagamento di interessi su una qualche forma di debito comunitario.

Il debito può essere un semplice debito come quello dei Consoli, del Prestito di Guerra, ecc. in questo caso essi traggono il loro sostentamento, senza contribuire alla produzione di ricchezza, dalle entrate comunitarie di ricchezza, come pagamento di una somma annuale in cambio della mancata restituzione del capitale.

Oppure può essere ricavato come pagamento di un affitto per l'uso di qualche agente o accessorio essenziale per la produzione di ricchezza che essi prestano alla comunità. Sono così abituati a vivere con gli interessi del debito che non si rendono conto a sufficienza dell'assurdità del tentativo di tutti di farlo.

Mentre quando ci occupiamo della Ricchezza delle Nazioni piuttosto che degli individui - cioè dell'Economia Politica in senso proprio - non c'è dubbio che, a prescindere dal fatto che le opinioni del lavoratore manuale, cioè del "Lavoro", siano o meno rozze e poco sofisticate, esse sono in stretto accordo con i fatti della vita e con le leggi fisiche che regolano la produzione di ricchezza, in quanto necessaria per mantenere la vita della nazione. A riprova di ciò, è sufficiente sottolineare che una macchina a moto perpetuo è impossibile. Un uomo con, ad esempio, 20.000 sterline investite al 5% gode in perpetuo, senza lavorare, di una rendita di 1.000 sterline all'anno, e i suoi eredi e successori dopo di lui. Consumando la ricchezza ogni giorno della loro vita, hanno sempre la stessa quantità che avevano all'inizio. Questa non è fisica e non è economia. Come tutti i presunti esempi di moto perpetuo, è un trucco. Naturalmente è perfettamente possibile per un individuo o per una classe di individui benestanti vivere in questo modo, ed è un commento molto amaro sull'epoca che i trionfi della scienza fisica e meccanica siano in gran parte bloccati a causa di ciò.

Il comodo "reddito" e la visione fruttifera della ricchezza possono fornire agli individui una fonte di sostentamento. Il suo sviluppo può essere chiamato Economia Individuale o Economia di Classe, "l'Arte di procurarsi i mezzi di sussistenza professata da tutori e mentori di proprietari di beni". Ma non dovrebbe essere chiamata Economia Politica, perché un sistema di Economia Politica che non può essere applicato a una nazione in nessun caso concepibile è una contraddizione in termini.

Non è nemmeno una scienza, perché uno dei principi fondamentali delle scienze che hanno arricchito - anziché impoverire - il mondo, e che hanno permesso a questo Paese di mantenere un numero di persone cinque volte superiore a quello mai raggiunto prima nella storia dell'uomo, è la negazione della possibilità di schemi di moto perpetuo di ogni tipo come una volgare illusione.

Il conflitto tra ricchezza e tempo libero

È quindi importante iniziare studi come questi con un esame dei criteri fisici della ricchezza. Perché la ricchezza, a differenza del debito, marcisce se viene accumulata. L'incremento non è una proprietà della ricchezza, ma del suo utilizzo nella produzione.

L'accumulo di ricchezza come agente di produzione produce lavoro, non tempo libero, perché più si accumulano fabbriche, terreni coltivati e simili, maggiore è il numero di ore-uomo necessarie per usarli e per produrre ricchezza attraverso il loro uso. Supponiamo che, a un certo stadio della scienza e dell'invenzione, il capitale produttivo accumulato da una nazione richieda una media di otto ore di lavoro al giorno da parte dei lavoratori, e che questo raddoppi. Se non si vuole che la terra vada fuori coltivazione e che le fabbriche e gli impianti si deprezzino a causa del disuso e dell'incuria, bisogna lavorare. Così tutti devono lavorare sedici ore al giorno invece di otto e, se si triplica, ventiquattro ore. Oltre questo limite è fisicamente impossibile andare. Qualsiasi accumulo di agenti di produzione oltre un limite definito va a scapito del tempo libero, non si aggiunge ad esso. La gentilezza *media* della comunità ne risulta *diminuita,* e se una classe riesce a diventare perfettamente gentile - non avendo bisogno per il resto della sua vita di produrre nulla di ciò che consuma - è perfettamente chiaro che la gentilezza delle altre deve ridursi a un grado superiore a quello dell'aumento del capitale accumulato. Questo per quanto riguarda la visione del "reddito" come interesse sul debito comune e il suo conflitto fondamentale con *la* visione del benessere.

Alcuni altri punti di vista

Sarebbe inutile negare che questa confusione tra ricchezza e debito si trova ovunque negli scritti economici attuali, e non si potrebbe citare esempio migliore delle opere di J. M. Keynes. In quanto uno dei più originali e brillanti scrittori contemporanei è, per questo motivo, più facile da condannare.

La maggior parte è di una scuola più nebulosa, che spinge la cautela fino alla fatuità.

Keynes, tuttavia, sta dando segni di un rapido risveglio. Così, nel suo celebre *Economic Consequences of the Peace*, sembra seriamente pensare che la legge dell'interesse composto sia la legge dell'incremento della ricchezza piuttosto che del debito, e nel pronunciarsi sulla passione del secolo scorso per l'accumulo di ricchezza, che ha paragonato a una torta, ha detto:

"Scrivendo così, non denigro necessariamente le pratiche di quella generazione. Nei recessi inconsci del suo essere la società sapeva di cosa si trattava. La torta era davvero molto piccola in proporzione agli appetiti del consumo, e nessuno, se fosse stata condivisa da tutti, sarebbe stato molto meglio se l'avesse tagliata. La società era e non lavorava per i piccoli piaceri di oggi, ma per la sicurezza e il miglioramento futuro della razza - in effetti, per il "progresso". Se solo non si tagliasse la torta, ma la si lasciasse crescere nella proporzione geometrica prevista da Malthus per la popolazione, ma non meno vera per l'interesse composto, forse arriverebbe un giorno in cui finalmente ce ne sarebbe abbastanza per tutti e i posteri potrebbero godere del *nostro* lavoro. In quel giorno il superlavoro, il sovraffollamento e la sottoalimentazione avranno fine e gli uomini, sicuri delle comodità e delle necessità del corpo, potranno procedere all'esercizio più nobile delle loro facoltà. Un rapporto geometrico potrebbe annullarne un altro, e il diciannovesimo secolo potrebbe dimenticare la fertilità della specie nella contemplazione delle vertiginose virtù dell'interesse composto".

Nel primo paragrafo Keynes parla senza dubbio di un'accumulazione, in progressione geometrica con il tempo, di agenti produttivi reali che, anche se la società avesse l'appetito di uno struzzo, non potrebbe consumare. Si suppone che l'accumulo continui fino a quando non ce n'è abbastanza per tutti. Ma poi - ehi, presto! - si passa al debito e agli interessi che maturano coloro che possiedono questa ricchezza prestandola a coloro che non la possiedono. La sicurezza e il tempo libero non sono una conseguenza dell'accumulazione, ma della distribuzione, per cui coloro che lavorano l'accumulazione in modo produttivo pagano una parte del prodotto a coloro che non lo fanno. Così, come risultato di questa confusione tra ricchezza e debito, siamo invitati a contemplare un millennio in cui le persone vivono dell'interesse del loro reciproco indebitamento.

Il passo è notevole anche per rivelare il ruolo in cui l'economista filosofo apparentemente si considera in relazione al mondo, non come un uomo scientifico che esamina cause ed effetti e ottiene attraverso una corretta conoscenza e un ragionamento teorico una presa del modo in cui funziona il sistema economico, ma come un paziente studente storico e statistico e un registratore dei suoi misteri, attribuendo gravemente la chiave alla preponderante onniscienza dell'istinto del branco umano. Forse anche la mandria di porci gadareniani, nei recessi inconsci del suo essere, sapeva di cosa si trattava.

O è come ha detto il signor W. Trotter nel suo *Herd Instincts in Peace and War*: "La sopravvivenza del vagabondo sulla pedana di un motore espresso ha reso la storia moderna delle nazioni una serie di avventure senza respiro e di fughe per un pelo"? Così che alla fine del secondo decennio del XX secolo il carro della nazione, che grazie alla comprensione delle leggi della termodinamica e alle invenzioni della scienza è stato imbrigliato al sole, nella mente dei vagabondi risponde alla frusta e allo stimolo dell'usura e ai magnifici giochi di prestigio della volontà umana.

Tuttavia, nel caso di Keynes, ci sono segni di un rapido progresso, poiché nella sua ultima opera, *Tract on Monetary Reform*, sta diventando stranamente incoerente.

Così, in una pagina parla dei risparmi del diciannovesimo secolo, accumulati a interesse composto, che hanno reso possibili i trionfi materiali che ora tutti diamo (così tanto) per scontati, e tre pagine più avanti espone la necessità di svilire la moneta per assistere i nuovi uomini ed emanciparli dalla mano morta e per armare l'impresa *contro* l'accumulazione. In una pagina dimostra la necessità per la nazione di risparmiare 250[23] sterline all'anno per mantenere il nostro tenore di vita dalla svalutazione, e nell'altra sostiene la necessità di un prelievo sul capitale come metodo razionale e deliberato di aggiustamento in una società individualista che dipende per la sua esistenza dalla moderazione perché i poteri dell'usura ininterrotta sono troppo grandi.

Stephen Leacock è un umorista professionista oltre che un economista professionista, e il lettore deve giudicare in quale veste ha scritto queste parole:

"I nostri studi consistono solo nel dimostrare a lungo l'inutilità della ricerca della conoscenza attraverso la denuncia degli errori del passato. La filosofia è la scienza che dimostra

---

[23] £M significa £1.000.000.

che non possiamo sapere nulla dell'anima; la medicina è la scienza che ci dice che non sappiamo nulla del corpo; l'economia politica è quella che ci insegna che non sappiamo nulla delle leggi della ricchezza; e la teologia è la storia critica di quegli errori da cui deduciamo la nostra ignoranza di Dio.

"Quando mi siedo e mi riscaldo le mani, come meglio posso, davanti al piccolo cumulo di braci che è oggi l'Economia Politica, non posso che contrapporre il suo bagliore morente alla scienza vanagloriosa e trionfante che era un tempo".

Il filosofo naturale è tentato di rispondere con il paradosso di Poincaré:

"Volete che vi parli di questi fenomeni complessi. Se per sfortuna conoscessi le leggi che li governano, sarei impotente. Mi perderei in calcoli infiniti e non potrei mai darvi una risposta alle vostre domande. Fortunatamente per entrambi, sono completamente ignorante in materia. Posso quindi fornirle subito una risposta. Questo può sembrare strano; ma c'è qualcosa di ancora più strano, e cioè che la mia risposta sarà giusta".

Poincaré parlava delle direzioni delle velocità e delle grandezze dell'energia possedute dalle singole molecole che compongono la comunità di un gas - ogni singola molecola è in collisione incessante con altre milioni di volte al secondo, a ognuna delle quali la distribuzione delle velocità e delle energie cambia - in contrasto con la semplicità del problema che riguarda l'energia del gas nel suo complesso e le leggi a cui obbedisce in ogni possibile cambiamento delle condizioni. Così, in economia, se cerchiamo di seguire i cambiamenti nella distribuzione della ricchezza prodotti dalla circolazione di pezzi di carta o d'oro o dal loro deposito in banca, saremo impotenti, persi in calcoli infiniti e mai in grado di fornire una risposta alle domande più semplici che riguardano il benessere della comunità nel suo complesso. Ma se consideriamo prima quest'ultima questione e studiamo le leggi fisiche che regolano la produzione della ricchezza piuttosto che la sua acquisizione e distribuzione, anche se non saremo immediatamente in grado di fornire una risposta a tutti i problemi irrisolti dell'economia nazionale, ad alcuni potremo rispondere quasi subito. È strano, ma nella misura in cui i problemi riguardano questioni di realtà fisica possiamo essere certi che la risposta sarà giusta.

Così, in forma perfettamente generale e senza compromessi, otteniamo la risposta alla domanda se sia possibile consumare la ricchezza e continuare a possederla, e se sia possibile, secondo alcuni, "accumularla" a interesse composto, e se la società del XIX secolo, nei recessi inconsci del suo essere, sapesse davvero di cosa si trattava. Il nostro compito è piuttosto quello di mettere il dito della scienza sui precisi errori del passato.

CAPITOLO V

UNDICESIMO E VIE POPOLARI

La negazione dell'esistenza della ricchezza assoluta

Gli economisti di solito negano l'esistenza della ricchezza assoluta. MacLeod, semplicemente più esplicito degli altri, afferma: "Non esiste una ricchezza assoluta, nulla che per sua natura e in tutte le circostanze e in tutti i luoghi e in tutti i tempi sia ricchezza. È necessario che qualcuno, *che non ne è il proprietario*, la desideri e la richieda e sia disposto a dare qualcosa per essa". In questo modo, egli ignora completamente l'oggetto primario del possesso e dell'acquisizione della ricchezza, ossia il consumo o l'uso.

Cita un'autorità antica a sostegno di questa opinione e cita l'ignoto scrittore greco di Erisia, che mise in bocca a Socrate questa perla di saggezza antica: "Se qualcuno potesse vivere senza carne e bevande, queste non sarebbero ricchezza per lui, perché non le vuole". Se la materia non cadesse non avrebbe peso.

Ma tutti gli economisti stabiliscono che il desiderio o la domanda sono essenziali per la ricchezza nel loro senso di cose di valore o desiderabili, anche se Sidgwick[24] ha fatto notare che se la ricchezza è definita come possesso di valore, sarebbe più logico definire prima il valore. Senza mezzi termini, la posizione che assumono è che

---

[24] Principi di economia politica, *1883*.

non ci può essere cibo senza fame, né bevanda senza sete. Queste considerazioni puramente soggettive sono, ovviamente, alla base del commercio, sia tra individui che tra nazioni, ma sono assolutamente in contrasto con l'economia nazionale che si occupa dell'aspetto più materiale della felicità umana.

Sono solo una viziosa sopravvivenza della filosofia pre-scientifica, che negava l'esistenza, a parte la percezione, anche del mondo fisico - - opinioni particolarmente fuori luogo nelle questioni economiche, a meno che non siano considerate come oggetto di fede religiosa piuttosto che di buon senso.

In effetti, i desideri e le voglie umane, che cambiano di istante in istante con ogni cambiamento di appetito, di gusto, di moda e di circostanze, costituiscono la misura della ricchezza, cosicché un desiderio maggiore e più urgente la *aumenta*, mentre l'abbondanza e la sazietà la *diminuiscono*. In effetti, stiamo usando un metro di misura variabile e imponendo alla quantità misurata le variazioni del metro. È un sollievo rivolgersi a un altro tipo di economista.

Ruskin

Ruskin, in solitaria e pittoresca protesta contro le allucinazioni della sua epoca, invocò invano un'economia fondata sulla vita. Ostile in spirito alla scienza, o meglio alla ricerca crematistica della scienza che profanava le campagne e condannava i lavoratori a condizioni di esistenza bestiali, e grande sostenitore della causa dei valori spirituali ed estetici più elevati contro l'incalzare di un sordido materialismo, è tuttavia alla scienza materialistica che dobbiamo rivolgerci se vogliamo la teoria e la giustificazione della sua filosofia.

Ma anche Ruskin ha faticato molto a causa dell'errore che stava cercando di estirpare.

Per lui la ricchezza era ancora indissolubilmente legata alle passioni e agli avari della lotta per l'esistenza, e non si rendeva conto che le scienze materialistiche avevano già reciso il legame. Egli inveiva contro le applicazioni benefiche e umane della scienza non meno che contro il suo sfrenato perseguimento per denaro - contro le ferrovie e l'imbrigliamento dell'energia idrica come contro lo sconsiderato sprigionarsi di fumi e vapori deleteri che producono la nebbia di Glasgow o la desolazione della Black Country.

Forse, tuttavia, la scienza non può impedire del tutto il sacrificio delle bellezze naturali e persino delle comodità civili. Ma le forme più grossolane del suo abuso, che hanno caratterizzato la rivoluzione industriale, non sono dovute alla scienza, ma agli studenti storici dei sistemi di commercio del mondo che hanno scientificamente dichiarato che le attrattive dell'interesse privato e del guadagno non autorizzato erano sostituti sicuri e soddisfacenti delle forme e dei principi di governo più tradizionali.

È tipico del XIX secolo che le forme più grossolane di inquinamento atmosferico siano state presto abolite dagli ispettori degli alcali e delle fabbriche, che hanno istruito i produttori su usi dei loro deleteri prodotti di scarto più redditizi della devastazione delle campagne. Così il vecchio processo alcalino Le Blanc all'inizio emetteva nell'aria con assoluta incoscienza gas di acido cloridrico. Per evitare che ciò avvenisse, i produttori vi trovarono un sottoprodotto di grande valore, ma per il quale non avrebbero potuto sopravvivere così a lungo alla concorrenza del nuovo e più elegante processo di ammoniaca-soda. Il problema del fumo, dal punto di vista industriale, rientra più o meno nella stessa categoria e sono poche le industrie in cui non sarebbe più redditizio consumare il fumo piuttosto che mandarlo a inquinare l'aria. Ma nelle città una fonte altrettanto importante di questo terribile male è il focolare domestico aperto e, ad oggi, non è stata trovata una soluzione completa e soddisfacente al problema tecnico. Tuttavia, non c'è alcuna ragione valida per cui le industrie scientifiche non debbano essere portate avanti nel pieno rispetto delle comodità della vita. La piccola minoranza di industrie offensive potrebbe, nel peggiore dei casi, essere confinata in località precise dove il disturbo è minimo.

Un'opposizione molto più reale tra le rivendicazioni della scienza e le bellezze naturali e le comodità nazionali si verifica nell'uso dell'energia idrica. Le cascate e le cataratte spumeggianti sono tra le più belle opere della natura, ma bisogna ammettere, dal punto di vista scientifico, che rappresentano un prodigo spreco di energia viva che l'umanità attuale non può permettersi. Ruskin era particolarmente ostile allo sfruttamento dell'energia idrica. Eppure, se si fosse reso conto dell'identità essenziale del flusso vitalizzante con quello che scorre in quelle che lui definiva le vene purpuree della ricchezza - le creature umane piene di vita, dagli occhi luminosi e felici che stimava al di sopra dell'oro - forse (chi lo sa?) sarebbe stato lui stesso il primo a spalancare le chiuse e a prosciugare persino un Niagara, se così avesse potuto arricchire la vita umana.

La peculiare posizione mondiale di questo Paese, che nel XIX secolo fu il primo a sviluppare l'uso del potere, e le sue circostanze temporanee, in cui trovò più conveniente esportare i suoi prodotti in cambio, in una piccola parte, della maggior parte dei suoi alimenti - anche se probabilmente molti di più andarono in cambio di pretese cartacee di ricchezza futura - furono senza dubbio la causa dell'eclissi dell'economia politica e dell'ascesa di quella che Ruskin definì economia mercantile, o crematistica. Solo lui, nel XIX secolo, sembra aver apprezzato la distinzione. Il suo atteggiamento patriarcale nei confronti dei compagni meno fortunati e la sua religiosità oracolare sono nauseanti per molti in questi giorni, stufi della carità del cristiano e della benevolenza dell'ebreo, e bisognosi solo del permesso di andare avanti con la gestione domestica della nazione senza la loro interferenza; ma nel vedere la realtà sotto l'apparenza Ruskin era un vero scienziato non meno che un vero artista.

L'economia della vita come prodotto del consumo di ricchezza

Nel suo *Unto this Last*, pubblicato per la prima volta nel 1862, Ruskin dimostrò una profonda conoscenza della natura di ciò che passa per ricchezza, se non della ricchezza stessa. La sua teoria della relatività della ricchezza individuale - "L'arte di arricchirsi, nel senso dell'economista mercantile ordinario, è quindi ugualmente e necessariamente l'arte di mantenere povero il prossimo" - è di fondamentale importanza per la considerazione degli ostacoli che impediscono le riforme. Le sue affermazioni secondo cui non c'è altra ricchezza che la vita e che la ricchezza di una nazione deve essere stimata in base a ciò che *consuma*, sono meno eterodosse di un tempo, se non altro per la pura impossibilità di trovare un uso concepibile per la ricchezza che la scienza fornisce in modo così prodigioso, se non consumandola, se non per l'arricchimento, allora per la distruzione della vita. Il consumo assoluto - cioè non per la produzione futura - è, per dirla con lui, il fine, la corona e la perfezione della produzione, non qualcosa da ridurre al minimo come uno spreco inevitabile, come appare in crematistica. Anche la stessa parola "economia" dovrebbe propriamente significare la fornitura efficiente e abbondante dei beni necessari alla vita, non il loro consumo parsimonioso. È significativo che solo con l'arricchimento quasi illimitato della vita materiale da parte delle scoperte scientifiche la parola abbia acquisito questo significato sinistro.

La descrizione di Ruskin del paradiso del crematista - "il capitale che non produce altro che capitale, bulbo che produce bulbo, mai tulipano, seme che produce seme, mai pane" - non è più all'avanguardia. Il suo quadro dell'economia politica europea, interamente dedicata alla moltiplicazione dei bulbi e incapace di concepire una cosa come un tulipano - "No, bulbi bolliti avrebbero potuto essere - bulbi di vetro - gocce del Principe Rupert, consumate in polvere (bene se fosse polvere di vetro e non polvere da sparo)" - per qualsiasi fine o significato nell'accumulo, ha ricevuto la sua rivendicazione sui campi colpiti delle Fiandre. La prossima epoca potrebbe persino erigere un monumento a Ruskin, riportando le sue parole. Ma in America non ci sono ancora campi colpiti che segnino la fine e il significato dell'accumulazione del capitale, e resta da vedere se l'America manterrà in vita in futuro l'economia politica screditata dell'Europa, in modo che ancora una volta possa compiersi fino alla sua inevitabile fine nel Nuovo Mondo.

Il secolo che è passato ha visto una costante alterazione del significato della parola "ricchezza" dal suo significato originario di bene, come i requisiti che permettono e potenziano la vita, a quello di debito, il diritto del creditore di chiedere ricchezza e il dovere del debitore di fornirla. Adam Smith, circa centocinquant'anni fa, ha raffigurato uno stato rude della società prima dell'estensione del commercio e del miglioramento delle manifatture, in cui l'unico uso di una grande rendita era quello di mantenere il maggior numero di persone possibile. "Un'ospitalità in cui non c'è lusso e una liberalità in cui non c'è ostentazione sono le principali spese dei ricchi e dei grandi". I tempi odierni presentano le stesse caratteristiche della fine del XVIII secolo, a cui si riferiva il suo sistema economico, e della condizione precedente da lui descritta. Egli lamentava "il progredire degli enormi debiti che attualmente opprimono, e alla lunga probabilmente rovineranno, tutte le grandi nazioni d'Europa", quando in questo Paese il debito nazionale ammontava a 130 sterline (1775), all'inizio di una nuova guerra che comportava un ulteriore debito di oltre 100 sterline. Egli notò che "quando i debiti nazionali sono stati accumulati in una certa misura, non c'è un solo caso in cui siano stati pagati in modo equo e completo". A quel tempo l'intero debito ammontava a meno della metà degli interessi annuali di oggi. Il mondo ha sperimentato diversi modi di distribuire le proprie entrate, ma, in ultima analisi, il principio secondo cui l'unico uso di un'entrata grande o piccola è il mantenimento del maggior numero di persone è, ed è sempre stato, vero, in termini di *ricchezza*, come lo era nella società più primitiva.

L'incipit del *Capitale* di Marx, citato da un'opera precedente pubblicata nel 1859, dà la sua idea di ricchezza: "La ricchezza delle società in cui prevale il modo di produzione capitalistico si presenta come un'immensa accumulazione di merci, la cui unità è la singola merce".

Ma Ruskin, nell'opera citata (1862), era consapevole del significato totalmente diverso che la parola "ricchezza" implicava nella mente del proprietario della proprietà: "L'economia mercantile significa l'accumulo, nelle mani degli individui, di pretese legali o morali sul lavoro altrui o di potere su di esso; ogni pretesa di questo tipo implica esattamente tanta povertà o debito da una parte quanto ricchezza o diritto dall'altra".

Nelle prime fasi della guerra, l'allora Cancelliere dello Scacchiere deprecava una certa politica finanziaria perché in questo modo sarebbe stata distrutta la metà del capitale del Paese. Nemmeno in guerra si potrebbe distruggere così facilmente un'immensa accumulazione di beni! Da allora abbiamo imparato a considerare anche la nostra ricchezza individuale reale come un reddito annuale e, se non è guadagnata, a dividerla per il tasso di interesse corrente, qualunque esso sia, per arrivare al suo valore capitale.[25] Non abbiamo ancora visto un Cancelliere dello Scacchiere raddoppiare la ricchezza di capitale del Paese riprendendo il tasso di interesse sui titoli di Stato di prima della guerra.

Ma l'idea di ricchezza, a parte il reddito, è quasi scomparsa anche nell'economia individuale. Gli immensi accumuli di beni implicati dall'esistenza di 7.000 sterline di crediti legali alla ricchezza come Prestito di Guerra sono stati distrutti con la stessa rapidità con cui sono stati prodotti. Ma, per le inesorabili leggi della termodinamica, se non dell'economia, gli immensi accumuli del XIX secolo in ferrovie, canali, fabbriche e città degradate, anche se non sono diventati obsoleti, sono tutti sulla stessa ampia strada verso la distruzione. Ma i debiti non diventano obsoleti né si consumano: crescono.

---

[25] Così, quando il tasso di interesse sui titoli di Stato era del 3% [0,03], un reddito di 100 sterline all'anno veniva ricavato da Consol del valore di 100 sterline ÷ 0,03=3.333⅔. Quando il tasso d'interesse è salito al 5%, gli stessi Consol avrebbero fruttato sul mercato solo 100 ÷ 0,05=2.000 sterline.

L'incapacità di Ruskin di cogliere la natura della ricchezza assoluta

In *Unto this Last* la Prefazione afferma che: "Il vero succo di questi scritti, il loro significato e scopo centrale, è quello di dare, come credo per la prima volta in inglese chiaro - è stato spesso dato incidentalmente in buon greco da Platone e Senofonte, e in buon latino da Cicerone e Orazio - una definizione logica di SALUTE: tale definizione è assolutamente necessaria per la base della scienza economica...". Ci si può chiedere se lui o gli antichi ci siano riusciti. Non è ingiusto concludere che Ruskin non è mai andato oltre la constatazione che ciò che passa per ricchezza nell'economia mercantile, o nella giurisprudenza, è *anche* debito. Secondo la sua stessa analogia, le due cose erano mescolate come i poli nord e sud di una calamita. Non sembra essersi mai distaccato da un atteggiamento mentale patriarcale, tuttora prevalente ma in via di attenuazione, in cui l'uso di una rendita è quello di mantenere un seguito di persone a carico felici e riconoscenti piuttosto che un popolo libero.

La realtà fisica della ricchezza, al di là delle rivendicazioni legali, sfugge alla sua analisi. Copia il vescovo Berkeley nell'aforisma: "L'essenza della ricchezza consiste nel potere sulle vite e sulle fatiche altrui" - una definizione del debito, ma non della ricchezza. Mentre l'essenza della ricchezza non è il potere sugli uomini, ma il potere sulla natura. Anche l'essenza della proprietà della ricchezza non è il potere sugli uomini, ma piuttosto sui frutti della loro *passata* diligenza nell'incarnare l'energia della Natura o nel sostituirla utilmente con cose per la cui realizzazione si è lavorato. Il potere sugli uomini è l'essenza del debito, non della ricchezza. Il *non* possedere e il *non* possedere la ricchezza dovuta a un individuo da un altro o dalla comunità dà a quell'individuo potere sull'altro o sulla comunità *finché il debito non viene pagato.* Una volta pagato, il non proprietario diventa proprietario. La ricchezza ora la possiede, ma il potere sugli uomini lo perde. Abbiamo avuto re di nazioni e capitani d'industria. I capitani e i re se ne vanno e ci lasciano imperatori del debito, governatori e regolatori del commercio, controllori delle fortune degli Stati, per i quali l'unico mondo è troppo piccolo e l'intero universo è in grado di placare solo per un momento una sete infinita.

Prima di lasciare Ruskin, è interessante ricordare un'osservazione incidentale in una nota a piè di pagina del libro citato, di cui è già stata citata una parte, che mostra quanto fosse avanti e allo stesso tempo indietro rispetto ai suoi tempi: "Tutto il denaro, propriamente detto, è un riconoscimento di debito... La definizione finale e migliore del denaro è che si tratta di una promessa documentale ratificata e garantita dalla nazione di trovare una certa quantità di lavoro su richiesta. Il lavoro di un uomo per un giorno è uno standard di valore migliore di una misura di qualsiasi prodotto, perché nessun prodotto mantiene mai un tasso costante di producibilità". Che tutto il denaro, propriamente detto, tutto il denaro autentico, sia un riconoscimento di debito, una promessa documentale della nazione di fornire una certa quantità su richiesta, non è più un'opinione di pochi studenti, ma dal dopoguerra - che ha visto il denaro moltiplicarsi senza miniere d'oro, come la scienza moltiplica la producibilità - è diventato evidente a tutti.

Ma qual è la quantità promessa? Il "lavoro di un uomo per un giorno" è una misura coerente della producibilità - in un'epoca coltivare la terra da cui proviene, in un'altra guardare diligentemente un Niagara imbrigliato o una turbina a vapore dare energia a una comunità? Tali opinioni, come quelle del marxista, secondo cui l'origine della ricchezza è il lavoro umano, non firmano, sigillano e consegnano il lavoro alla schiavitù, per cui la macchina compete con lui e moltiplica i debiti della comunità piuttosto che la sua ricchezza o salute? Questo sembra essere il perno su cui ruoterà l'intero corso futuro della storia e che deciderà se la scienza dovrà ancora dimostrarsi una benedizione o una maledizione. In breve, l'aumento di produttività dovuto alla scienza sarà disponibile per il riscatto o solo per la moltiplicazione del debito? Dovremo ritornare su questa domanda.

Sia Ruskin, che considerava il lavoro umano come una misura coerente della producibilità, sia Marx, che sosteneva che il valore delle merci, prodotte per lo scambio, è determinato dal tempo di lavoro socialmente necessario per la loro produzione, non tenevano sufficientemente conto degli effetti della scienza nel sostituire il potere animato con quello inanimato. Entrambi sembrano aver avuto il sospetto che la scienza si occupasse di cose che avrebbero sconvolto la loro filosofia. In effetti, probabilmente in nessuna parte del *Capitale* Marx eccede nella vituperazione come nella descrizione del fondatore della termodinamica come "un americano imbroglione, lo yankee baroneggiante Benjamin Thompson (*alias* Conte Rumford)...". Curiosamente, questo solo per aver osato raccomandare, nei suoi *Essays, Political, Economical and Philosophical*, "receipts of all kinds for replacing by some succedaneum the ordinary dear food of the labourer", e non per la sua più famosa ricetta per sostituire il lavoratore stesso. Infatti, dal lavoro di questo "americano delinquente" è nata la moderna macchina da 10.000 cavalli, ogni cavallo di potenza pari a quella di 10 uomini, che lavorano non 8 o 10, ma 24 ore al giorno, e ogni macchina sostituisce instancabilmente il lavoro fisico di una comunità di 30.000 operai. Quanto sarebbero diventate economiche le cose se Marx avesse avuto ragione! Né è di grande utilità per i suoi seguaci odierni ribattere che la macchina è il prodotto del lavoro umano così come il carbone che la alimenta. Possiamo concedere la macchina, se ci concedono la scienza e l'invenzione, e, alle stesse condizioni, possiamo concedere il carbone per quanto riguarda l'estrazione. Ma il potere non è né nella macchina né nell'estrazione; la sua origine è più antica. L'odiato capitalista era in questo caso l'albero che pazientemente immagazzinava l'energia del sole nell'era carbonifera, milioni di anni prima che esistesse l'uomo.

Le leggi fisiche di conservazione possono essere applicate alla concezione della ricchezza

Come ha detto Ruskin, una definizione logica di ricchezza è assolutamente necessaria come base dell'economia, se si vuole che sia una scienza. La dottrina dell'energia e le leggi della termodinamica lo consentono. In particolare, il senso comune eminentemente pratico alla base della seconda legge è perfettamente applicabile. Nessuna scienza esatta può progredire fino a quando non avrà stabilito, all'interno della propria area di competenza, le leggi di conservazione e stabilito quali sono le quantità reali che non cambiano con il progredire del tempo e delle circostanze. La legge di conservazione si applica alla concezione stessa dell'energia, ma la seconda legge introduce ciò che è, in pratica, molto più importante, un senso di orientamento, distinguendo tra categorie di energia utili o disponibili e inutili o non disponibili. La ricchezza, come vedremo meglio nel prossimo capitolo, è essenzialmente il prodotto dell'energia utile o disponibile. Per ogni più c'è un meno, ma per ogni meno non c'è un più. Per ogni apparizione o produzione di ricchezza c'è una scomparsa di energia disponibile, ma per ogni scomparsa di energia disponibile non c'è affatto una produzione di ricchezza; piuttosto, l'opportunità di utilizzarla passa lo stesso, che venga utilizzata o meno. Si potrebbe pensare che l'idea di conservazione, pur essendo utile e necessaria per la formulazione originaria delle leggi dell'energia, abbia tuttavia la natura di un'impalcatura che può essere abbandonata quando l'edificio è completato. Questo punto di vista viene spesso sostenuto per quanto riguarda l'energia potenziale. In ogni battito di un pendolo c'è una

conversione di energia cinetica in energia potenziale, e a volte si dice
che la concezione dell'energia potenziale sia un mero mezzo per salvare
la faccia della legge di conservazione. Tuttavia, c'è qualcosa di fisico e
reale che dimostra la scomparsa dell'energia cinetica dell'oscillazione
completa all'altezza in cui il pendolo viene sollevato contro la gravità,
e il punto di vista più corretto è che il termine energia potenziale
nasconde un'ignoranza sulla natura dell'azione in atto - in questo caso
la gravitazione - piuttosto che la creazione di un'esistenza immaginaria.

Ciò è particolarmente dimostrabile per quanto riguarda la
permanenza dell'energia dopo che è passata alla forma inutile, come
calore di temperatura uniforme con l'ambiente circostante. A occhio
nudo, abbiamo raggiunto un limite al progresso del cambiamento e tutto
sembra fermo. Ma al microscopio il riposo non esiste. Ogni particella
sospesa in un fluido, se abbastanza piccola, si scopre animata dal vivace
movimento browniano, e più è minuscola più intensa è la sua perenne
agitazione. L'energia che prima muoveva le masse è lì in quantità
invariata, ma agita le singole molecole della materia, e le particelle
microscopiche che galleggiano in un fluido fungono da indicatori del
bombardamento perenne a cui sono sottoposte. Per le particelle più
grandi questi fenomeni si annullano quasi del tutto e rimangono in
apparente riposo, ma al di sotto di una certa dimensione disuguaglianze
del bombardamento in diverse direzioni si fanno immediatamente
sentire, le particelle leggere e reattive vengono spinte prima da una
parte e poi dall'altra, senza mai rimanere in riposo per un istante.
L'energia è eterna, ma l'energia utile come la conosciamo finora è un
flusso eterno in una sola direzione.

Può sembrare una cosa molto lontana da questi argomenti
all'economia, ma finché quest'ultima non si baserà sui principi di
conservazione delle scienze materialistiche e non sarà smascherato ogni
trucco, non si potrà dire che abbia una base adeguata. L'economia non
si occupa di energia, ma interamente del flusso di energia utile e
disponibile e delle sue trasformazioni in forme inutili, e della ricchezza
fisica come prodotto del controllo e della direzione di questo flusso. La
scienza fisica si unisce qui al senso comune dell'umanità: la ricchezza
non può mai essere creata con un colpo di bacchetta.

L'aspirazione confusa delle comunità moderne

Prima di cercare di risolvere il problema della natura della
ricchezza, consideriamo alcune delle conseguenze più sorprendenti

dell'errore di confondere ricchezza e debito, che si sono manifestate nel secolo attuale. Senza dubbio un cambiamento così fondamentale nel modo di vivere della maggior parte del globo abitabile non poteva avvenire senza gravi disagi, ma le argomentazioni ingenue e superficiali con cui un intero mondo si è messo a inseguire follemente la propria ombra sono difficili da esaminare seriamente.

In primo luogo abbiamo i profondi istinti intuitivi dell'umanità. Se ci riferiamo al grafico alla fine del secondo capitolo, vedremo che cerca di contrapporre il modo in cui gli uomini ricavano l'energia, intuitivamente e con l'uso della ragione. Il corso principale dell'evoluzione intuitiva naturale fino all'uomo, attraverso il regno animale e vegetale, è stato parassitario per quanto riguarda i mezzi di sussistenza. All'inizio gli uomini sono usciti da condizioni di esistenza simili a quelle degli animali solo predandosi l'un l'altro, così come noi tuttora dipendiamo dal regno animale e vegetale per la nostra energia interna. Ma in origine questa dipendenza riguardava l'energia necessaria per tutti i lavori esterni e quella necessaria per il metabolismo. Con il crescere delle conquiste intellettuali, l'emancipazione da questa dipendenza, per quanto riguarda il lavoro esterno, è avvenuta in misura crescente e, col tempo, potrebbe essere estesa anche al metabolismo.

Forse anche il vegetarianismo potrebbe un giorno diventare una reliquia della barbarie.

Prima dell'era scientifica, tutte le forme di governo riflettevano naturalmente questa dipendenza fisica, e c'è sempre stata una classe relativamente piccola e lussuosa che viveva dei frutti del lavoro dei molti, anche se i servizi, reali o nominali, con cui giustificavano il loro dominio sono cambiati con ogni cambiamento di condizioni.

Le civiltà greca e romana si basavano sulla schiavitù umana come condizione indispensabile. Gli Ebrei erano impegnati a resistere dall'esterno, ma ciò non impedì loro di svilupparla all'interno, mentre tra i Maomettani sopravvive tuttora. Sotto il cristianesimo, tranne che per un breve periodo in America, la schiavitù è scomparsa, ma il suo posto è stato preso in varie epoche da una qualche forma di servitù economica o feudale, che è sempre stata inculcata in modo seducente e virtualmente, se non apertamente, difesa come necessaria per la conservazione della cultura e del tempo libero per perseguire i valori più elevati. Sotto la scienza, con gran parte del pesante fardello della vita rimosso dalle spalle degli uomini e del bestiame da tiro e posto su spalle più larghe, la dipendenza dal regno animale e vegetale per le forniture interne di energia persiste, ma la dipendenza dalla vita per il lavoro esterno scompare sempre più. Forse, finora, è stato fatto un solo passo sulla strada della libertà economica, ma la tragedia è che anche questo passo viene vanificato dall'umanità.

Abbiamo visto quanto le classi colte siano state lontane, soprattutto in questo Paese, dalla grande marcia rivoluzionaria della scienza. Una democrazia, d'altra parte, è troppo incline a "mettere l'osso del desiderio dove dovrebbe essere la spina dorsale". Il risultato è stato un'interpretazione delle condizioni sociali del tempo nei termini di una filosofia ereditata di servitù di classe e una folle corsa democratica verso le classi proprietarie senza cambiare di una virgola il suo carattere essenzialmente parassitario.

Poiché in passato la proprietà della terra - che, con il sole che cade su di essa, fornisce un reddito di ricchezza - assicurava, sotto forma di affitto, una quota del raccolto annuale senza lavoro o servizio, su cui una classe colta e agiata poteva stabilirsi in modo permanente, l'epoca sembra aver concepito l'assurda idea che il denaro, che può comprare la terra, debba quindi avere lo stesso potere di produrre reddito. È facile comprendere la fisica del tempo del seme e del raccolto e, in generale, l'origine dell'incremento, che si tratti di un campo di grano, di un pollaio o di una porcilaia. Le piante o gli animali stanno raccogliendo con cura l'energia solare e, per quanto il processo sia meraviglioso dal punto di vista biologico, non c'è alcun mistero fisico nella comparsa di prosciutto, uova e pane tostato sul tavolo della colazione. Considerando, in primo luogo, la terra e il sole in proprietà o possesso di un gruppo di persone e, in secondo luogo, l'industria umana fornita da un altro gruppo di persone, i mezzi di sostentamento del signore, se non sono visibili, non sono molto ben nascosti. Dalla contemplazione di questo modo di vivere gentile, onorato dalla tradizione e dalla storia, passiamo un po' bruscamente al moderno passaporto della gentilità, la proprietà di, diciamo, 20.000 sterline, una palla d'oro di circa 9 pollici di diametro. Come bene obbedisce alle leggi di conservazione della materia e dell'energia. Come denaro nel suo senso originario, qualcosa da scambiare con la ricchezza, non possiede alcun potere di autoriproduzione. Come riserva o deposito utilizzato per acquistare beni, diminuirebbe in quantità, come il sapone quando ci si lava. Ma *prestato* a qualcun altro e nascosto nei caveau di qualche banca, come un seme nella terra o un uccello che depone le uova, riproduce la sua specie. Se il tasso è del 5 per cento annuo, diventa capace di sostenere in modo signorile e perpetuo un'intera famiglia e i suoi eredi e successori con 1.000 sterline all'anno. *Può* comprare una fattoria o qualche altra fonte di reddito, e il lavoro del contadino e dei suoi braccianti, con il cui incremento essi e la nostra famiglia insieme possono essere mantenuti per sempre. Si eleva al di sopra delle leggi della fisica e ora dà energia anche a un proprietario completamente inattivo.

Se il proprietario ha un reddito indipendente sufficiente per farne a meno, può prestare l'interesse, in modo che il tasso di incremento passi da semplice a composto. Il reddito dell'ipotetica fattoria viene ora ipoteticamente venduto per altro oro e altre fattorie. Nel giro di 1070^{26} anni, dalla nostra palla d'oro di 15 centimetri, smaltita in questo modo, nascerebbero rivendicazioni legali su una palla d'oro di dimensioni pari alla terra e di peso quattro volte superiore.

Oppure, se vogliamo ottenere il meglio da entrambi i mondi possibili, manteniamo la nostra famiglia prescelta nello stato un po' malandato di gentilità e di moto perpetuo ridotto possibile con 500 sterline all'anno, "mettendo da parte" metà del reddito per "accumulare". Dopo aver sopportato questo per quattro secoli, la nostra famiglia sarebbe in grado di fornire a una popolazione mondiale di 2.000.000.000 di anime lo stesso capitale con cui ha iniziato.

Si tratta della celebre fallacia dell'interesse composto, di cui abbiamo già indicato brevemente l'origine e di cui dobbiamo ancora elaborare la natura, per quanto riguarda l'economia tecnica ortodossa. Ma la sua origine è più generale. La società, "nei recessi inconsci del suo essere", ricorda il giorno in cui non esistevano né l'economia né la scienza, e nemmeno le religioni del tipo moderno del sabato e della domenica. Più antica di queste, e infinitamente più potente nella sua influenza sulla mente dell'uomo, persiste ancora, come religione feriale a tutti gli effetti, l'adorazione del vitello d'oro. Almeno questo è sopravvissuto, anche se religioni più belle sono andate e venute, e il tempo ha visto il passaggio "di tutta la gerarchia sbiadita dell'Olimpo".

---

[26] Nell'edizione originale si affermava erroneamente che si trattava di seicento anni. Affinché ciò sia vero, il tasso di interesse dovrebbe essere di circa il 9% anziché del 5%.

CAPITOLO VI

LE DUE CATEGORIE DI SALUTE

Natura e definizione della ricchezza assoluta

Vediamo, dal punto di vista delle conoscenze moderne, se è possibile fare luce sulla difficile e spinosa questione della vera natura della ricchezza, piuttosto che sulle modalità particolari con cui se ne può misurare la quantità o il valore. Le necessità fisiche o materiali del corpo devono essere soddisfatte prima ancora che le altre necessità della vita, siano esse sessuali, intellettuali, estetiche o spirituali. Una definizione di ricchezza deve basarsi sulla natura della ricchezza fisica o materiale, nel senso dei requisiti fisici che abilitano e rendono possibile la vita umana, cioè che forniscono agli esseri umani i mezzi per vivere e, come *conseguenza successiva* della vita, per amare, pensare e perseguire il bene, la bellezza e la verità. In questo senso, i requisiti che permettono la vita costituiscono una breve definizione di ricchezza. I criteri puramente fisici della ricchezza richiedono di essere presi in considerazione prima dei criteri economici più particolari.

Questi requisiti abilitativi derivano e sono prodotti dal flusso di energia disponibile in natura e rappresentano delle trafile o delle deduzioni da questo flusso, in quanto per la produzione di tutte le forme di ricchezza l'energia disponibile è richiesta dal flusso naturale ed entra a far parte della ricchezza prodotta o viene consumata nel produrla - cioè viene convertita in calore residuo.

Il termine *disponibile* in questa definizione ha lo stesso significato della seconda legge della termodinamica, che divide l'energia in due categorie, l'energia utile, disponibile o "libera", e l'energia inutile, non disponibile o "legata", quest'ultima designata anche con il termine *entropia*. Ma il significato di non è essenzialmente diverso, ma solo più preciso del suo significato ordinario. È disponibile solo quel tipo di energia che ha la tendenza a trasformarsi in altre forme. Con l'energia non disponibile è stata raggiunta l'ultima forma di trasformazione naturale e la tendenza a subire trasformazioni scompare. Non si deve supporre, ovviamente, che la trasformazione inversa sia impossibile, ma è praticamente impossibile, perché richiede il dispendio o la degradazione di una quantità di energia disponibile in indisponibile maggiore di quella guadagnata nel processo inverso. La concezione termodinamica della disponibilità non ha, ovviamente, nulla che la limiti in modo particolare alla vita o alla vita umana. La ricchezza, in quanto forma, prodotto o risultato di un'azione sul flusso di energia disponibile, consiste nelle forme, nei prodotti o nei risultati speciali che danno potere e permettono la vita umana.

Un debito di vita ripagato nella vita

Nel flusso continuo di energia disponibile troviamo il bisogno primario e assoluto della vita umana, senza il quale essa muore, ed è questo bisogno che la ricchezza soddisfa. L'assurda idea che non esista una ricchezza assoluta, ma che ci debba essere qualcuno, non il proprietario, che la desideri e la richieda e che sia disposto a rinunciare a qualcosa per possederla, è una visione mercantile che fa comodo nelle città che vivono dei prodotti della campagna circostante, ma non può essere applicata alle nazioni.

La crematistica, la scienza dei desideri e del loro scambio, è una scienza molto utile da comprendere per gli individui, ma nel migliore dei casi è solo una parte dell'economia.

Così l'aria è un'ovvia necessità della vita e si sostiene che, poiché è impossibile possederla, non è quindi una ricchezza. Ma se la si liquefa e la si mette in una bottiglia, può essere posseduta, è desiderata e richiesta - almeno in un'università moderna - e allora diventa ricchezza e un normale articolo di commercio.

Una visione più vera è che la natura gassosa dell'aria e l'universalità dell'offerta permettono alle persone di rifornirsi normalmente senza spendere sforzi per ottenerla, mentre per ottenerla liquida sono necessari molto lavoro in senso fisico e diligenza in senso umano.

Così con il cibo e il carburante - che, né più né meno dell'aria, e per un'identica ragione, sono necessari per soddisfare il fabbisogno di energia senza il quale la vita muore - è vero che la gente li vuole e li richiede ed è disposta a rinunciare a qualcosa in cambio di essi. Ma è ancora più vero che le persone devono rinunciare a una parte della loro vita per produrli. La scienza fisica, in quanto distinta da quella fisica, non offre alcuna speranza che la ricchezza possa essere prodotta senza il dispendio di ore-uomo e di energia disponibile. Se le nuove scoperte fornissero cibo tale da rendere il mais adatto solo all'alimentazione del bestiame, ed energia tale da rendere il carbone e il petrolio utili solo per la produzione di fuliggine, questi prodotti diminuirebbero di valore, e forse verrebbero addirittura eliminati del tutto, ma solo perché i bisogni della vita potrebbero essere meglio soddisfatti da altre forme di ricchezza, esse stesse prodotto dell'energia disponibile e del tempo umano. La scienza può moltiplicare l'efficienza del tempo umano, ma non abolisce la necessità di impiegarlo nella produzione.

È stato sostenuto che la ricchezza non solo deve essere utile, ma anche utilizzata in modo utile. Si tratta di un punto di vista metafisico piuttosto che scientifico. A torto o a ragione, la mente scientifica ha deciso di accettare la teoria della conservazione delle realtà fisiche, a prescindere dalla facoltà di percezione. Il record geologico delle rocce dimostra che le rocce erano lì prima che - applicando il test johnsoniano della realtà - ci fossero i piedi per scalciarle. L'energia immagazzinata nel mais e il suo potere di nutrire la vita sono realtà fisiche a prescindere dalla considerazione se il destino futuro del mais sia quello di marcire o di essere mangiato. Il mais che marcisce e non viene mangiato non è certo una ricchezza, ma non lo è nemmeno quando viene mangiato e non marcisce.

Certo, queste concezioni della natura della Ricchezza assoluta come realtà fisica definita non ci portano molto lontano in economia, perché non portano a un metodo preciso di misurazione relativa, mentre il valore di scambio o il prezzo del denaro sì. Ma almeno ci permettono di negare senza mezzi termini l'origine fisica della ricchezza come qualcosa che può essere creato dal nulla dalla volontà umana.

Quando cerchiamo di misurare il valore relativo di diversi tipi di ricchezza, o dei diversi fattori o ingredienti parziali che entrano nella sua costituzione, chiaramente la considerazione più importante e meno arbitraria è quanto la ricchezza è costata una vita umana passata per produrla. Ma in questo il valore del tempo di un uomo è molto diverso da quello di un altro. Così come le sostanze sono stimate in proporzione alla loro rarità, se necessarie per vivere, e sono valutate in media in proporzione al tempo che si deve impiegare per trovarle o conquistarle, allo stesso modo un'abilità o una capacità rara ed eccezionale è stimata al di sopra della media, ma solo se contribuisce (al presente) all'attività di vita. Ma è già stato osservato che, man mano che la conoscenza progredisce e i processi industriali diventano meno empirici e più scientifici, per farli funzionare è richiesta un'abilità sempre meno eccezionale. Il pirometro ottico sostituisce l'uomo che sa valutare con precisione la temperatura di una fornace con l'occhio, e i procedimenti metallurgici a regola d'arte, che possono essere utilizzati solo da operai nati e cresciuti nel settore, tendono a essere sostituiti da metodi più scientifici e meno incerti che non richiedono abilità eccezionali. Allo stesso modo, negli affari e nelle banche, se le esigenze nazionali fossero previste in anticipo e se venisse ideato un sistema monetario che funzionasse automaticamente, come previsto, le qualifiche speciali, certe di ottenere un'alta ricompensa quando tutto è incerto, speculativo ed empirico, non lo farebbero più. I fattori principali che si oppongono alle riforme e al progresso e si sforzano di mantenere le cose come sono non sono l'inerzia e l'ignoranza, ma l'interesse personale ben informato.

Si è parlato molto dell'importanza del genio e del tipo mente essenzialmente creativa, e si potrebbe pensare che nell'industria e negli affari ci saranno sempre premi scintillanti per i cervelli che escogitano nuovi metodi. Ma in questo c'è la vecchia eresia che la ricchezza possa essere creata dal nulla dalla mente o dalla volontà umana. L'uomo che compone un'opera musicale è più raro di chi sa cantare o suonare brillantemente.

Tali qualifiche, rispetto all'origine, sono meccaniche, ma sono più apprezzate e premiate, perché è l'esecuzione e non la composizione a soddisfare le esigenze della vita. Lo stesso dicasi per lo sfruttamento delle invenzioni, che si distingue dal genio inventivo.

Valore o prezzo

Il prezzo del denaro o il valore di scambio della ricchezza porta con sé una serie di considerazioni arbitrarie, come lo stato delle leggi riguardanti la terra e la proprietà, l'incidenza della tassazione, la protezione dalla concorrenza, i trust, le combinazioni e i monopoli, il tasso di crescita o di diminuzione di una comunità, di una località, e così via, quasi *all'infinito*. Il prezzo del denaro integra l'insieme di una serie di fattori complessi, molti dei quali di per sé troppo sfuggenti per essere rintracciati. Eppure è l'unico dato quantitativo sulla ricchezza che si può affermare con sicurezza e che di solito è in grado di essere accertato. In questo lavoro non si cercherà di analizzarlo.

"Dovremmo perderci in calcoli infiniti". Dal punto di vista dell'economia nazionale, nel trattare le relazioni tra denaro e ricchezza, il prezzo medio della ricchezza, o il livello dei prezzi, è un fatto della massima importanza, a prescindere dal modo in cui è composto e dal fatto che sia giusto o ingiusto.

Ma prima è bene approfondire la questione della reale natura della ricchezza dal punto di vista fisico.

Lavoro e ricchezza

La vita stessa, nel suo metabolismo, consuma continuamente un flusso di energia disponibile - cioè la converte in energia inutile - e una forma o categoria di ricchezza di necessità consiste negli alimenti che forniscono questo flusso. La vita ha bisogno anche di mezzi per conservare la sua energia vitale e proteggerla dal rigore del clima - vestiti, case e combustibili, mezzi di locomozione, di trasporto e forme esterne di lavoro, e mezzi per produrre gli strumenti, gli impianti, le attrezzature e altri requisiti accessori che servono a produrre i beni primari. L'unico criterio che distingue questo variegato insieme di requisiti è che tutti richiedono e derivano da correnti d'aria sul flusso di energia naturale disponibile.

Di solito, ma non invariabilmente o inevitabilmente, la produzione di qualsiasi forma o categoria di ricchezza richiede anche il dispendio di tempo e fatica da parte dell'uomo. In uno stato di natura, tuttavia, soprattutto ai tropici, dove i bisogni umani sono pochi e il sole è abbondante, l'energia disponibile in natura è già sufficiente per gli scopi della vita umana, per una popolazione molto limitata, senza il contributo di alcun fattore umano alla sua produzione. Il combustibile e i vestiti sono appena necessari e il cibo sotto forma di frutta tropicale è a portata di mano, cosicché una popolazione molto scarsa e priva di ambizioni può mantenersi permanentemente in una condizione di quasi totale *dolce far niente*. Questo fatto, da solo, confuta la dottrina marxiana - che, come già detto, non è quella di Marx - secondo cui tutta la ricchezza ha origine nel lavoro umano. Allo stesso modo, una quantità occasionale di metalli preziosi può essere trovata nativa senza sforzo umano, anche se in media è necessario un grande dispendio di energie per ottenerla.

Ma nelle forme civilizzate di comunità sono necessarie forme intensive di produzione per sostenere, in generale, un numero maggiore di persone su una scala di vita e un livello di civiltà più elevati di quelli che sarebbero possibili in uno stato di natura. In queste circostanze un fattore umano diventa essenziale per la produzione di ricchezza e assume la forma di invenzioni e scoperte iniziali, in seguito applicate in modo continuo con lo sforzo umano. All'inizio lo sforzo consiste in gran parte nel lavoro fisico effettivo fornito dal corpo dell'operaio a integrazione del flusso naturale di energia; ma, con il progredire della civiltà, consiste sempre più nella diligenza, pura e semplice, nel guidare forme di energia non umane verso fini umani. Dal punto di vista energetico, il contributo umano è sempre di natura trasformativa piuttosto che creativa, e diventa, con il progredire della civiltà, sempre più diretto, con la sostituzione del processo metabolico intuitivo con un altro raggiunto dalla ragione.

Un modello elettrico del sistema produttivo

Un'analogia che può risultare utile è la dinamo, o macchina dinamo-elettrica, considerata come un trasformatore di energia meccanica in energia elettrica.

Ciò avviene spingendo i conduttori elettrici attraverso le linee di un campo magnetico - o di un flusso magnetico - un movimento a cui resistono attivamente. L'energia così utilizzata riappare sotto forma di un flusso di energia elettrica lungo i conduttori, perpendicolarmente alle linee magnetiche e alla direzione del movimento. Esistono magneti naturali, come la pietra di lodestone, e da questi si possono produrre magneti permanenti in acciaio in quantità indefinite. Nelle prime forme di macchine magnetoelettriche si usavano magneti naturali o magneti permanenti in acciaio per produrre il flusso magnetico, e la trasformazione dell'energia meccanica in energia elettrica non comportava alcun dispendio di potenza per produrre o mantenere il flusso magnetico; ma nella moderna forma intensiva di macchina dinamoelettrica una parte dell'energia elettrica *prodotta* viene spesa per magnetizzare un elettromagnete in ferro dolce; in questo modo, da una macchina di determinate dimensioni, è possibile ottenere un rendimento molto aumentato. È significativo che l'energia meccanica produca non solo la parte utile dell'energia elettrica generata, ma anche la parte del prodotto che deve essere spesa per magnetizzare il ferro, e che quest'ultima parte non compaia nel prodotto finale, ma venga subito degradata in calore inutile superando la resistenza morta al passaggio della corrente attraverso i conduttori di rame avvolti intorno ai magneti. Inoltre, in teoria, questa perdita non è essenziale. Se fosse disponibile un conduttore migliore del rame, meno del prodotto dovrebbe essere trasformato in calore inutile e, se esistesse un conduttore infinitamente buono, non se ne perderebbe affatto. Alcuni conduttori nelle vicinanze dello zero assoluto di temperatura sono praticamente perfetti. Una corrente avviata in un anello di rame a temperatura molto bassa continuerà a circolare per ore prima che la sua energia originaria venga interamente convertita in calore.

Possiamo quindi immaginare la produzione di ricchezza come una trasformazione dell'energia disponibile della Natura in un flusso disponibile per lo scopo della vita umana - una parte di essa in realtà nell'energia della vita umana. Nello stato naturale non è necessario alcun dispendio di energia umana. Nella produzione intensiva sì, ma l'energia così utilizzata viene sottratta al prodotto, non aggiunta. Produce i suoi risultati utili indirettamente e va sprecata senza apparire o essere incorporata nel prodotto finale. La sua funzione è quella di cambiare la qualità dell'energia naturale disponibile nella forma disponibile per i bisogni della vita, e il guadagno di qualità è una conseguenza della riduzione della quantità. Naturalmente, nel tentativo di comprendere qualsiasi processo è molto utile avere in mente un modello fisico concreto, per quanto rozzo, e l'analogia suggerita sembra coprire correttamente le caratteristiche essenziali sia dei processi primitivi, sia di quelli moderni, sia di quelli possibili di produzione di ricchezza. Anche il costante spostamento del lavoro umano nella produzione di massa, man mano che il processo diventa sempre più automatico e autoregolato, trova la sua analogia nella riduzione della riluttanza magnetica del circuito impiegando ferro migliore e della resistenza elettrica del circuito campo-magnete impiegando conduttori migliori o conduttori a temperatura più bassa.

Le due categorie termodinamiche della ricchezza

Nella nostra considerazione delle leggi dell'energia abbiamo trovato utile distinguere tra il dispendio di energia per superare un'opposizione attiva, in cui c'è qualcosa di utile, in termini di energia, da mostrare per la spesa alla fine del processo, e il dispendio di energia per superare una resistenza morta, in cui l'energia spesa subisce una conversione immediata in calore e non c'è nulla di utile, in termini di energia, da mostrare per la spesa alla fine del processo. L'idea estesa alla ricchezza ci permette di distinguere subito le due principali categorie di ricchezza in base al modo in cui l'energia è stata spesa. Nella prima categoria rientrano i beni che conservano parte dell'energia spesa nella loro produzione, come riserva interna, che, nel consumo di questi beni, viene liberata per servire gli scopi della vita. Nella seconda categoria l'energia viene spesa per superare la resistenza morta, per cambiare la forma o la natura dei materiali lavorati, e non rimane nei materiali come elemento essenziale per il loro utilizzo.

Ricchezza deperibile e permanente

Le merci, in generale, appartengono a entrambe le categorie, che si distinguono per le qualità *opposte* di deperibilità e permanenza relativa.

Le merci della prima categoria sono preziose come riserve di energia. In esse i materiali di cui sono fatte fungono da contenitore per una riserva di energia disponibile. Funzionando come ricchezza, sono totalmente consumate o distrutte come ricchezza, e questa deperibilità è essenziale per la loro funzione. L'energia non ha valore in sé e solo il flusso di energia da una cosa all'altra e da un luogo all'altro ha valore. La controparte materiale della tendenza dell'energia a fluire è la tendenza dei materiali a cambiare. La propensione a marcire, decadere, prendere fuoco, subire un lento deterioramento è quindi una qualità *essenziale* di questa categoria di ricchezza. Essa comprende alimenti, combustibili, esplosivi, alcune forme di fertilizzanti e materiali simili, che in realtà soddisfano lo scopo che dà loro il titolo di ricchezza solo subendo la totale conversione in materia ed energia di scarto. Nella seconda categoria, invece, la qualità essenziale è la permanenza piuttosto che la deperibilità. Essa comprende i vestiti, le case e le loro attrezzature e mobili, in generale i "beni", così come gli strumenti, gli impianti, le strade, i veicoli, le navi e altri requisiti accessori necessari per la produzione e la fornitura di ricchezza.

Agenti di produzione del capitale

A differenza della prima categoria, anche se la distruzione durante l'uso non può essere del tutto evitata, non è essenziale per la loro funzione, ma è uno svantaggio. Si richiede piuttosto che essi resistano all'usura e durino *il più a lungo possibile*, e per questo motivo sono spesso costituiti da sostanze molto refrattarie e resistenti, che richiedono il dispendio di molta energia per la loro conversione in ricchezza. Nella misura in cui l'energia impiegata rimane nei materiali in forma potenziale, la loro durata e il loro valore come ricchezza *ne risentono negativamente.* Le due categorie termodinamiche di ricchezza presentano quindi caratteri nettamente opposti.

La costruzione di una casa non può avvenire senza accumulare una parte dell'energia spesa per erigerla, e la presenza di questa riserva di energia potenziale fa sì che la casa col tempo cada di nuovo. Invece la casa è una ricchezza solo finché rimane in piedi. Così è per il ferro. Il ferro racchiude in sé gran parte dell'energia liberata nella combustione del combustibile usato per fonderlo dai suoi minerali, il cui possesso fa sì che si arrugginisca, cioè che ritorni al suo stato iniziale esiderizzato. Ma mentre la riserva di energia è *essenziale* per il carbone come ricchezza, è un *difetto inevitabile* nel caso del ferro.

Per far funzionare una locomotiva è necessario consumare il carbone, ma la combustione del ferro, anche se non può essere del tutto evitata, non è un vantaggio, ma una perdita. Se, con le stesse desiderabili qualità ingegneristiche, il ferro avesse la durata dell'oro o del platino, sarebbe ancora più prezioso come ricchezza. Ma il mais o la carne bovina con la durata dei metalli nobili o delle pietre preziose non sarebbero affatto una ricchezza.

In ingegneria, il termine *potenza* indica, in contrapposizione all'*energia* o al *lavoro,* la velocità con cui l'energia viene spesa o il lavoro viene svolto, e una quantità di potenza viene convertita in una quantità di energia moltiplicandola per una durata di tempo. Anche la vita, dal punto di vista fisico, ha le dimensioni della potenza e si esprime in termini energetici moltiplicandola per la durata del tempo a cui si riferisce.

Abbiamo già visto che un milione di calorie - quantità di energia - è sufficiente a mantenere il fabbisogno alimentare di un uomo medio per la durata di un anno.

Ora, sebbene la dottrina secondo cui tutta la ricchezza è il prodotto del lavoro umano non sia vera, il fatto che tutta la ricchezza sia il prodotto del lavoro, nel senso fisico del dispendio di energia disponibile, è per scopi pratici assolutamente vero, e quasi l'unica definizione generale e soddisfacente di ricchezza che si possa formulare. Il denaro, il credito e altre rivendicazioni legali di ricchezza sono debiti, piuttosto che ricchezza. Il lavoro e le invenzioni non sono ricchezza, sebbene siano fattori essenziali per la sua produzione. La definizione fisica di ricchezza è una forma o un prodotto dell'energia o del lavoro che permette o potenzia la vita.

Si possono forse trovare delle eccezioni per quanto riguarda la seconda categoria di ricchezza, ma esse non invalidano la regola secondo cui, in media, è necessario un certo dispendio di lavoro e di tempo per la produzione di una determinata quantità di qualsiasi tipo di ricchezza. L'occasionale ritrovamento di una pepita d'oro per caso, senza alcuna ricerca particolare, può essere citato come un'eccezione, così come l'occasionale ritrovamento di frutti selvatici è un'eccezione alla regola che il lavoro umano è necessario per la produzione di ricchezza. Ma nell'economia nazionale, che si occupa principalmente di medie piuttosto che di eventi eccezionali, esse possono essere completamente ignorate.

Il dispendio di energia è necessario per la produzione di tutte le ricchezze, ma la rigenerazione dell'energia spesa in una forma disponibile per i bisogni della vita avviene solo nel caso della prima categoria. Per brevità, le due categorie possono essere distinte come Ricchezza I e Ricchezza II. Possiamo indicare, alla maniera di un'equazione chimica, la produzione e il consumo della ricchezza I come:

Materie prime + energia disponibile = ricchezza I.

Ricchezza I = Energia vitale + Energia e materiali di scarto.

Per la Ricchezza II la produzione è espressa da:

Materie prime + energia disponibile = ricchezza II + energia di scarto.

ma non esiste un'equazione corrispondente per il consumo. La degradazione dell'energia è già arrivata al suo ultimo stadio *e in questo senso la Ricchezza II è già* "consumata".

Un'illustrazione dalla Chimica

Anche nella scienza pura, la distinzione tra i due diversi motivi per cui la produzione di una sostanza richiede un dispendio di energia non è sempre molto precisa. A volte è necessario scalare una montagna, per così dire, per poter poi scendere con l'aiuto dell'energia accumulata, come nel caso della Ricchezza I. Ma spesso la salita è necessaria perché non c'è una via d'uscita pianeggiante, come nel caso della Ricchezza II. Così, nel processo noto come fissazione dell'azoto atmosferico, in cui l'azoto e l'ossigeno dell'aria si combinano per dare ossidi di azoto esponendoli alla temperatura molto elevata dell'arco elettrico, è necessario un grande dispendio di energia. Questa è l'origine della descrizione delle valli svizzere come ghiacciaio da un lato e acido nitrico al 98% dall'altro. Tuttavia, l'energia spesa non è incorporata negli ossidi di azoto, ma va sprecata sotto forma di calore, come nella produzione di Ricchezza II. Il processo è analogo a un viaggio da un luogo a un altro, più o meno allo stesso livello, attraverso una montagna molto alta, che richiede un grande dispendio di lavoro e alla fine non produce altro che calore disperso, a meno che non si trovi un modo per aggirarlo.

In questo caso si trovò una via d'uscita che non fissò solo l'azoto, ma anche la data della Grande Guerra. La Germania, infatti, priva di grandi fonti naturali di energia e tagliata fuori da marine superiori dalle fonti esterne di nitrati - che vengono spediti dalla costa peruviana e costituiscono la materia prima per la fabbricazione di tutti gli esplosivi - difficilmente avrebbe potuto condurre una guerra per tre mesi. Il risultato è stato il processo Haber, in cui l'azoto viene prima combinato con l'idrogeno per formare ammoniaca, ad alta pressione ma a temperatura moderata, con l'aiuto di un catalizzatore, e poi l'ammoniaca viene ossidata dall'azione dell'aria e dell'acqua in acido nitrico con l'aiuto di un altro catalizzatore. Questo processo non richiede un eccessivo dispendio di energia.

Quindi, in generale, per la Ricchezza II (che comprende non solo tutti i beni permanenti, ma anche tutti gli agenti di produzione) i nuovi processi trovano continuamente una strada più pianeggiante attorno alle montagne che si interpongono, mentre per la Ricchezza I questa possibilità di miglioramento non esiste. Questi nuovi processi deprezzano il valore di tutto il capitale speso per il vecchio, e tendono a distruggerlo come ricchezza rendendolo obsoleto.

Rimborsi effettuati da Wealth

Poiché entrambe le categorie di ricchezza sono simili nel modo in cui vengono prodotte, ma completamente diverse nel loro carattere fisico e nel modo in cui, rispettivamente, potenziano e rendono possibile la vita, la definizione di ricchezza si basa necessariamente su ciò che viene consumato o utilizzato nella sua produzione piuttosto che su ciò che effettivamente è o su ciò che, a sua volta, produce. Dal punto di vista fisico, tanta energia viva e tanto tempo umano sono stati spesi per la sua produzione e rappresentano un costo o un debito contratto con la Natura e con gli uomini. Per quanto riguarda la natura, è il sole a essere addebitato e la terra ad essere accreditata, per cui dal punto di vista dell'umanità l'energia è un dono. In condizioni naturali, l'intero gettito di energia disponibile va sprecato, sia che venga utilizzato sia che non venga utilizzato, e la ricchezza è la parte di energia che l'uomo ha salvato. Il dispendio di tempo dell'uomo per la valorizzazione dell'energia è l'unico vero debito che grava sui prodotti in ultima analisi, quando restringiamo il punto di vista da quello della fisica a quello dell'economia. Se il prodotto è utile e viene utilizzato, il debito in ore-uomo viene ripagato in ore-uomo, e la possibilità fisica di mantenere ed espandere la vita dipende dal fatto che il rimborso, in media, sia di gran lunga superiore alla spesa. Dal punto di vista economico questo è un incremento, ma dal punto di vista fisico non lo è, come abbiamo già visto dall'analogia con una dinamo. In termini di fonte effettiva di vigore che alimenta la vita, la spesa va sprecata per vincere la resistenza e l'incremento deriva dall'energia viva sottratta al flusso naturale.

Per quanto riguarda la prima categoria di ricchezza, per la quale l'uso significa consumo totale, il rimborso è quantitativamente definito e ha la natura di una somma forfettaria di energia e ore di vita. Per quanto riguarda la seconda categoria, in cui la distruzione non è essenziale per l'uso, il pagamento ha la natura di un ricavo, né di energia né di ore di vita, ma di ore di vita risparmiate che altrimenti dovrebbero essere spese, per un periodo di tempo piuttosto indefinito. Dipende non solo dalla durata relativa della ricchezza considerata, ma anche da fattori puramente indipendenti che decidono se la ricchezza viene effettivamente utilizzata o meno, e questo implica lo stato futuro del progresso e dell'invenzione e lo stato del senso comune della comunità.

Questo punto di vista mette in evidenza la necessità di spendere prima il tempo e l'energia, indipendentemente dal prodotto, e il fatto che, in quantità reali, la ricchezza viene pagata nel momento in cui viene prodotta. La capacità di riversare per cinque anni una marea crescente di munizioni è la prova della ricchezza di una nazione. È plausibile che *durante la* loro produzione la nazione abbia dovuto fare a meno di altri requisiti; ma non c'è alcuna ragione fisica, *dopo che sono state* prodotte, per cui debba farlo, o per la convinzione convenzionale che, poiché è stato fatto esplodere e sprecato così tanto, tutti debbano stringere la cinghia e sopportare un periodo di povertà. Se il debito nazionale venisse ripagato, alcuni lo farebbero, affinché altri possano consumare, mentre i creditori nazionali preferiscono un piccolo rimborso annuale per non essere ripagati. L'idea popolare secondo cui, poiché una nazione ha prodotto nella generazione passata, non è in grado di farlo in quella successiva, che Dio e l'usura forniscono tanto e non di più, e che se consumiamo molto un anno dobbiamo compensare consumando meno in futuro, è l'inversione della verità. Contiene quanto basta della verità applicata agli individui - che la ricchezza è una quantità reale, incapace di generarsi e moltiplicarsi spontaneamente - per essere plausibile; ma in termini nazionali è fallace quanto astenersi dal bere da un fiume perché l'anno scorso ha fatto caldo e tutti hanno bevuto molto, o spegnere una centrale elettrica finché non si è recuperato un carico anormalmente alto in passato.

Il capitale come forma di ricchezza permanente

Questo vale soprattutto per la seconda categoria di ricchezza, che comprende tutti gli agenti di produzione, solitamente definiti capitale. Così, con la vaga idea che la ricchezza si "consuma" nell'uso, che abbiamo visto essere essenziale per la prima categoria ma solo incidentale e un difetto nel caso della seconda, si immagina che la produzione di ricchezza comporti un consumo costante di macchine, oltre che di carbone, petrolio e cibo; mentre, in realtà, questo consumo *da parte dell'uso* spesso non è molto grave ed è sempre, per quanto possibile, previsto, o in grado di essere previsto. Una grande macchina per la produzione di motori ha probabilmente le parti di usura, i taglienti degli utensili, rinnovati molte volte in un giorno, se non in un'ora. Anche i perni e i cuscinetti sono rinnovabili. Il deterioramento degli agenti di produzione del capitale, come le fabbriche e i terreni coltivati, è molto più importante dell'abbandono per *mancato utilizzo* e, nel caso dei primi, delle nuove invenzioni che li sostituiscono. Le altre perdite sono spesso di minore importanza. Nella loro produzione il processo, per quanto riguarda la degradazione dell'energia viva, è andato un passo più avanti rispetto alla produzione di ricchezza consumabile, e in questo senso sono *già* completamente consumate. Sono produttive solo con l'uso e, se inutilizzate, diventano semplici debiti non pagati.

Psicologicamente, l'obiettivo economico dell'individuo è, è sempre stato e probabilmente sarà sempre, quello di assicurarsi una rendita permanente indipendente da ulteriori sforzi, a prova del passare del tempo e delle circostanze, per mantenere se stesso in vecchiaia e la sua famiglia dopo di lui in perpetuo. Per farlo, cerca di accumulare una tale quantità di beni nel periodo di massimo splendore della sua giovinezza da permettere a lui e ai suoi eredi di vivere in perpetuo con i relativi interessi. La storia economica e sociale è il conflitto di questa aspirazione umana con le leggi della fisica, che rendono impossibile un tale *perpetuum mobile*, e riduce il problema semplicemente al metodo con cui un individuo può indebitare un altro individuo o la comunità e impedirne il rimborso, in modo che l'individuo o la comunità debbano dividere il prodotto dei loro sforzi con il creditore. Abbiamo esaminato il processo nel metodo tradizionale di vivere con la proprietà della terra, e ora dobbiamo considerare il metodo moderno di vivere con gli interessi sul capitale.

La seconda categoria di ricchezza si divide naturalmente in beni personali, necessari al godimento o al consumo della ricchezza, e organi di produzione necessari alla sua creazione. Questi ultimi, essendo essenzialmente permanenti e non consumati dall'uso, ma effettivamente produttivi dall'uso, sembrano a prima vista offrire all'umanità una via di fuga dalle leggi della fisica e dalla dipendenza economica , perché sembrano ripagare il debito di tempo contratto per la loro produzione con un reddito perenne di tempo risparmiato dal loro uso.

Il capitale moltiplica l'efficienza umana

La prima categoria di ricchezza contiene, per compensare il debito di tempo contratto per la sua produzione, una quantità positiva definita di energia disponibile per la vita, che viene restituita come somma forfettaria quando la ricchezza viene consumata. La seconda categoria paga il debito di tempo contratto per la sua produzione con il tempo risparmiato dal suo utilizzo e che, se non esistesse la ricchezza, dovrebbe essere speso. Ma per gli organi di produzione il pagamento ha la natura di un guadagno di tempo risparmiato per un periodo indefinito, che continua finché la ricchezza viene utilizzata per facilitare la produzione. Così, se l'uso è *continuo*, come nella produzione di ricchezza deperibile, le ore spese per conquistarla vengono risparmiate più e più volte. Questo pagamento apparentemente infinito per un determinato dispendio di tempo è, ovviamente, la base fisica dell'origine dell'interesse, definito come il pagamento a rate per l'uso degli organi di produzione nella produzione.

In realtà, nessun tipo di ricchezza è assolutamente permanente e a prova di , e la durata varia da quella di beni di durata relativamente breve come i vestiti a quella del diamante. In pratica, oltre a fornire la prima categoria di beni consumabili, una comunità deve mantenere in buono stato i propri beni e gli organi di produzione. Ma questo non influisce sulla natura del problema, e in pratica si è soliti supporre che una parte del tempo risparmiato dall'uso del capitale venga spesa come richiesto nella sua manutenzione perpetua, lasciando comunque un interesse netto permanente.

Si può dire subito che nulla impedisce a una classe dominante in possesso del potere politico di organizzare le cose in modo tale che un certo tributo *limitato* possa essere richiesto in perpetuo agli effettivi produttori di ricchezza attraverso il pagamento di un canone per l'uso del capitale, così come non c'è alcuna impossibilità fisica di vivere con la proprietà della terra in circostanze politiche simili. Era impossibile per il proprietario terriero mettersi palesemente contro le leggi della natura. Il fallimento dell'era capitalistica è dovuto al fraintendimento della natura dell'interesse e del "capitale" e all'estensione dell'idea di interesse perenne dal pagamento per l'uso degli organi di produzione nella produzione di ricchezza deperibile al pagamento per il mancato rimborso di qualsiasi tipo di debito. Esistono limiti ben definiti al possibile interesse che può essere richiesto a una comunità e che non possono essere superati aumentando il capitale.

Il capitale non può moltiplicare il tempo umano

Il capitale, infatti, moltiplica l'efficienza del dispendio di tempo umano, ma non moltiplica il tempo umano, anche se tenta sempre di farlo allungando le ore di lavoro fino al limite della sopportazione umana. Questa affermazione è storicamente giustificata da una conoscenza molto limitata della storia industriale di questo Paese prima dei Factory Acts. Il processo si sta svolgendo sotto i nostri occhi oggi in Oriente, dove il legislatore di Hong Kong ha recentemente approvato una legge che vieta di far lavorare i bambini più di nove ore al giorno su ventiquattro e sei giorni su sette. In Cina, che non ha ancora raggiunto lo stadio di una legislazione che regoli gli orari di lavoro industriali, le condizioni sono descritte come molto simili e orribili a quelle che si verificavano in questo Paese prima dell'approvazione dei Factory Acts.

Qualunque cosa si possa pensare dell'economia di Marx, che per l'autore appare non meno metafisica e avulsa dalla conoscenza essenziale della fisica del sistema produttivo come i sistemi dei più ortodossi, nessuno che abbia letto *il Capitale* può non essere rimasto impressionato dalle scorte di erudizione sociologica contenute in quel volume, per la maggior parte in voluminose note a piè di pagina. Scritto all'epoca in cui la politica *del laissez-faire* dei governi lasciava incontrollati i mali della sudorazione e dello sfruttamento dei lavoratori da parte del sistema industriale, esso costituisce per tutti i tempi una testimonianza di alcuni degli abusi quasi incredibili che hanno accompagnato la storia precedente della grande accumulazione di capitale in questo Paese. Oggi, la rivolta dell'opinione pubblica e il crescente potere economico dei sindacati hanno in qualche misura riequilibrato la situazione, ma in Oriente e in altri Paesi in cui i sistemi capitalistici sono ancora incontrollati i primi effetti dell'allungamento delle ore di lavoro e dell'utilizzo di donne e bambini come manodopera più economica sono evidenti come lo erano in questo Paese all'epoca in cui Marx scrisse la sua "Bibbia delle classi lavoratrici".

Il capitale aumenta sia il tempo libero che la ricchezza.

L'uso del capitale consente di risparmiare tempo *o di* aumentare la produzione di ricchezza, e nella misura in cui il suo rendimento è preso nell'una o nell'altra forma, tanto minore è la disponibilità dell'altra. Ma il limite della produzione di ricchezza è fissato dallo stato delle conoscenze scientifiche e tecniche e dell'organizzazione aziendale, nonché dal numero di ore di lavoro possibili nella giornata. Una volta accumulato il capitale necessario per consentire ai lavoratori di utilizzare i metodi di produzione dettati dallo stato dello sviluppo tecnico, un'ulteriore accumulazione è puro spreco. Può essere utilizzato solo allungando le ore di lavoro, e solo nella misura della resistenza umana. L'apparente produttività perpetua della ricchezza capitale e la sua superiorità rispetto alla ricchezza consumabile in questo senso porta sempre i bramosi a esaltare la produzione di capitale come parsimonia e la produzione di ricchezza consumabile come stravaganza, mentre la base fisica dell'interesse perpetuo non è nella produzione di capitale, ma solo nel suo uso nella produzione della prima categoria di ricchezza consumabile. Il suo uso nella produzione di ricchezza deperibile è permanente, ma nella produzione di ricchezza permanente è effimero. Perché i beni, come il capitale, si accumulano. Una volta che una comunità ha accumulato beni sufficienti a consentirle di consumare la sua ricchezza secondo la scala di vita fissata dal suo tasso di consumo, altri beni, come altri capitali, diventano un onere inutile e un peso per i possessori. In breve, entrambe le forme di ricchezza permanente, per ragioni diverse, si accumulano solo fino al punto in cui entrano in equilibrio con il tasso di consumo della ricchezza deperibile.

Un'analogia fisica potrebbe essere un serbatoio in una rete idrica. All'inizio, quando il serbatoio è vuoto, l'acqua entra più velocemente di quella che esce, finché non si accumula una certa altezza o prevalenza d'acqua nel serbatoio, sufficiente a spingere l'acqua fuori dal serbatoio con la stessa velocità con cui entra, dopodiché l'acqua nel serbatoio rimane costante.

Così, ad ogni aumento del flusso di ricchezza grazie alle scoperte scientifiche, all'inizio una parte della ricchezza si accumula sotto forma di nuovi beni e capitali, ma l'unica condizione permanente possibile è quando il tasso di afflusso eguaglia quello di deflusso, o il tasso di consumo eguaglia quello di produzione.

In futuro, se una classe della comunità desidera vivere di interessi, deve incoraggiare e non scoraggiare la produzione di beni di consumo e scoraggiare la produzione di capitale se non per produrre beni deperibili.

L'astinenza in questo senso potrebbe preservare il metodo di sostentamento, come quello della proprietà della terra, per un periodo indefinito senza conflitti con la possibilità fisica.

In pratica, le semplici considerazioni precedenti sono invalidate nella misura in cui è possibile esportare ricchezza permanente all'estero in cambio di ricchezza consumabile, ma nel lungo periodo, su tutto il mondo, devono essere vere.

Si tratta di una considerazione importante per questo Paese che, tradizionalmente uno dei leader nell'uso dell'energia meccanica, in passato è riuscito a esportare notevoli quantità di prodotti permanenti in cambio di ricchezza deperibile. Ma questa non può che essere una situazione alquanto precaria, perché man mano che il mondo si riempie, i nuovi Paesi non solo producono sempre più macchinari, ma consumano sempre più cibo di quello che producono. A meno che non riusciamo di nuovo ad essere all'avanguardia nelle invenzioni tecniche sull'uso dell'energia, è chiaro che la politica futura di questo Paese dovrà essere indirizzata verso la produzione domestica di beni di consumo, cioè dovrà essere rilanciata la sua agricoltura trascurata.

Il limite al quale l'accumulo di capitale del capitale non raggiunge il suo scopo

Alcune delle conclusioni precedenti possono essere messe in discussione se enunciate in termini algebrici generali. Supponiamo che, spendendo una grande quantità di tempo iniziale - equivalente, per esempio, a T anni lavorativi dell'intera comunità - nell'accumulazione del capitale necessario, si possano mettere in atto alcuni progressi tecnici che aumenteranno in modo permanente l'efficienza dell'ora lavorativa del fattore X. Se d'ora in poi la comunità produrrà ricchezza allo stesso ritmo di prima, lo farà in $1/X$ di tempo e risparmierà $[1 - 1/X]$ del suo precedente tempo di lavoro, cioè guadagnerà questa quantità di tempo libero.

Mentre, se la comunità lavora lo stesso tempo di prima e produce X volte la ricchezza che produceva prima, il suo guadagno di ricchezza è pari a $(X - 1)$ della sua ricchezza precedente. Se nel primo caso si devono spendere T anni di lavoro per fornire il capitale necessario a produrre la stessa ricchezza di prima, per produrre X volte la ricchezza di prima, come nel secondo caso, sarà necessaria un'astinenza dal consumo X volte maggiore, o XT anni di lavoro.

Se la comunità adotta un percorso intermedio e decide di astenersi per YT anni, in modo da essere in grado di produrre Y volte la sua precedente ricchezza, dove Y è un qualsiasi fattore compreso tra l'unità e X, ora lavora Y/X del suo precedente tempo di lavoro, ne risparmia $[1 - Y/X]$ come tempo libero e guadagna $(Y - 1)$ della sua precedente ricchezza. È chiaro che se Y viene reso uguale a X, come nel secondo caso considerato, la comunità dispone di una ricchezza X volte superiore a quella che aveva, ma non di un tempo libero aggiuntivo per goderne, cosicché la sua astinenza dal consumo per XT anni non riduce le sue ore di lavoro né determina un aumento della sua gentilezza media. A questo punto, un ulteriore dispendio di ore lavorative per la produzione di capitale porta a un ulteriore aumento del lavoro giornaliero e la comunità nel suo complesso si allontana ancora di più dall'obiettivo che si era prefissata inizialmente astenendosi dal tempo libero per accumulare capitale.

Il guadagno in tempo libero è [1 - Y/X], e sebbene sia facilmente azzerabile quando Y = X, non può mai essere reso unitario, ma raggiunge un massimo quando Y è unitario e la comunità si accontenta della stessa ricchezza di prima. Questo è il modo algebrico di dire ciò che, nonostante le polemiche politiche, è il più ovvio senso comune. Per un individuo possa riuscire, grazie al possesso di agenti di produzione - accumulati con il dispendio di tempo di lavoro passato, proprio o altrui - a vivere senza ulteriori contributi di tempo di lavoro presente, la comunità di cui fa parte non può farlo, ma deve fornire le ore di lavoro per far funzionare il capitale che possiede, anche quando le ha fornite con la propria astinenza.

Dei due fattori necessari per la produzione di ricchezza, egli non ne fornisce che uno.

Così il principio, così chiaro quando consideriamo il caso dello stato medio della comunità nel suo complesso, dà luogo a problemi sociali abbastanza irrisolti, se non insolubili, quando un gruppo di persone possiede il capitale e un altro gruppo lo gestisce. Non esiste un metodo teorico conosciuto per equiparare la somma delle ore di lavoro passate spese per la fornitura del capitale con il continuo dispendio di ore di lavoro attuali necessarie per renderlo produttivo, o per determinare quale sia, eticamente, la giusta distribuzione dell'incremento.

CAPITOLO VII

DENARO VECCHIO E DENARO NUOVO

Il meccanismo di distribuzione della ricchezza tra gli individui per il consumo

Lo studio dell'origine della ricchezza e delle sue diverse categorie precede logicamente lo studio del suo consumo e del suo utilizzo. La vita è, nel senso fisico di ore-essere umano, il prodotto della ricchezza come la ricchezza è il prodotto dell'energia e del tempo umano. Queste considerazioni sono ovviamente alla base di qualsiasi indagine sull'economia politica o nazionale e hanno la precedenza sulle questioni di proprietà, distribuzione e scambio, che sono di prima importanza per l'economia individuale. La produzione di ricchezza è, nelle comunità civilizzate, comunitaria piuttosto che individuale. Il processo è così differenziato che un ritorno ai metodi di produzione individualistici primitivi significherebbe la morte della maggior parte della comunità. Quelli che sopravvivrebbero non sono affatto quelli generalmente considerati ricchi come individui, ma i contadini e gli agricoltori effettivamente impegnati nella produzione di cibo. Se, a causa del caos politico, entrassero in funzione metodi individualistici di produzione della ricchezza, essi potrebbero da soli mantenere indefinitamente un tipo di esistenza rude e incivile.

Ma l'uso e il consumo della ricchezza, nel consentire e potenziare la vita, è individuale e non comunitario. La vita di un uomo è un affare personale e individuale in uno stato di libertà politica, e pretende di essere considerata prima anche di quella della comunità. La vita della comunità, nel suo aspetto fisico, è il semplice aggregato delle vite dei suoi singoli membri, mentre la ricchezza di una comunità non ha alcuna relazione necessaria con le pretese sulla sua ricchezza presente e futura che costituiscono la ricchezza degli individui che la compongono. Per dirla con Ruskin, "la regola e la radice di tutta l'economia" è che ciò che una persona ha o rivendica, molti altri oltre a lui hanno dovuto o dovranno sforzarsi per ottenerlo.

Il denaro è lo strumento che, consapevolmente o intuitivamente, dà attuazione a questo rapporto tra ricchezza e vita, poiché consente agli individui di una comunità, personalmente e come singoli, di rientrare nei frutti delle attività complessive della collettività e di possedere, usare e consumare, pur contribuendo, se mai, solo a una parte limitata e specializzata della produzione.

I pericoli del denaro

Il denaro, o un suo equivalente, è di conseguenza una necessità in qualsiasi civiltà o comunità al di sopra dello stadio in cui ognuno produce tutto ciò che consuma.

Ma si tratta di una necessità pericolosa, troppo adatta a generare nel corpo politico malattie sociali abbastanza potenti da ridurre in polvere le nazioni più orgogliose. Sostituisce al diritto naturale e inalienabile del lavoratore al prodotto della sua fatica una vaga rivendicazione generalizzata sulla totalità dei frutti degli sforzi della comunità - una quantità altamente indefinita, che apre la porta a ogni tipo di abuso. Dal punto di vista morale, essa separa la concezione della ricchezza dalla dignità del lavoro, una connessione santificante sottolineata dal genio di Thomas Hood nei semplici versi - Non è la biancheria che si consuma, ma la vita delle creature umane! e dalle parole di Ruskin: "Il lusso attualmente può essere goduto solo dagli ignoranti; l'uomo più crudele che esista non potrebbe sedersi al suo banchetto se non con gli occhi bendati".

La variazione del potere d'acquisto del denaro espone la comunità a un'ingiustizia generale da una parte e a un guadagno immeritato dall'altra, con la stessa certezza che se gli uni fossero stati depredati dei loro beni dagli altri con la rapina e la violenza. Ma peggio ancora, apre la strada alla sottomissione economica dell'umanità al potere monetario, a causa della confusione nella mente delle persone tra denaro e ricchezza. Sostituendo alla "concezione di una somma realizzata" "la ricezione periodica" di un'infinità di interessi futuri,

cerca di condannare alla schiavitù eterna le generazioni non ancora nate.
È quindi della massima importanza che tutti coloro che desiderano comprendere i problemi sociali comprendano e si rendano padroni del tema del denaro. Che nessuno lo capisca ancora è un dato di fatto. Men che meno tutti coloro che ne hanno fatto uno studio particolare - partendo sempre dall'inversione iniziale che il denaro è ricchezza nazionale e non debito - sembrano in grado di rispondere in modo intelligibile alle domande più semplici che il più semplice dei principianti potrebbe porsi.

Le domande più semplici sul
Il denaro moderno è irrisolvibile

Come viene prodotto il denaro, dal Re e dalla Zecca Reale o dalle banche? Quanto denaro c'è? Il denaro produce interessi? Qual è esattamente la distinzione tra denaro cattivo e buono, tra quello emesso dal Re e dalla Zecca Reale, da un falsario o dalle banche? Qual è la giusta quantità di denaro necessaria per la conduzione degli affari di una nazione, e perché non può essere stampata come i biglietti ferroviari, o come i biglietti alimentari durante la guerra, senza un'elaborata apoteosi mistica del vitello d'oro e un inchino alle volgari fallacie sulla fecondità del debito ?

Anche un bambino può capire il motivo per cui il denaro è stato creato in un metallo prezioso. Una transazione commerciale in cui si scambiano lingotti d'oro con merci è un semplice baratto. Quando si passa dai lingotti alle monete d'oro e d'argento, che circolano praticamente per sempre, da queste alla cartamoneta nazionale, come la cartapesta di Kubla Khan o i "greenback" americani, poi alla banconota e all'assegno moderni, che hanno praticamente soppiantato la moneta nazionale, e infine alle varie forme di credito bancario sfuggente, "creato e decretato nel nulla assoluto dal solo fiat della volontà umana", le domande più semplici che verrebbero in mente a un bambino sembrano incapaci di una risposta definitiva. Se un tempo si considerava un principio elementare di onestà e di ovvietà che la moneta di una nazione dovesse avere un peso e una finezza giusti ed essere emessa solo da una zecca debitamente autorizzata, come sono salvaguardati i vitali interessi nazionali nella creazione di denaro ora che le grandi transazioni del mondo sono effettuate con assegni, banconote e altre forme di credito cartaceo che non hanno mai visto l'interno di una zecca?

Prima di procedere oltre, è assolutamente necessario che il lettore cerchi di comprendere il sistema monetario esistente. In tutte le ramificazioni dell'evoluzione della concezione del denaro è essenziale che non si perda mai di vista un filo conduttore che le attraversa. È lo stesso filo conduttore che si deve seguire per passare dalla concezione comune del denaro, così come è ben compresa da ogni *individuo*, alla concezione del denaro come strumento *nazionale* per effettuare la distribuzione e l'allocazione della ricchezza della comunità, perché l'evoluzione storica del denaro nella comunità rispecchia l'evoluzione nella mente di un discente che cerca di padroneggiare la materia.

L'evoluzione del denaro

La prima concezione del denaro, o individuale, è quella di una moneta d'oro o d'argento - di valore definito e di valore intrinseco se fusa in lingotti e quindi demonetizzata - che viene scambiata con beni in generale di pari valore, un semplice baratto. La seconda concezione del denaro, o nazionale, è diversa perché il denaro d'oro non viene mai demonetizzato dalla fusione quando viene usato come moneta interna. Circola indefinitamente. Una semplice vendita di beni per un dato pezzo di denaro deve essere considerata rispetto alla precedente transazione in cui il venditore ha acquisito il pezzo di denaro dando prima qualcosa in cambio e alla successiva transazione in cui lo passa, comprando egli stesso qualcosa con esso. Risulta allora che ciò che dà veramente valore alla moneta non è il fatto che sia fatta d'oro o d'argento, quanto piuttosto che sia un pagamento legale per un debito.

Un venditore cede all'acquirente il possesso di una certa ricchezza e, per estinguere il debito, l'acquirente consegna al venditore del denaro come pagamento legale, trasferendo così a quest'ultimo un diritto legale su qualsiasi cosa possa acquistare di valore uguale a quello che ha venduto, ogni volta che desidera esercitarlo.

Nel caso di un vero e proprio prestito di denaro da mutuante a mutuatario, o da creditore a debitore, il mutuatario che riceve il denaro contrae un uguale debito nei confronti del mutuante. Nel caso di una vendita di beni in cambio di denaro, il compratore che riceve i beni paga il debito che ha contratto con il denaro, conferendo così al venditore, in cambio di ciò che ha ceduto, un uguale credito o diritto di essere ripagato in ricchezza su richiesta. Nel primo caso il debitore dà la sua promessa personale di ripagare il creditore; nel secondo caso l'acquirente dà il denaro, che è la promessa generalizzata della nazione di restituire al venditore la ricchezza che ha dato all'acquirente, quando lo desidera.

In questo modo si arriva a considerare il denaro - a prescindere dal fatto che sia di specie o di carta - come un segno che certifica che chi lo possiede è un creditore della comunità generale e ha diritto a essere ripagato in ricchezza su richiesta.

L'unica differenza tra la moneta di specie e la cartamoneta è che nel primo caso il creditore della nazione ha in mano non solo la promessa della nazione di rimborsare su richiesta, ma anche i mezzi per far rispettare la richiesta, se la nazione dovesse essere inadempiente,[27] fondendo la moneta e distruggendola come denaro, ottenendo così l'oro di cui è fatta per ripagare il suo debito. Nel caso di una cartamoneta inconvertibile non ha questo potere. Nel caso di una cartamoneta convertibile su richiesta in moneta d'oro ha questo potere, ma solo eccezionalmente, come individuo, a condizione che troppi altri individui non cerchino di esercitare il loro potere. Se lo facessero, in genere esisterebbe solo una piccola parte dell'oro necessario a soddisfare le loro richieste.

Il prossimo passo verso il completo divorzio tra la nozione originaria di denaro come forma di ricchezza da barattare con beni equivalenti e il moderno gettone come strumento di credito che conferisce al proprietario il diritto alla restituzione della ricchezza, attende solo l'ideazione di un'adeguata garanzia per il proprietario del denaro che la nazione non sarà inadempiente, che sarà accettabile quanto il metodo rude di incorporare al gettone di debito un equivalente in oro o argento.

Vediamo ora di contrapporre lo stato di una nazione sotto una moneta d'oro o d'argento di pieno valore e una moneta di credito, rispettivamente. La prima non presenta certamente alcuna difficoltà.

La specie fa parte della ricchezza nazionale. Nessuno nella comunità ha una pretesa monetaria sulla ricchezza al di là della ricchezza in possesso della comunità, e nessuna parte di questa ricchezza ha, a causa del sistema monetario, più di un proprietario nello

---

[27] La modalità comune di default è quando la valuta si svaluta o si deprezza in termini di potere d'acquisto.

stesso momento. È vero che gli individui possono essere debitori e debitori tra di loro, e che i debitori possono vendere il debito ad altri, trasferendo i loro crediti così come circola il denaro di credito. Ma nessuno qui è così audace da affermare che moltiplicando la proprietà si moltiplica la ricchezza. Se B ha un debito di 1.000 sterline nei confronti di A, B può avere o meno una proprietà immobiliare del valore di 1.000 sterline, che può essere considerata come una garanzia del debito e del suo rimborso. Ma anche se ne fosse in possesso, nessuno potrebbe sostenere che, essendo A e B comproprietari della stessa proprietà, il suo valore in proprietà congiunta sia doppio rispetto a quello in proprietà separata. 1.000 sterline sono 1.000 sterline, sia che siano di proprietà di A o di B o di entrambi allo stesso tempo, e non diventano 2.000 sterline in quest'ultimo caso. [28] Questo sarebbe palesemente assurdo.

In una moneta di credito, la cartamoneta, gli assegni e le banconote sostituiscono la moneta forte senza alcuna differenza importante, se non quella che l'oro o altro materiale prezioso è incorporato nel pegno dell'indebitamento nazionale. Non c'è ricchezza in possesso dei proprietari del denaro, né deve essercene in possesso la nazione dietro questi crediti. Quindi, se consideriamo i proprietari della cartamoneta come creditori nazionali, proprio come nel caso dei creditori e debitori individuali, c'è una proprietà congiunta della proprietà della nazione, tra i suoi proprietari legali e quelli con il denaro e, come conseguenza del sistema monetario, parte della ricchezza della nazione ha più di un proprietario allo stesso tempo. La pretesa monetaria è limitata alla ricchezza in vendita sul mercato e il debito circola indefinitamente, essendo trasferito dal compratore al venditore e non cancellato. Ne consegue che, sebbene non ci sia nulla dietro queste rivendicazioni, non è necessario che ci sia, perché la nazione è un'organizzazione continua e, per distribuire la sua ricchezza, alcune persone devono sempre preferire di fatto una *rivendicazione* sui beni del mercato in generale, esercitabile a volontà, al *possesso dell'*equivalente di una qualsiasi forma di ricchezza. Da questa necessità deriva l'ulteriore deduzione che, anche nel caso della moneta d'oro, non è l'oro il vero incentivo che spinge un venditore di merci a

---

[28] In tutto il testo, per brevità, il simbolo £ è usato per esprimere il valore di una sterlina di ricchezza o di un bene, e va sempre letto in questo senso completo.

scambiarle con denaro, ma il potere che un titolo di credito nazionale conferisce al possessore di soddisfare i suoi bisogni in ricchezza su richiesta.

Anche nel caso di una ghinea d'oro è il francobollo della ghinea e non l'oro a costituire il denaro. Se un uomo vuole dell'oro, lo compra da un gioielliere o da un commerciante di lingotti. Quindi tutta la fatica e lo sforzo umano spesi per ottenere i metalli preziosi a scopo monetario non sono necessari, finché le monete circolano e non vengono fuse e demonetizzate. Esse rappresentano uno spreco di lavoro della comunità, che deve ripagare in ricchezza utile reale il proprietario della moneta su richiesta, né più né meno di quanto un gettone di cartamoneta rappresenti, senza alcuno spreco di lavoro, che la comunità deve ripagare al proprietario l'importo della sua richiesta di ricchezza utile reale su richiesta.

Ricchezza virtuale

Si giunge quindi alla conclusione che, nell'uno come nell'altro caso, il sistema monetario di distribuzione della ricchezza lo fa per il potere che conferisce agli individui *non di* possedere, ma di essere *debitori* della ricchezza a cui hanno diritto, in modo che qualsiasi tipo o quantità desiderata possa essere ottenuta come e quando richiesta senza sforzo. Il denaro non è ricchezza nemmeno per l'individuo, ma la prova che il proprietario del denaro *non ha* ricevuto la ricchezza a cui ha diritto e che può richiederla a suo piacimento. In una comunità, quindi, il denaro aggregato, a prescindere dal suo ammontare, rappresenta il valore aggregato della ricchezza che la comunità preferisce avere in prestito a queste condizioni piuttosto che possedere.

Questa quantità negativa di ricchezza la definisco la *Ricchezza Virtuale* della comunità, perché la comunità è obbligata dal suo sistema monetario e dalla necessità di averne uno, a comportarsi come se possedesse molta più ricchezza di quanta ne possieda effettivamente.

Man mano che una comunità cresce in termini numerici e di entrate, cresce anche la sua ricchezza virtuale, come indicato nel diagramma (Fig. 1). Così, al tempo *t* 1, se la ricchezza reale di una comunità messa in vendita è rappresentata da *ab*, la sua ricchezza virtuale può essere *bc*, per cui può e deve agire come se possedesse una ricchezza nella misura di *ac*, di cui *ab* è proprietà e *bc* è debito. In un momento successivo *t* 2, se la sua ricchezza reale sul mercato è cresciuta fino a *de*, la sua ricchezza virtuale sarà cresciuta corrispondentemente fino a *ef*, per cui può e deve agire come se possedesse *df*. Ci deve essere una proporzionalità approssimativa, anche se non necessariamente esatta, tra le componenti positive e negative, ed entrambe devono partire da zero, come indica il diagramma.

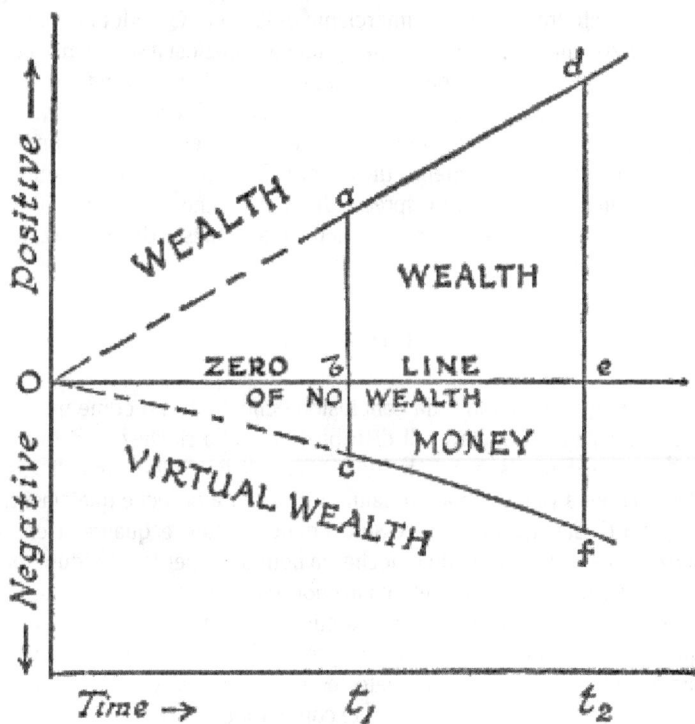

FIG. 1.- *Il principio della ricchezza virtuale.*

I due tipi di credito nazionale

In questo modo ci rendiamo conto che, così come nel calcolo della ricchezza di un individuo - se possiede un credito personale o un potere di indebitamento - dobbiamo partire non dallo zero della ricchezza, ma da una quantità negativa - ciò che dovrebbe se avesse speso tutto ciò che possiede e tutto ciò che deve - qualcosa di simile è necessariamente vero per una nazione.

Ma l'origine di questo "credito" è completamente diversa nei due casi. Nel caso di un individuo, viene esercitato a spese e con il consenso di un altro individuo, di solito come alloggio o concessione commerciale per il quale il debitore paga un interesse. Nell'altro caso, si tratta di una necessità inerente alla natura comunitaria della produzione e individuale del consumo, che deriva dal sistema monetario di distribuzione. Tutti i membri della comunità, in proporzione al loro patrimonio monetario, beneficiano del fatto di essere debitori di una certa parte della ricchezza a cui hanno diritto. Questa Ricchezza Virtuale è quindi una parte peculiare del credito nazionale e va nettamente distinta dal resto, che, in effetti, è l'unica parte del credito nazionale solitamente riconosciuta, e che non è in alcun modo diversa da quella di un individuo. Così, quando MacLeod dice: "Anche il credito dello Stato, con il quale esso può acquistare denaro e altre cose dando alle persone il diritto di esigere da esso una serie di pagamenti futuri, è ricchezza nazionale", in realtà intende dire che il credito nazionale consente allo Stato di *acquisire* ricchezza e crediti sulla ricchezza posseduta dai singoli cittadini senza un immediato rimborso, e questo non è ricchezza nazionale più di quanto lo sia il credito di un commerciante. Esercitato, crea un Debito Nazionale fruttifero, il cui rimborso *non è* indefinitamente evitato, come avverrebbe se lo Stato stampasse denaro nella giusta quantità e lo scambiasse con merci. Il Debito Nazionale deve continuare a essere pagato fino a quando non viene ripagato. Mentre la Ricchezza Virtuale della comunità, pur essendo in un certo senso Debito Nazionale, è un debito permanente, necessario, benefico, normalmente non rimborsabile e non fruttifero. È ovviamente la confusione tra questi due tipi di credito nazionale, e il trasferimento di ciò che è vero solo per una comunità all'individuo, che è responsabile dei poteri quasi mistici a cui il credito è associato nella mente di molte persone.

L'esperto, d'altra parte, dirà: "Non siete forse arrivati, per vie traverse, a ciò che gli economisti hanno asserito, pur incorrendo in errori logici, e cioè che il denaro è giustamente da considerarsi parte della ricchezza nazionale?". La risposta è chiara. È vero che la nazione deve agire, e continuare indefinitamente ad agire, come se possedesse più ricchezza di quanta ne possiede, grazie al potere d'acquisto aggregato del suo denaro, ma la cosa importante è che questa Ricchezza Virtuale *non esiste*. È una quantità negativa immaginaria - un deficit o un debito di ricchezza, non soggetto né alle leggi della conservazione né a quelle della termodinamica. Ma è una quantità che si riferisce alla *ricchezza* e non al *denaro*. Non è la quantità di denaro che le persone possiedono ad avere una reale importanza, ma la quantità di ricchezza che sono in grado di ottenere in qualsiasi momento del futuro su richiesta, e di cui quindi fanno a meno nel presente, ad avere importanza. È la quantità di beni che la comunità si astiene dal possedere a essere definita, e il numero di unità di denaro che questa quantità definita vale è tutto il denaro, qualunque *esso* sia.

È la ricchezza virtuale che misura il valore o il potere d'acquisto del denaro, e non il denaro che misura il valore della ricchezza.

Sebbene il valore monetario della ricchezza virtuale aggregata sia necessariamente identico all'aggregato del denaro posseduto dalla comunità, questa identità non fa altro che oscurare la vera verità. La ricchezza virtuale, infatti, ha ben poco a che fare con la quantità di denaro. È vero che può tendere a cambiare perché le persone cercano di modificare le loro abitudini a causa di un'inflazione o di una deflazione della moneta, ma le abitudini di una comunità sono essenzialmente conservatrici, per cui possono cambiare solo entro limiti relativamente piccoli. La quantità di denaro, invece, è assolutamente e completamente arbitraria, e può teoricamente essere resa piccola o grande quanto la nazione vuole senza alcun limite. Per quanto grande o piccolo, il denaro totale è, ovviamente, il valore monetario della ricchezza virtuale, per cui se quest'ultima non cambia, il livello dei prezzi medi è proporzionale alla quantità di denaro e il potere d'acquisto del denaro è inversamente proporzionale alla quantità di denaro.

Dopo aver descritto in via preliminare il punto di vista sul denaro che è stato sottolineato in questo lavoro, possiamo tornare a quello che è stato definito il filo conduttore dell'evoluzione monetaria. Si tratta della sostituzione di un denaro che consiste in una ricchezza effettivamente posseduta, con un denaro che denota una ricchezza dovuta ma non posseduta. Per l'individuo quest'ultimo significa, o dovrebbe significare, che ha reso un servizio alla comunità non ancora ripagato in ricchezza. Ma per la comunità il significato del suo denaro è totalmente diverso. Significa, dato che il rimborso di tali servizi in ricchezza trasferisce solo il debito da un individuo all'altro, che tali debiti non devono essere ripagati affatto, e anzi possono essere ripagati solo dalla comunità stessa che si impossessa del denaro e lo distrugge. Questi sono gli unici tipi di debiti che sono totalmente vantaggiosi per la comunità e, essendo onorati istantaneamente con il trasferimento da un individuo all'altro, finché sono onorati a un livello di prezzo immutabile, non hanno bisogno di alcun interesse, che sia di metallo o di carta. L'interesse monetario è essenzialmente un pagamento per il privilegio di poter differire il pagamento di un debito monetario. Passiamo ora alla considerazione dei sistemi monetari reali.

Schizzo dell'origine del sistema attuale

Il denaro, in quanto segno autorizzato del debito dell'intera comunità nei confronti dell'individuo che lo possiede, è naturalmente un'istituzione molto antica, e questi gettoni erano anche talvolta del tutto privi di valore in sé, a parte la convenzione sociale di onorarli come rivendicazioni legalmente esecutive di ricchezza effettiva. Nelle monete a gettone di Atene e Sparta, tra il X e il V secolo a.c., in cui si utilizzavano come monete dischi di metallo privi di valore, si apprezzava perfettamente il principio essenziale secondo cui il numero di gettoni emessi doveva essere limitato e pubblicamente noto. Ma senza dubbio le comunità più semplici trovarono difficoltà nel controllare le imitazioni non autorizzate e fraudolente dei gettoni. Il legame con il baratto, in cui merci di uguale valore si scambiano le mani, è stato conservato nella moneta di metallo prezioso che ancora in qualche misura persiste. Il principio alla base di questa moneta era perfettamente in linea con i principi della scienza fisica moderna. Poiché la ricchezza non può essere creata dal nulla, ma è un prodotto dello sforzo umano speso sulle materie prime e sulle fonti di energia del globo, nessun individuo dovrebbe essere in grado di fabbricare dal nulla una nuova pretesa monetaria di ricchezza, e l'acquirente dovrebbe rinunciare a qualcosa di valore uguale (e difficile da ottenere) a quello che acquisisce. È in questo punto vitale che i metodi moderni di moltiplicazione delle richieste di ricchezza falliscono.

Ma ancora più fatale per la democrazia è stata la sua incapacità di fornire un'autorità e un meccanismo adeguati per la creazione e l'emissione di denaro, come e quando necessario, per tenere il passo con la crescita della sua ricchezza. *La moneta nazionale* - di qualunque tipo sia - non porta, e non ha mai portato, interessi, che sono la *ragione d'essere* dell'emissione della maggior parte della moneta moderna. Qualunque sia il fine che si suppone possa perseguire, la moneta bancaria viene creata principalmente per quel fine e, quel che è peggio, poi decretata di nuovo quando il fine è stato raggiunto. Ma una sovrana emessa nel regno di Giorgio III non vale oggi più di quando è stata emessa e obbedisce alla legge ordinaria della conservazione della materia. Non appare e scompare misteriosamente come la moneta bancaria. L'intero costo del conio e del mantenimento contro la perdita di peso dovuta all'abrasione durante l'uso è sostenuto dallo Stato senza oneri per l'utente. In questo Paese la perdita è stata in qualche modo compensata dall'emissione di monete d'argento che valgono, come lingotti, solo circa la metà del loro valore nominale e di monete di rame senza un valore metallico definito; ma la moneta è stata salvaguardata dallo svilimento limitando la validità di questi gettoni d'argento, come pagamento legale per i debiti, a somme fino a 2 sterline e i gettoni di rame solo fino a 1 sterlina.

Sebbene, con la coniazione principale dell'oro, il possessore riceva un equivalente in ricchezza per ciò che la moneta acquista, in realtà severe norme proibivano di deturpare la moneta e ne impedivano l'uso se non come pegno dell'indebitamento comunitario. In una comunità in cui la fiducia reciproca non era molto sviluppata, il metallo prezioso delle monete ne assicurava la pronta circolazione, ma non serve ad altro per quanto riguarda la moneta interna. Sono in realtà una forma di moneta simbolica.

Secondo la nostra definizione di ricchezza, i lingotti d'oro e d'argento sono chiaramente ricchezza, finché servono ai bisogni della comunità. A parte il loro uso nella moneta, sono, e probabilmente saranno sempre, una ricchezza per il gioielliere, che altrimenti dovrebbe cercare nella terra, o pagare altri per cercarla, la materia prima del suo mestiere. Se così fosse, continuerebbero ad avere valore come riserva di ricchezza da accumulare. Quindi, anche in caso di demonetizzazione, anche se il loro valore probabilmente diminuirebbe molto, sarebbero ancora ricchezza, nella seconda categoria, insieme ai beni permanenti e agli organi di produzione. Alcune delle complessità dell'argomento sono dovute a questa triplice origine del valore dell'oro e dell'argento.

Con l'aumento del potere produttivo dovuto alla crescita della scienza, la moneta metallica ha cessato di essere adeguata, anche se, se fosse stata ancora mantenuta, non è certo che i mali conseguenti sarebbero stati maggiori di quelli che si sono verificati in seguito alla sostituzione della cartamoneta senza che i principi originari della moneta fossero stati preservati.

Sebbene i metodi scientifici, soprattutto in tempi relativamente recenti, abbiano reso molto più economici i processi di estrazione dell'oro e dell'argento e abbiano permesso di lavorare con profitto minerali molto più poveri, questi metalli non possono ancora essere prodotti artificialmente a volontà. L'offerta di questi metalli non ha tenuto il passo con l'offerta di quelle forme di ricchezza che possono essere prodotte con metodi scientifici, con i lavoratori necessari, nella misura ragionevole richiesta. Come risultato della Rivoluzione Industriale e della sua conseguenza secondaria, ma non meno importante, di rendere disponibili ovunque i prodotti di praticamente tutta la terra grazie all'uso del trasporto meccanico, si sarebbe dovuto verificare un immenso calo del prezzo del denaro delle materie prime se la moneta fosse stata ancora limitata ai metalli preziosi, anche se forse la domanda creata per questi ultimi avrebbe stimolato a tal punto l'offerta che il calo sarebbe stato solo temporaneo. Perché, essendo il prezzo del sistema un peso d'oro dato per le merci, se le merci aumentano in abbondanza rispetto all'oro, per le stesse merci si scambia meno di prima. Il prezzo di quest'ultimo sarebbe quindi sceso gradualmente e il valore relativamente crescente dell'oro nelle merci avrebbe stimolato la ricerca di oro. Ma il corso effettivo degli eventi fu la riscoperta dell'uso del credito o della moneta simbolica nel mondo occidentale.

La moneta di Kubla Khan

La cartamoneta è di per sé uno studio affascinante e forse vale la pena di risalire alla sua invenzione, almeno per quanto riguarda le sue origini in Oriente. Kubla Khan, il grande imperatore Moghul, come riporta Marco Polo nei suoi viaggi,[29] "aveva il segreto dell'alchimia alla perfezione, perché fa i suoi soldi con la corteccia di un gelso, che tagliano in qualcosa di simile alla carta, ma nera... Tutti li accettano volentieri, perché ovunque una persona vada troverà questi pezzi di carta corrente, e potrà concludere tutti gli affari proprio come se fosse oro". Il Gran Khan deve essere arrivato per intuizione a molti dei principi che noi siamo così lenti ad accettare. Si rese conto che la maggior parte dei suoi sudditi non aveva bisogno dell'oro per la propria moneta interna, ma aveva bisogno solo di un mezzo di scambio, con un potere d'acquisto definito e costante e protetto dalla contraffazione, mentre per il commercio estero i metalli preziosi erano essenziali.

Si legge che a tutti i mercanti indiani che portavano oro o argento, gemme o perle, era vietato venderli se non all'imperatore, che

---

[29] *Travels of Marco Polo*, a cura di Cordier, traduzione di Yule. John Murray, 1903, vol. I, libro II, p. 423.

pagava senza indugio un prezzo molto liberale in banconote di sua proprietà. I mercanti li trovavano molto più leggeri da trasportare rispetto all'oro e compravano con essi tutto ciò che volevano all'interno dell'impero. Ma i nobili, o chiunque altro avesse bisogno di metalli preziosi o gemme per cinture o simili, potevano sempre acquistare dall'imperatore quanto desideravano con la cartamoneta. La prima emissione risale al 1260-1287 e alcuni esemplari di questa carta sono ancora conservati e possono essere visti occasionalmente nei musei.

L'origine della cartamoneta moderna

Ben diversa è la storia della sua riscoperta in Occidente. I re, bisognosi di oro e argento tanto quanto il Gran Khan, erano soliti prenderli in prestito in caso di emergenza, a volte senza la formalità del consenso dei proprietari, tanto che diventava estremamente rischioso depositarli nella Torre o in altre roccaforti predisposte allo scopo. In queste circostanze, gli orafi si prestarono a custodire i contanti di riserva dei mercanti e di altri soggetti e, col tempo, si trasformarono in banchieri. Detenendo le scorte di denaro dei loro vari clienti, non potevano permettere che somme così ingenti di "ricchezza" rimanessero "inattive" e "sterili", e ne prestavano una parte sicura a persone affidabili a interesse, sapendo per esperienza che non tutti i loro depositanti avrebbero voluto indietro tutto il loro denaro nello stesso giorno. Ma quando ai mercanti che avevano rapporti reciproci capitava di depositare presso lo stesso orefice, trovavano conveniente dare a quest'ultimo l'ordine scritto di pagare gli uni e gli altri dai loro conti reciproci, piuttosto che prelevare loro stessi il denaro a tale scopo.

Così è nato l'assegno moderno, con il quale, invece di inviare contanti per pagare un conto, si invia un assegno o un ordine al banchiere di pagare dal conto del depositante.

L'ordine o l'assegno, in quanto sostituto del denaro, presenta due fonti di incertezza. In primo luogo, può essere privo di valore a causa dell'insolvenza del firmatario e, in secondo luogo, a causa dell'insolvenza della banca. La prima impedisce di fatto che gli assegni passino in circolazione come denaro, salvo, eventualmente, tra pochi firmatari di cui si conosce personalmente la solvibilità. Ma la capacità o meno di una banca di far fronte alle proprie passività è molto più nota, ed è una questione di fama comune tra gli operatori economici. Per questo motivo, tra i commercianti personalmente sconosciuti l'uno all'altro, è nata la pratica di inviare la ricevuta dell'orefice per l'oro depositato. In questo modo si eliminava la prima incertezza e tali ricevute circolavano come denaro ovunque si conoscesse la reputazione dell'orafo. In questo modo ebbe origine la banconota. Il depositante otteneva ricevute per somme d'oro definite, con le quali col tempo la comunità ha imparato a familiarizzare. Le ricevute circolavano come denaro con la stessa facilità e convenienza dell'oro stesso. In questa fase c'*era* l'oro dietro la banconota. Si trattava della promessa del banchiere di pagare al possessore della ricevuta o della nota la somma d'oro specificata su richiesta, in cambio della nota stessa.

Lo spostamento della moneta nazionale da parte della moneta bancaria

L'orafo, ora diventato banchiere, scoprì con l'esperienza di essere costantemente in possesso di una scorta d'oro di gran lunga superiore a quella che era chiamato a sborsare. Finché una banconota circolava, l'oro di cui era ricevuta rimaneva inutilizzato nella sua cassaforte. Ma c'era un effetto molto più importante prodotto dall'aumento di popolarità del sistema degli assegni. I clienti del banchiere, quando emettevano tra loro ordini di pagamento, o assegni, chiaramente *non influivano minimamente sulla quantità di oro in suo possesso*. I loro assegni trasferivano semplicemente la *proprietà* del denaro da un cliente del banchiere a un altro. Il regolamento dei debiti reciproci tra i clienti della stessa banca attraverso il sistema degli assegni è solo una questione di contabilità, che va oltre la banconota e fa *a meno denaro*. Il denaro viene così liberato per essere riutilizzato dal banchiere, che può prestarlo, e lo fa, a produttori rispettabili per periodi definiti, per poi ripagarlo con gli interessi sui proventi delle imprese che producono ricchezza. Ma, ancora una volta, non è necessario che il denaro stesso venga utilizzato per questo, poiché un libretto di assegni serve allo stesso scopo ovunque [30] finché la reputazione di solvibilità della banca rimane buona. Il denaro originale viene così utilizzato più e più volte, e da una quantità originaria di ricchezza vengono create, letteralmente con un tratto di penna,

---

[30] Il mutuatario si limita a "sforare il suo conto", ma il banchiere mette a credito del mutuatario la somma in questione e, dall'altra parte del suo libro mastro, la mette a proprio credito come dovuta dal mutuatario.

rivendicazioni su molte volte questa quantità di ricchezza in possesso di altre persone del tutto innocenti e ignare.

Questo è il *pons asinorum* delle banche, e a questo punto i suoi apologeti sembrano sempre essere distratti dai principi che il denaro dovrebbe sostenere in una comunità per una difesa *ex parte* del sistema. A un principiante sembra certamente strano scoprire che la legge procede con la massima severità contro il contraffattore fraudolento per aver emesso nuovi gettoni di denaro, ma permette alle banche di creare denaro all'ingrosso per concedere prestiti a interesse con questi metodi, un'attività molto più redditizia e infinitamente più grave nelle sue conseguenze per la comunità generale rispetto alla contraffazione. In qualsiasi altra epoca sarebbe stata la forma più evidente di tradimento contro lo Stato.

L'emissione privata di denaro: un risultato casuale del sistema degli assegni bancari

Senza dubbio ci sono ancora molte persone, se non la maggior parte, che saranno francamente increduli del fatto che il denaro, che supera di gran lunga il totale della moneta nazionale, possa essere creato e distrutto dall'usuraio con un tratto di penna. Quanto spesso si legge sulla stampa che le banche possono prestare ai loro clienti solo denaro di riserva! La maggior parte delle persone pensa ancora a quello che era il denaro una volta, "uno strumento pubblico posseduto e controllato dallo Stato". È naturale concludere che coloro che si assumono l'ingrato compito di esaminare la questione dal punto di vista nazionale non siano in grado di comprenderla. Questa incredulità, tuttavia, non è giustificata.

I fatti principali non sono in discussione. Sono esposti chiaramente in tutte le opere sul denaro. Se il lettore non istruito desidera leggere il miglior tentativo di apologia del sistema, gli si raccomanda di leggere le opere sull'argomento di Hartley Withers. Il punto di vista è quello dell'entusiasta pubblicista finanziario, che vede la grande ascesa della prosperità non in termini di invenzione, diligenza ed energia, ma in termini di denaro, e per il quale la meravigliosa crescita degli ultimi tempi è l'effetto piuttosto che la causa del meraviglioso sistema bancario, in particolare del sistema bancario britannico, per non dire di quello londinese.

Si possono citare alcuni paragrafi:[31]

"L'ampia conclusione a cui si è giunti è che i depositi bancari nascono in piccola parte dai contanti versati alle banche attraverso gli sportelli, in misura maggiore ma ancora relativamente piccola dagli acquisti di titoli da parte delle banche che creano crediti contabili, e principalmente dai prestiti delle banche che creano anch'essi crediti contabili.

"Non c'è nulla di allarmante in questa conclusione, anche se le persone che sono state abituate a considerare i depositi bancari come dei veri e propri versamenti di denaro contante, a volte si spaventano quando viene loro presentato l'altro lato della questione e pensano che il credito bancario sia una sorta di discutibile cospirazione tra le banche e i loro clienti. Un po' di riflessione mostra che si tratta di un bellissimo meccanismo che funziona in modo uniforme, grazie al quale si risparmia sulla moneta e si fornisce una valuta perfetta con straordinaria facilità ed economicità. Non bisogna nemmeno provare un senso di disillusione quando ci si rende conto che i depositi bancari, nella misura in cui sono presi a prestito, sono prove di indebitamento tanto quanto di ricchezza.

"Tutti sanno che in tutte le comunità di lunga data, ben ordinate e industriose, si accumulano vaste ricchezze; e anche se si potessero ammassare nelle banche ed esprimere in cifre, non si otterrebbe nulla da questa informazione. Ma la contemplazione di questa massa di debiti, e della valuta degli assegni con cui viene passata di mano in mano, è nuova, stimolante e unica.

Si tratta di un mirabile esempio di ingegno umano applicato alla riduzione dei costi e alla promozione del commercio, della finanza e della speculazione. Non esiste nulla di simile in nessun altro luogo e il suo sviluppo è stato reso possibile solo dalla fiducia, basata su una solida esperienza, della maggioranza degli inglesi nella correttezza commerciale degli

---

[31] *Il significato del denaro*, cap. V, "La fabbricazione del denaro".

uni e degli altri e nella disponibilità a portare a termine un contratto a tutti i costi.

"L'unico difetto del sistema è la sua perfezione".

Avverte i non addetti ai lavori che i depositi bancari comprendono i depositi veri e propri, in cui il denaro è realmente depositato e non può essere prelevato se non dopo un determinato periodo di tempo, e i conti correnti, in cui il denaro può essere prelevato a piacimento tramite assegno. Mostra poi come la maggior parte di essi sia creata da prestiti. Prende gli ultimi bilanci disponibili (1909) di una mezza dozzina delle più grandi banche per azioni e mette insieme i loro dati, con il risultato che "la maggior parte dei depositi delle banche si vede così che consiste non in contanti versati, ma in crediti presi in prestito. Per ogni prestito si crea un deposito, e poiché il nostro bilancio mostra 180½ milioni di prestiti, 180½ dei 249 milioni di depositi sono stati creati da prestiti".

Un'autorità così capace deve essere rispettata anche da chi ancora finge di credere che le banche prestino solo il denaro inutilizzato dei loro clienti. In effetti, ad alcuni sembra sufficiente per dimostrarlo che il bilancio di una banca sia in pareggio. Mentre, ovviamente, quando si crea un credito bancario, entrambi i lati del bilancio vengono svalutati nella stessa misura. Non si tratta semplicemente della vecchia signora della favola che ha scoperto il suo conto e ha inviato al suo banchiere un assegno per l'importo. La sua sfortuna era semplicemente quella di non essere il suo stesso banchiere.

La seguente citazione tratta da *The Times*, 9 dicembre 1925, pag. 21, colonna City Notes, dovrebbe convincere i più scettici: "... Le case di emissione e i sottoscrittori devono ricordare che il capitale disponibile per gli investimenti non è, come il credito bancario, una cosa che può essere prodotta da una registrazione contabile; può essere fornito solo da un vero risparmio".

La moratoria e il dopo

All'inizio della guerra il brutto fatto della moratoria necessitava di un'*apologia* pubblica, e leggiamo in un'opera del signor Withers pubblicata nel 1914: "Ci arrivò addosso come un fulmine a ciel sereno. Alla fine di luglio del 1914 qualsiasi cittadino di Londra a cui fosse stato chiesto cosa significasse una moratoria avrebbe probabilmente risposto che non esisteva una parola del genere. Forse avrebbe detto che si trattava di una grossa bestia lanosa estinta con grandi zanne. Se fosse stato eccezionalmente informato in materia di finanza, avrebbe risposto che si trattava di una sorta di espediente utilizzato nei Paesi economicamente arretrati per confondere la distinzione tra *meum* e *teum*. Il 2 agosto ci fu una moratoria sulle cambiali. Il 6 agosto ci fu una moratoria generale... Fu una spiacevole serie di sorprese, ma non fu causata da alcuna debolezza interna del sistema bancario inglese.

La furia della tempesta fu tale che nessun sistema creditizio avrebbe potuto resistere. In realtà, come si vedrà, la ragione principale della rapidità e della pienezza del colpo che si abbatté su Londra non fu altro che la sua stessa forza schiacciante.

Era così forte e così sola nella sua forza che la sua forza l'ha sopraffatta".[32]

E alla fine della stessa opera:

"Riassumendo gli effetti della guerra fino a dove è arrivata, in Lombard Street, possiamo affermare con sicurezza che hanno dato una prova eclatante dell'intraprendenza e dell'adattabilità della Banca d'Inghilterra, del coraggio prudente e vincente del governo nel garantire il credito nazionale per mantenere il nostro commercio, e del potere magistrale della ricchezza dell'Inghilterra".[33]

In *Banchieri e credito*, pubblicato dopo la guerra, quando il Paese sperimenta alcune delle conseguenze dei suoi sforzi improvvisati per prendere una piccola parte nelle proprie finanze, la colpa è dei politici, mai delle banche:

"I governanti politici hanno recentemente dimostrato una sorprendente capacità di creare il caos nel mondo bancario. Sotto lo stress della guerra si sono impadroniti e hanno deformato per i loro scopi il sistema bancario e valutario di questo Paese e di tutti gli altri Paesi coinvolti, e di molti di quelli che ne sono stati toccati solo indirettamente, con il risultato che il sistema che era stato portato a qualcosa di molto vicino alla perfezione è ora

---

[32] *Guerra e Lombard Street*, Hartley Withers, 1914, cap. I, "La moratoria".

[33] Ibidem, p. 131.

"Come dolci campane stonate e stridenti", una malinconica presa in giro della sua precedente bellezza ed efficienza".

Il libro si conclude sulle funzioni proprie del politico:

"Il gold standard ci libera dal rischio di essere infangati dai politici con i nostri soldi, ha funzionato bene in passato e potrebbe funzionare di nuovo, quando i politici riusciranno a fare il loro lavoro, ovvero darci pace e sicurezza, fiducia e buona volontà".[34]

Mentre la maggior parte delle persone che hanno una qualche esperienza di amministrazione responsabile probabilmente concorderebbero sul fatto che un governo amministrativo senza alcun potere reale sulle finanze, e con tale potere localizzato altrove, può essere poco più di una testa di figura. "Il re è morto. Lunga vita al re!"

Il passaggio dal vecchio al nuovo "denaro

A questo punto può essere utile ritornare ancora una volta sul punto critico che il sistema bancario, senza emettere una sola moneta falsa, può moltiplicare e moltiplica molte volte la moneta del paese per usura.

All'inizio il legislatore era fortemente contrario all'emissione di banconote da parte delle banche.

Il sentimento generale del pubblico era intuitivamente contrario a qualsiasi forma di moneta di credito, non sostenuta dall'equivalente dell'oro. Le prime interferenze dello Stato nel settore bancario sembrano essere state dirette piuttosto a indebolire le banche e a rendere l'attività precaria sia per il banchiere che per i depositanti, piuttosto che a perseguire un obiettivo comprensibile. È stato sostenuto molto abilmente[35] che tutti i mali della Rivoluzione Industriale sono sorti dall'interferenza dello Stato nel settore bancario, e che è essenziale che il settore bancario sia libero da restrizioni e aperto alla concorrenza come qualsiasi altra forma di commercio. Storicamente, si sostiene,

---

[34] Banchieri e credito, *1924.*

[35] *La giustizia industriale attraverso la riforma bancaria,* Henry Meulen, 1917.

l'istinto del banchiere è stato uniformemente sociale e l'attività bancaria è diventata ciò che è diventata grazie al fatto che questi istinti sono stati ostacolati.

Le critiche mosse al sistema in quest'opera non devono riflettersi sui banchieri in quanto uomini d'affari pratici, ma riguardano direttamente la teoria del credito su cui il sistema si basa. Né si vuole insinuare che ci sia la minima traccia di illegalità nelle *loro* azioni, qualunque cosa si pensi del modo in cui i nostri presunti governanti hanno abdicato alle loro funzioni e lasciato il Paese allo sbando. Le forze in gioco nella Rivoluzione industriale erano gigantesche e nessuno, probabilmente, le aveva comprese. Il potere di aumentare la produzione conferito dall'imbrigliamento della forza meccanica richiedeva un mezzo per aumentare la moneta e risparmiare sull'uso dell'oro. Ma i governi di allora non permisero alle banche di farlo a modo loro, né lo fecero apertamente e francamente con l'emissione di una cartamoneta nazionale.

In questa situazione, l'invenzione del sistema degli assegni ha praticamente risolto il problema. Ha praticamente soppiantato la banconota e ha relegato a un ruolo minore il denaro autorizzato ed emesso dallo Stato. Ha alterato la natura stessa del denaro senza che il pubblico e il legislatore si rendessero ancora conto di ciò che è accaduto.

Le virtù vertiginose dell'interesse composto hanno la caratteristica di non essere affatto vertiginose all'inizio. È solo dopo un certo periodo di tempo che mostrano la tendenza a diventare meravigliose e a superare i limiti del fisicamente possibile. Ma ora che gli aumenti dell'indebitamento si stanno accumulando, non è certo una difesa sufficiente del sistema dire che ha servito bene il Paese in passato e che deve solo essere lasciato in pace per fare ulteriori miracoli in futuro. Un singolo chicco di mais raddoppiato tante volte quante sono le caselle di una scacchiera rappresenta una quantità di mais superiore a quella che l'attuale popolazione mondiale potrebbe consumare in un periodo più lungo di quello coperto dai registri della storia, mentre raddoppiato solo la metà di quel numero di volte sarebbe a malapena sufficiente per dare a Londra un pasto quadrato. Ciò significa che un sistema potrebbe non mostrare segni di cedimento per un secolo e diventare assolutamente impossibile nel corso del successivo.

Tornando alla transizione dal vecchio al nuovo sistema, prima dell'inizio dell'attività bancaria esisteva una quantità definita di monete d'oro e d'argento. Il primo passo sulla via del declino, dal denaro per l'uso al denaro per l'usura, fu il potere conferito alla Banca d'Inghilterra di emettere banconote in misura limitata in cambio del prestito di denaro al governo - un potere che ancora possiede in base al Bank Charter Act del 1844. L'emissione di banconote allo scoperto era allora limitata a 14 milioni di sterline, oltre i quali era necessario tenere oro di riserva. Le intenzioni di quest'ultima legge, che è ancora in vigore, ovvero impedire l'emissione di cartamoneta non coperta dall'oro, sono state vanificate dallo sviluppo del sistema degli assegni. Quest'ultimo ha di fatto ucciso la banconota come forma di moneta, istituendo una forma molto più insidiosa e incontrollabile. È solo quest'ultimo aspetto che necessita di ulteriori delucidazioni.

La piramidalizzazione del credito

Quando il sistema bancario e degli assegni si è sviluppato e la gente ha preso l'abitudine di depositare sempre più spesso il proprio denaro in banca e di usare gli assegni, al posto del contante, per regolare i propri conti, il banchiere all'inizio, come abbiamo visto, avrebbe sempre posseduto una scorta d'oro e d'argento molto più grande di quella necessaria per soddisfare le richieste di contanti che il pubblico ancora faceva. È quindi chiaro che il banchiere può tranquillamente prestare una parte del denaro dei suoi depositanti; ma ciò che non è altrettanto chiaro è che può prestare una quantità di denaro pari a quella che possiede l'intera nazione - di fatto, crearla a piacimento.

Prima della guerra era considerato "sicuro" per il banchiere tenere circa 15 sterline ogni 100 sterline di contanti a fronte dei depositi. Cioè, per ogni 100 sterline depositate, 15 sterline di contanti erano sufficienti per le piccole richieste di contanti, mentre la maggior parte del potere d'acquisto dei depositanti veniva esercitato tramite assegno. Possiamo considerare questo 15 percento solo a scopo illustrativo.

Non è certo che sia stato necessario tanto per molto tempo.

Ora, l'intero segreto del sistema è contenuto nel fatto che quando una banca crea un prestito e presta 100 sterline a un mutuatario, per farlo deve avere solo 15 sterline dei soldi dei suoi depositanti, o qualunque sia il rapporto "sicuro".

Quindi, facendo sempre riferimento alle medie, a fronte di un depositante originario di 100 sterline, 15 sterline di moneta legale devono essere tenute in cassa, lasciando 85 sterline disponibili per essere prestate a un mutuatario. È vero che questo mutuatario potrebbe richiederle in contanti, ma, in media per lui non meno che per il depositante originario, è necessario solo il 15 per cento di contanti, ovvero 12,15 sterline, lasciando 72,5 sterline libere per essere prestate a un secondo mutuatario. Di questo 15 per cento, ovvero 10 17 sterline, è sufficiente trattenere il contante, lasciando 61 8 sterline a disposizione per essere prestate a un terzo mutuatario. E così via, fino a quando ogni 100 sterline di liquidità originaria diventa un totale di 666 13s. 4d. Di queste 100 sterline sono dovute al depositante e 566 13s. 4d. sono dovute alla banca dai mutuatari.

I mutuatari devono depositare presso la banca titoli collaterali accettabili che, in caso di inadempienza, la banca può vendere, o cercare di vendere, per recuperare. Di solito, però, tali titoli non vengono venduti. La banca addebita gli interessi sul prestito fittizio. Al modesto tasso bancario del 5%, l'interesse su 566 13s. 4d. è di 28 6s. 8d. all'anno, il che, bisogna ammetterlo, non è un cattivo guadagno su 100 sterline che il "depositante" originale *non ha prestato*.

Se si conoscesse la verità, probabilmente si scoprirebbe che questa stima è troppo modesta.[36] Almeno dal dopoguerra, se non prima, le cifre suggeriscono piuttosto un limite "sicuro" del 7% che del 15%. Su questa base, un cliente che deposita 100 sterline di contanti in conto corrente consente alla banca di prestare 1.330 sterline, che al 5 per cento portano 66 sterline e 10 centesimi all'anno. 9d. all'anno.

Non sorprende quindi che le banche siano di solito così pronte a tenere i conti dei loro depositanti per niente. Gli economisti, nella loro analisi di come un uomo ottiene il suo reddito e di come lo spende, considerano questo interesse apparentemente come un pagamento per i servizi bancari, e non hanno mai cercato, a conoscenza dell'autore, di valutarne il costo per la comunità. È chiaro che se fossero private di questi poteri, le banche dovrebbero far pagare ai loro clienti il disturbo di tenere i loro conti, come altre imprese. Ma se un sistema economico di questo tipo, che trascura la ricchezza virtuale della comunità e la tratta come una proprietà dei banchieri piuttosto che della nazione - un

---

[36] Hugo Bilgram (*Journal of Political Economy*, XXIX, novembre 1921) ritiene che il totale delle riserve di contante detenute dalle banche di deposito e di riserva negli Stati Uniti non sia inferiore all'8% del totale dei depositi in valuta, e che il 40% di questo debba essere costituito da oro.

mero requisito per lo svolgimento di alcune mansioni impiegatizie - sia di grande aiuto per il governo della nazione è un'altra questione.

Puzzle - Trova il denaro

Tuttavia, è probabile che molti aspetti legati al processo di "piramidalizzazione" del credito non siano del tutto chiari e richiedano un attento esame. Cerchiamo quindi di ricostruire, per quanto possibile, il passaggio dal vecchio sistema, in cui tutto il denaro aveva corso legale - moneta d'oro e d'argento - al sistema moderno, in cui solo una piccola parte lo ha. È necessario ricordare che coloro che vengono accolti con prestiti dalla banca hanno realmente bisogno di beni di una forma o dell'altra. Non pagano interessi sul denaro preso in prestito per accumularlo. Molto rapidamente scambiano il denaro con altri in cambio di beni. Una volta che ciò è avvenuto, scompare ogni distinzione tra i due tipi di denaro: quello genuino di proprietà dei proprietari e quello creato dalla banca per concedere prestiti. Tutto è allora denaro genuino legittimamente posseduto dai suoi proprietari. Un uomo che ha venduto dei beni a un altro in cambio di denaro creato da una banca ha diritto alla proprietà di quel denaro come se fosse autentico, mentre un uomo che è così sfortunato da diventare il possessore di una moneta falsa vede il suo diritto alla ricchezza decretato nel Nulla assoluto non appena la moneta viene individuata e inchiodata al banco. La proprietà della ricchezza non passa alla consegna, ma quella del denaro sì. Il proprietario di beni rubati può recuperarli anche da un destinatario innocente, ma il destinatario innocente di denaro è confermato dalla legge nella sua proprietà, anche se si può dimostrare che il denaro è stato originariamente rubato a qualcun altro. Anche se si potesse dimostrare che le banche hanno infranto la lettera della legge nel creare il denaro, come hanno certamente fatto con una carrozza e quattro attraverso il suo spirito e le sue intenzioni, ciò non influisce minimamente sulla conclusione che, a tutti i fini pratici, non c'è alcuna differenza tra i depositi di denaro genuini e quelli creati dal prestito. Ognuno di essi rappresenta un valido diritto alla ricchezza della comunità.

Questa è stata certamente una tappa precisa negli sforzi dell'autore per comprendere il problema. Così si può essere tentati di pensare, quando si legge che, dell'importo totale dei depositi bancari, tre quarti o quattro quinti sono stati creati da prestiti, che solo un quarto o un quinto è veramente denaro appartenente ai depositanti, e che il resto è preso in prestito dalla banca e dovuto alla banca allo stesso tempo e dalle stesse persone. Non è così. Le persone che devono il denaro non lo possiedono più; per la maggior parte lo hanno scambiato con beni. È vero che lo rimborsano continuamente, ma, altrettanto continuamente, la banca concede nuovi prestiti al posto di quelli rimborsati. Praticamente la totalità dei depositi è una vera e propria rivendicazione di denaro legittimamente posseduto dai singoli depositanti, ma il denaro che rivendicano non esiste.

Il denaro immaginato per esistere allo
Allo scopo di produrre interessi

Siamo così giunti a una conclusione molto interessante: mentre la vecchia forma di denaro metallico non poteva e non produceva interessi per il proprietario, e poteva produrre interessi solo quando questi si separava dalla sua proprietà e la prestava a un altro, la nuova forma di denaro creditizio - almeno prima della guerra, che ha visto la nascita della banconota del Tesoro - non esiste, ma si immagina che esista e viene prestata ai mutuatari come se esistesse allo scopo di produrre interessi. Questo denaro inesistente passa, tramite vendita, nelle mani di coloro che rinunciano a qualcosa in cambio di esso, e che quindi ora possiedono ciò che non esiste. Per quanto assurda possa apparire questa descrizione, essa è comunque innegabile. Chiunque abbia del denaro proprio - preso in prestito o prestato da nessuno - si presenti contemporaneamente in banca e lo richieda. La prova dell'affermazione se questo denaro esiste o non esiste sarà allora evidente. Come tutti sanno, sarebbero fortunati se ottenessero 2 centesimi di sterlina. Anche se le banche conservano il 15% delle loro passività in contanti, otterrebbero solo 3 centesimi di sterlina. Dato che i proprietari non hanno ottenuto il denaro che possiedono, e dato che le banche non lo hanno ottenuto, e dato che le persone che lo hanno preso in prestito non lo hanno ottenuto, dov'è? Ovviamente da nessuna parte. Si immagina che esista allo scopo di far pagare gli interessi.

Chi ha seguito la precedente esposizione del Principio della Ricchezza Virtuale, non avrà difficoltà a riconoscere il denaro come una ricchezza che si immagina esista allo scopo di ottenerla legittimamente su richiesta, quando e se necessario. Ma questo è denaro vecchio stile. Il denaro bancario moderno porta il processo di immaginazione un gradino più in là, immaginando che il denaro stesso esista allo scopo di prestarlo e di fargli pagare gli interessi. Il denaro puramente fittizio, di cui la nazione non ha autorizzato l'emissione, viene prestato fittiziamente senza che nessuno vi rinunci, creando così depositi perfettamente genuini e pretese legali sul mercato della comunità per l'offerta di ricchezza, indistinguibili sotto ogni aspetto da quelli autorizzati dalla nazione.

Come la Comunità viene derubata

È facile, nel criticare il sistema monetario, dare una falsa impressione di ciò che era realmente. Sebbene con la creazione di denaro e l'inflazione della moneta da parte del credito bancario la comunità nel suo complesso venga derubata della ricchezza equivalente alla nuova creazione, non si deve pensare che le banche abbiano mai avuto o rivendicato alcun titolo legale di proprietà del denaro così creato. Esse ne hanno ottenuto l'uso permanente e la proprietà dell'interesse per cui è stato emesso. Le industrie a cui è stato prestato il denaro hanno ottenuto dalla comunità per niente - a spese del potere d'acquisto generale del denaro - la ricchezza acquistata con il nuovo denaro, ma hanno dovuto restituirla quando il prestito è stato rimborsato e il credito cancellato. In pratica non veniva mai cancellato più che temporaneamente, ma veniva rinnovato ad altri mutuatari alla prima occasione. In questo modo, una successione continua di persone diverse senza denaro veniva autorizzata dalle banche ad acquisire temporaneamente dalla comunità una ricchezza a cui non avevano diritto e per la quale l'intera comunità pagava.

Le banche operavano su un capitale monetario che esse stesse avevano creato, ma che non pretendevano di possedere. Se venissero liquidate e le loro attività venissero interrotte, tutte le eccedenze delle loro passività rispetto alle loro attività dovrebbero essere ripianate da coloro ai quali hanno prestato denaro. La quantità di denaro si ridurrebbe allora, ad esempio, a un sesto dell'importo attuale o meno. I prezzi, "alla fine", si ridurrebbero a un sesto, a meno che non venga emessa una quantità corrispondente di vera moneta nazionale per prendere il posto della moneta fittizia distrutta, anche se, come ha saggiamente osservato Keynes in un contesto simile, "alla fine siamo tutti morti". Se ciò non venisse fatto, l'ultimo prestito da richiamare dovrebbe essere pagato con denaro di valore sei volte superiore a quello con cui è stato emesso, e la media dell'intero ammontare dei prestiti sarebbe più del doppio del loro potere d'acquisto iniziale. Questa è una distinzione in qualche modo vitale tra il denaro reale e il denaro fantasma descritto. Con la restituzione di un prestito autentico la quantità di denaro non viene intaccata. Con il rimborso dei prestiti fittizi c'è molto meno denaro in circolazione, così che il rimborso diventa sempre più difficile man mano che viene imposto. Se emessi in un periodo di boom e cancellati in un periodo di crisi, vengono rimborsati in unità di denaro di valore superiore a quello preso in prestito.

Alcuni dati monetari

Pochissime persone al di fuori delle banche sanno molto della quantità di denaro presente Paese e di come viene contabilizzato. Anche il signor Hartley Withers dice:

"Gli estratti conto e i bilanci bancari sono sempre stati concepiti piuttosto per velare discretamente la modestia delle nostre istituzioni monetarie che per far cadere la piena luce del giorno sulle bellezze delle loro cifre e proporzioni. Dopo la guerra è più che mai così. Molte delle informazioni che prima venivano rese pubbliche sono state nascoste".[37]

H. W. Macrosty[38] lamenta che:

"I dati pubblicati relativi alle nostre operazioni bancarie, certamente abbondanti e comunemente ritenuti sufficienti, non sono né chiari né sufficienti...".

In merito all'importante rapporto tra i depositi reali, che non possono essere utilizzati se non a seguito di un preavviso - o "depositi a tempo" - e il denaro in conto corrente, afferma che il rapporto tra i depositi a tempo e il denaro in conto corrente è importante:

"Non è improbabile che la percentuale di depositi a tempo nelle banche britanniche sia un quinto dell'intero ammontare dei depositi, come nel caso delle 800 banche principali del sistema della Federal Bank degli Stati Uniti".

Il Rt. Hon. Reginald McKenna, ex Cancelliere dello Scacchiere e Presidente della London Joint City and Midland Bank, ha fornito al

---

[37] Banchieri e credito, *pag. 4.*

[38] H. W. Macrosty, *Journal Statistical Society*, marzo 1922, vol. LXV, pag. 177.

pubblico informazioni. Parlando il 29 gennaio 1920, ha stimato che la capacità di spesa del pubblico, misurata dall'importo totale dei depositi bancari, sommato all'importo totale della moneta in circolazione, era di 1.198 sterline nel 1914 e di 2.693 sterline nel 1920.

La valuta detenuta dalle banche nel giugno 1914 era di 75 sterline e nel dicembre 1919 di 191 sterline. Egli stimò *l'aumento* dei depositi bancari nel periodo in 1.230 sterline, *di* cui 1.114 sterline attribuite ai prestiti bancari. Macrosty ha stimato che la valuta nelle mani del pubblico ammontava a 128 sterline e nelle mani delle banche a 75 sterline nel giugno 1914, mentre alla fine del 1919 quella nelle mani del pubblico era di 393 sterline e nelle mani delle banche di 116 sterline. Le due stime si discostano notevolmente per quanto riguarda le cifre del 1920.

Ma sembrerebbe perfettamente sicuro concludere che circa duemila milioni di sterline, di rango in tutto e per tutto uguale al denaro reale, sono creati dalle banche e fruttano interessi al tasso bancario, e che un tributo annuale dell'ordine di cento milioni di sterline all'anno viene estratto dalle entrate nazionali con questo mezzo.

Non c'è nemmeno un rischio degno di questo nome, perché i prestiti sono tutti senza dubbio ben coperti da titoli collaterali che verrebbero venduti in caso di inadempienza del debitore; o, se ciò non fosse possibile, verrebbe dichiarata una moratoria, come nell'agosto 1914.

Questi dati sono della massima importanza per l'argomento, ed è un grande peccato che non siano autorevolmente e meno ambiguamente disponibili al pubblico. È interessante sapere che il valore monetario della ricchezza virtuale della comunità era di circa 1.200 sterline prima della guerra e di circa 2.700 sterline nel 1920. Uno dei pochi dati che si conoscono con precisione è l'importo degli assegni, delle cambiali, ecc. liquidati annualmente attraverso la Bankers' Clearing House di Londra. Nel 1924 si è raggiunto lo stupendo totale di quasi 40.000 sterline, tre volte il totale del 1913 e quattro volte quello del 1900.

Si osserverà che le somme annue spese con assegni, ecc. ammontano a circa quindici volte l'importo totale dei depositi bancari e a non meno di cento volte la valuta nelle mani del pubblico. L'importo di quest'ultimo è sorprendentemente piccolo, rispetto alla popolazione, ammontando solo a circa 6 o 7 sterline pro capite, e anche la totalità gonfiata dei depositi bancari è solo di circa 40 sterline pro capite.

Considerazioni di questo tipo inducono gli economisti a liquidare con disprezzo come un'illusione qualsiasi progetto di riforma sociale che preveda di "armeggiare con la moneta". Se con questo intendiamo stampare continuamente sempre più denaro, a fronte di una spesa, la ragione è ovvia. La ricchezza si consuma, ma il denaro continua ad esistere. A parte una piccolissima perdita, eventualmente dovuta a incendi o incidenti simili, una moneta o una banconota una volta messa in circolazione continua a circolare finché non viene ritirata dalla circolazione. Una sterlina non acquista una sterlina, ma una sterlina, *ogni mese* o giù di lì, per sempre, in media. Anche in questo caso, il "tempo medio di circolazione" è conosciuto in modo molto imperfetto ed è stato variamente stimato in diversi periodi della storia, ma un mese sembra una sorta di ipotesi probabile. Tanto varrebbe tentare di stimare la velocità di un corso d'acqua che scorre in alcune parti attraverso ampi laghi e in altre su spumeggianti cataratte, la maggior parte del quale non ha alcuna esistenza fisica, ma scompare misteriosamente sottoterra in un luogo e, in un momento diverso, riappare in un altro.

Il denaro moderno è una nuova istituzione

Queste considerazioni possono servire a mostrare quanto poco si conosca dei fatti del sistema monetario esistente, ma sono probabilmente sufficienti a dare un'idea generale dell'ordine di grandezza coinvolto e, nella misura in cui i mali che affliggono la società sono di origine monetaria, a suggerire una riforma. La breve analisi precedente sull'origine del denaro moderno rivela che un'alterazione completa e insospettata è avvenuta sulla sua stessa natura con la scoperta di dispositivi finanziari per economizzare l'uso della moneta. È quindi necessario considerarlo come un fenomeno del tutto nuovo e tornare ai principi primi per esaminarlo. Quasi per caso, certamente come sottoprodotto imprevisto quando è nato il sistema degli assegni, il potere di emettere e ritirare moneta è passato interamente dal controllo della nazione alle mani del banchiere. Se qualcuno sostiene che questo potere viene esercitato, secondo un sistema adeguatamente pensato e comprensibile, per distribuire l'abbondante ricchezza che una comunità moderna è in grado di produrre con metodi scientifici, in modo che i membri possano ottenere ricchezza per il consumo, che si guardi intorno. Oggi il denaro viene emesso principalmente per l'usura. Anche all'individualista più convinto questo sembra spingere il principio di libertà piuttosto in là.

Se alcune persone devono avere il diritto di emettere nuova moneta, perché non l'intera nazione, se e quando necessario?

Il finanziere indica le conquiste della scienza nel secolo scorso come un tributo alla solidità e all'adattabilità del sistema monetario e bancario britannico. Nella migliore delle ipotesi, essi devono essere considerati come un espediente temporaneo, estemporaneo per far fronte a una particolare fase del rapido progresso delle scienze materialistiche e, ora che quella fase è passata, ovviamente inadatto a quella che l'ha seguita.

La continua coesistenza di disoccupazione e povertà in un'era scientifica è la sua condanna sufficiente.

Il sistema consente a una nazione che al massimo di circa 500 sterline di denaro di concedere prestiti per circa 2.000 sterline e di spendere circa 40.000 sterline all'anno solo con gli assegni. Soprattutto da quando le grandi banche si sono riunite - oltre il 90% degli affari è nelle mani di un gruppo noto come "The Big Five" - il potere d'acquisto esercitato dall'assegno non esercita una grande influenza sull'entità dei "depositi", poiché l'assegno si limita ad addebitare un conto e ad accreditarne un altro allo stesso tempo, tranne che per la piccola parte effettivamente incassata, senza influenzare l'aggregato. Eppure la maggior parte delle persone continua a credere che le banche prestino solo il denaro che i loro clienti *non* utilizzano.

Per qualsiasi uomo d'affari la conoscenza della verità dovrebbe essere sufficiente a condannare il sistema secondo i canoni dell'ordinaria attività competitiva. In quale altro luogo dell'intera attività umana è possibile creare un capitale con un atto di immaginazione e ricavare dalla sua presunta esistenza un reddito perenne, proprio come se si trattasse di una ricchezza reale messa a frutto?

Abbiamo visto come nella società coltivata la concezione di una ricevuta periodica si sia fatta strada e abbia sopraffatto la concezione di un importo realizzato e come consideriamo il nostro reddito annuale come la considerazione veramente importante, dividendolo per il tasso di interesse del momento per arrivare al suo valore aggregato.

Qual è dunque, nella "società colta", la differenza tra chi emette moneta falsa e le banche? L'uno pretende di possedere una somma realizzata in modo fraudolento, mentre l'altro non lo fa, ma sicuramente si batterà per ottenere, come propria proprietà quando verrà contestata, la ricevuta periodica derivata da una somma realizzata immaginaria.

I banchieri come governanti

Ma questa è solo una questione minore rispetto all'effetto che ha nel rendere il banchiere il vero governante della nazione. Si può certamente confidare che i banchieri conoscano i loro affari, ma non gli affari del governo. La prerogativa di emettere moneta è stata considerata nei secoli come una prerogativa essenziale del governo.

Forse è l'unica prerogativa essenziale. Mentre un banchiere non è responsabile del governo della comunità, ma degli interessi dei propri clienti. Il governo del banchiere è essenzialmente, e nella sua forma più pura, un governo nell'interesse dei proprietari a spese di chi non ha proprietà. È meglio, infatti, che la conoscenza della scienza sia stata sepolta, come quella della finanza, sotto un gergo mistico in la custodia di una gerarchia segreta, piuttosto che sfruttare e schiavizzare i poveri anziché liberarli.

"Di chi è l'immagine e la scritta?". Le monete e le banconote del Tesoro recano ancora l'impronta *Georgius V. D.G. Britt. Omn. Rex*, ma la maggior parte della moneta omette la prima parola che precede il cinque. Così che ci viene in mente la versione scolastica della citazione scritturale: "Egli disse: "Portatemi un penny". E gli portarono un penny. Egli guardò il penny e disse: "Di chi è questa misera sottoscrizione?"".

CAPITOLO VIII

IL POTERE D'ACQUISTO DI SOLDI

Valore dell'oro e valore della merce.

Il compito di cercare di capire come si moltiplica il denaro attraverso il credito bancario - a prescindere dall'etica della transazione - è tuttavia semplice se paragonato al compito di cercare di determinare con esattezza ciò che, nell'ambito del sistema, fissa la quantità totale di denaro in un paese, e in questa misura il suo valore o potere d'acquisto. Abbiamo visto che questa quantità, qualunque essa sia, esprime il valore *monetario* della ricchezza virtuale della comunità. È semplice visualizzare quest'ultima come l'insieme delle ricchezze di tutti i tipi necessari per vivere, che gli individui aggregati della comunità si astengono dall'acquistare, pur potendolo fare.

O, come lo vedrebbero gli stessi individui, quella parte del loro patrimonio totale che devono trattenere sotto forma di denaro per portare avanti i loro affari e le loro faccende domestiche. Considerato come ciò che il denaro verrebbe utilizzato per acquistare, si tratta probabilmente di una quantità molto definita e conservativa, che cresce con il numero di persone nella comunità e con la loro prosperità materiale o il loro reddito, influenzata, ma solo molto gradualmente, dai cambiamenti nei metodi e nelle abitudini finanziarie e bancarie, alterata, ma a malincuore e solo temporaneamente, dai cambiamenti del livello dei prezzi o del potere d'acquisto del denaro, ma una quantità abbastanza definita e un ottimo indicatore o indice del benessere e della prosperità nazionale.

Se, come in questo paese prima della guerra, la moneta è mantenuta su base aurea essendo scambiabile su richiesta con monete d'oro, e se l'oro può essere importato ed esportato liberamente a un prezzo fissato dalla legge, coniato in sovrane o fuso in lingotti a seconda delle necessità, il potere d'acquisto della moneta si mantiene costante in termini di oro, anche se non in termini di beni in generale, che è la vera misura della ricchezza virtuale. Se supponiamo che quest'ultima non cambi e che il valore dell'oro rispetto ai beni in generale diminuisca, avremo un aumento del livello generale dei prezzi e, al contrario, un calo, se il valore dell'oro si apprezza rispetto ai beni in generale.

Così, su base aurea, esprimiamo la ricchezza virtuale, che è una quantità abbastanza intelligibile e costante in termini di vita quotidiana e delle sue necessità, come una quantità variabile di oro, il cui valore di scambio in termini di merci è uno dei fattori più sfuggenti e poco compresi nell'esperienza umana. Possiamo pensare di poterlo analizzare e capire come opera e ha operato in un singolo Paese - come, ad esempio, in questo Paese - per poi scoprire che, proprio come cambia la natura del denaro quando consideriamo le nazioni piuttosto che gli individui, così cambia l'oro come moneta internazionale quando consideriamo non un Paese, ma il mondo intero.

Se ci occupiamo delle uscite e delle entrate tra un Paese e il resto del mondo, non ci accorgiamo che, sebbene il livello generale dei prezzi sia parificato tra i Paesi su base aurea, siamo ancora lontani dal determinare quale possa essere il livello dei prezzi e cosa lo determini. Ma, si chiederà il lettore, ha molta importanza? Certamente se non ci fossero debiti, o se non durassero più di qualche settimana o mese, e se non ci fossero idee tradizionali sull'entità di salari, stipendi, eccetera, non avrebbe molta importanza; ma in un mondo che è un groviglio inestricabile di debiti e contratti reciproci, individuali, nazionali e internazionali, più o meno permanenti, nulla può avere più importanza. Nella citazione che segue abbiamo l'economista al suo meglio, che con fredda precisione scientifica e chiarezza cristallina espone principi che difficilmente sarebbero politicamente economici da applicare a problemi più vicini a noi, in quanto operanti in un paese straniero:

"Se guardiamo avanti, distogliendo lo sguardo dagli alti e bassi che nel frattempo possono fare e disfare le fortune, il livello del franco sarà regolato a lungo termine non dalla speculazione o dalla bilancia commerciale, e nemmeno dall'esito dell'avventura della Ruhr, ma dalla proporzione del suo reddito da lavoro che il contribuente francese permetterà che gli venga sottratta per pagare i crediti del *rentier* francese. Il livello del cambio del franco continuerà a scendere fino a quando il valore merceologico dei franchi dovuti al *rentier* non sarà sceso a una proporzione del reddito nazionale conforme alle abitudini e alla mentalità del Paese".[39]

Forse non sarebbe falso generalizzare questo fatto per spiegare il fenomeno mondiale del deprezzamento della moneta nel corso dei secoli. Se guardiamo avanti, distogliendo lo sguardo dalle scoperte aleatorie dell'oro che possono creare e disfare fortune, e dalla crescita irregolare della conoscenza e dell'invenzione, il potere d'acquisto del denaro non è regolato a lungo termine né dalla scienza, né dalla finanza, né dal commercio, ma dalla proporzione del suo reddito guadagnato che il lavoratore permette che gli venga sottratto *dal rentier*. Continuerà a diminuire finché il valore merceologico del denaro dovuto al *rentier* non scenderà a quella percentuale del reddito nazionale che si accorda con le abitudini e la mentalità del mondo in crescita.

Come è stato mantenuto il valore aureo del denaro

In breve, dobbiamo notare la spiegazione ordinaria del metodo con cui in questo Paese, prima della guerra, il valore del denaro veniva mantenuto costante rispetto all'oro.

Il sistema monetario prima della guerra era basato sull'oro, nel senso che il denaro poteva sempre essere cambiato in monete d'oro su richiesta e queste, a un tasso definito e invariabile fissato dal Bank Charter Act, in lingotti d'oro per l'esportazione, per pagare qualsiasi saldo di beni importati da paesi stranieri rispetto a quelli esportati verso di essi.

Perché il commercio estero è in fondo necessariamente, in prima istanza, ancora baratto. Con il consolidarsi delle condizioni politiche e la crescita della fiducia reciproca, per garantire la circolazione del denaro non fu più necessario che questo fosse d'oro, e fu sufficiente il solo potere di chiedere oro in cambio. Così, anche se ancora largamente utilizzato nelle transazioni minori, il denaro metallico o *contante* fu

---

[39] J. M. Keynes, *Riforma monetaria*, 1923, p. 73.

relegato a una piccola parte di tutto ciò che oggi funziona come denaro nella comunità.

In una relazione alla Camera dei Comuni su questa crisi, nel 1857, uno dei principali banchieri dichiarò che, nella sua casa, i contanti entravano nelle transazioni di poco più del, e nel caso di altre banche solo dello 0,25%. Naturalmente nel commercio al dettaglio il contante è usato in misura molto maggiore che nel commercio all'ingrosso. [40]

Ma il potere del pubblico di richiedere l'oro - all'epoca l'unica moneta a corso legale per grandi quantità - e la necessità legale per il banchiere di fornirlo o di chiudere l'attività, facevano ricadere sul banchiere, e non sul governo, l'onere di verificare che l'oro nel paese fosse sufficiente.

La vasta sovrastruttura del credito bancario era impedita dal deprezzamento della moneta in termini di oro e poteva essere espansa solo alla velocità con cui la comunità aumentava la sua ricchezza virtuale (calcolata in termini di oro) grazie al seguente meccanismo che agisce automaticamente: se si creava troppa moneta in modo da far aumentare i prezzi, il potere di chiedere oro in cambio di denaro, sebbene normalmente inutile per il cittadino comune, era di grande importanza per chi era impegnato nel commercio estero. Sebbene il prezzo di ogni altra merce fosse aumentato, quello dell'oro non poteva farlo, essendo mantenuto costante per legge. Così il modo più economico per saldare i debiti con l'estero era quello di esportare l'equivalente in oro piuttosto che in altri beni. Ciò riduceva la quantità di oro a corso legale nel paese, cosicché il banchiere, per mantenere la solvibilità, doveva cancellare crediti per un ammontare molte volte superiore alla quantità di monete d'oro fuse ed esportate, e in tal modo ridurre i prezzi sul mercato interno per fermare la fuga dell'oro. Di conseguenza, divenne necessario per lui contrarre il credito. Cercò di indurre i suoi clienti a farlo volontariamente aumentando il tasso

---

[40] Per gli Stati Uniti le cifre fornite dal professor Fisher sono, per il 1896, 14% di denaro e 91% di assegni; per il 1909, 9% di denaro e 91% di assegni. Il denaro di credito sta crescendo rapidamente negli Stati Uniti, ma non ha ancora raggiunto la stessa posizione dominante che qui. (*Potere d'acquisto del denaro*, 1922, p. 318).

d'interesse bancario, *ma*, se questo non bastava, [41] richiamò arbitrariamente i prestiti già concessi. Ciò distruggeva la moneta in circolazione così come la concessione del credito in prima istanza l'aveva creata, e abbassando la quantità di moneta "alla fine " abbassava i prezzi in proporzione. A questo punto non dobbiamo fare altro che accennare al meccanismo del processo. Approfondire l'etica della questione e tracciare le perdite e i rischi arbitrari che essa impone a persone perfettamente innocenti e indifese, che fanno del loro meglio, secondo le loro possibilità, per servire i bisogni della comunità, ci porterebbe troppo lontano.

Ma non si deve concludere troppo frettolosamente, come spesso è stato fatto, che il libero mercato dell'oro a prezzo fisso, che questo Paese ha offerto al mondo, fosse una politica sbagliata, o che i commercianti stranieri agissero in modo antipatriottico nel prosciugare il Paese del suo oro nel momento del bisogno, facendo salire il tasso di interesse e condannando alla bancarotta e alla rovina coloro i cui prestiti sono stati richiesti. Il commerciante straniero è solo lo strumento inconsapevole per imporre una necessità spiacevole. [42]

Il commercio con l'estero è fondamentalmente un baratto e viene pagato in merci, a volte in titoli o crediti di ricchezza futura, mai in denaro, che è un diritto di ricchezza su richiesta valido solo nel paese di emissione. Per consentire a un commerciante di questo Paese di acquistare all'estero, i commercianti all'estero devono acquistare l'equivalente qui. Nel lungo periodo, se le transazioni non si equilibrano, è necessario inviare oro per sanare la differenza. In questa restrizione il commercio estero si differenzia dalla semplicità e dalla libertà della gestione domestica.

Così, allo stadio in cui siamo arrivati, i banchieri di una qualsiasi nazione si appropriavano di circa quattro quinti della ricchezza virtuale,

---

[41] E. Dick, in un recente lavoro, *The Interest Standard of Currency*, 1925, sostiene che l'aumento del tasso di interesse bancario aumenta piuttosto che diminuire la domanda di credito, e che la strada corretta è quella di abbassare il tasso per contrarre la moneta.

[42] L'aumento dei prezzi e il deflusso dell'oro si dimostrano in seguito la conseguenza fisicamente necessaria dell'emissione dei prestiti fittizi in prima istanza.

o della moneta del paese sotto il sistema, come debito fruttifero, ma non erano in grado di influenzare o deprezzare il valore *dell'oro* della moneta in modo permanente. Se la banca, in quanto organizzazione internazionale, abbia il potere di deprezzare il valore *reale* della moneta è una questione molto più difficile, che richiede più attenzione di quanta ne abbia ricevuta finora. Il meccanismo, infatti, si limita a mantenere approssimativamente simile il livello dei prezzi nei diversi paesi su base aurea. Non pretende di mantenere costanti i prezzi dei beni in termini di oro con il passare del tempo e, di fatto, li ha lasciati variare enormemente.

La posizione attuale

La moratoria dichiarata in questo Paese nel 1914, in realtà prima che fosse sparato un colpo nella Grande Guerra, ha dimostrato che l'attività bancaria è diventata così vitale per gli interessi della nazione che le banche possono fare appello al credito nazionale per salvare loro e i loro depositanti dalla rovina di fronte a qualsiasi grande emergenza. Il pubblico di allora non solo si accollò l'onere, ma perse il diritto di chiedere oro in cambio del proprio denaro e subì lo svilimento della moneta. Ora entrambe le restrizioni all'espansione del credito sono state rimosse. Le banche non devono temere una corsa alle riserve di denaro, né c'è alcuna regolazione automatica del valore aureo della moneta. Il fatto che la loro politica al momento sia quella di sgonfiare piuttosto che gonfiare la moneta non è un problema. Sono loro, e non il governo politico, a regolare realmente gli affari economici del Paese. Sono loro a fare i profitti e sono i contribuenti e i cittadini a sopportare le perdite del sistema.

Al momento in cui scriviamo (1925) la base aurea è stata in parte ripristinata, per quanto riguarda le transazioni con l'estero, anche se resta ancora da vedere se potrà essere mantenuta senza che venga meno la responsabilità per gran parte del debito nazionale, che risulta così enormemente ingigantito. Ma ora un commerciante può pagare in oro le merci acquistate all'estero, se lo desidera. Il sistema che regolava in questo Paese la quantità di moneta esistente è cessato nel 1914 e, qualunque cosa accada, è certo che non verrà ripristinato completamente.

L'argomento, per così dire, è attualmente sospeso nell'aria e tutti i libri di testo monetari sono diventati obsoleti e fuorvianti.

In questo campo è come se gli uomini avessero appena ammesso la possibilità che il giorno e la notte siano dovuti alla rotazione della terra sul proprio asse e non al sole che gira intorno alla terra e che, nonostante la sua manifesta empietà, possa, dopo tutto, esserci qualcosa nella nuova visione eliocentrica. In assenza di una vera analisi della natura fisica della ricchezza, e a causa della confusione universale, sia nell'economia popolare che in quella tecnica, tra ricchezza e debito, la teoria monetaria è stata finora tanto impressionistica quanto appare ora la teoria tolemaica dell'universo.

La variabilità dell'oro

Il professor Irving Fisher, tra gli economisti ortodossi, è stato il primo a richiamare l'attenzione sui mali di uno standard monetario variabile e ha fatto molto per far riconoscere l'importanza della questione. Ma tra gli eterodossi, Silvio Gesell sul continente e Arthur Kitson[43] nel nostro Paese sono stati come voci che gridano nel deserto, anni prima che altri ne comprendessero l'interesse vitale. Quelli che seguono sono estratti da una conferenza tenuta dal professor Fisher nel 1924 davanti alla Boston Ethical Society.[44] Parlando degli Stati Uniti, egli dice:

"Esaminiamo i dati relativi al 1860 in questo Paese. Se prendiamo il 1860, prima della Guerra Civile, troviamo il potere d'acquisto più o meno uguale a quello del 1913, prima della Grande Guerra. Possiamo chiamare il livello del 1860 o del 1913 "livello prebellico" e considerarlo per comodità come normale. Il dollaro allora era, per così dire, un dollaro. In termini di questo dollaro prebellico possiamo misurare il dollaro in qualsiasi altro momento.

---

[43] Confronta *A Scientific Solution of the Money Question*, 1894, Arena Co., Boston, U.S.A.; *A Fraudulent Standard*, 1917; *Trade Fallacies; Unemployment*, 1921, e altre opere di Arthur Kitson; e di Silvio Gesell, *Aktire Währungspolitsk*, 1908, e *Die Natürliche Wirtschaftsordnung durch Freiland Freigeld*.

[44] *Etica nel sistema monetario*, "The Standard", pubblicato dall'Unione Etica Americana, gennaio 1925, p. 145.

"Passando alla guerra civile, dal 1860 al 1865, scopriamo che valeva solo 40 centesimi anteriori alla guerra. Da quel momento in poi cominciò ad apprezzarsi, prima molto rapidamente e poi più lentamente, fino a raggiungere il suo massimo nel 1896, quando valeva 152 centesimi prebellici. Dal 1896 al 1913 il dollaro passò da 152 centesimi anteguerra a 100, ovvero alla "normalità". Dal 1913 continuò a scendere da 100 centesimi prebellici fino a tornare a 40 nel maggio 1920. Poi ci fu una deflazione e un aumento del valore del dollaro. Così il dollaro cambiò di nuovo da 40 fino a raggiungere i 72 centesimi prebellici nel gennaio 1922. Da allora è stato più stabile di quanto non lo sia stato per molti anni, eppure ha ballato un po' di settimana in settimana... Il nostro dollaro instabile ha fatto gola alle tasche degli obbligazionisti... La portata di questa sottile rapina è prodigiosa.

"Il professor W.I. King, uno dei migliori statistici che io conosca, intervenendo a favore di una proposta di legge su questo tema al Congresso un anno fa o giù di lì, ha detto che, per quanto potesse fare i conti, negli Stati Uniti c'è stata una sorta di prelievo di quaranta miliardi di dollari durante l'ultima mezza dozzina d'anni

"Quando, finalmente, stabilizzeremo davvero il dollaro, come ora stabilizziamo ogni altra misura, per contribuire a rendere onesti gli affari, avremo fatto un grande passo avanti nella salvaguardia e nel miglioramento dell'etica commerciale".

Nel suo libro *Il potere d'acquisto del denaro* (1911), afferma che il potere d'acquisto del denaro mille anni fa era cinque volte, e dal 1200 al 1500 d.C. due o tre volte, quello che era nel 1911. Nell'ultimo secolo prima della guerra ci sono stati cinque periodi ben definiti in tutti i Paesi, per quanto riguarda la variazione del potere d'acquisto dell'oro. Nei quarant'anni tra il 1809 e il 1849 i prezzi sono diminuiti in rapporto di 5 a 2.

I mali di uno standard variabile

Dopo le amare esperienze degli ultimi anni, poche persone possono rimanere ignare della palese ingiustizia di uno standard monetario variabile. I principi etici alla base dell'istituzione monetaria fanno appello in modo intuitivo al senso comune dell'umanità. Così come ammettiamo, senza discutere, che l'uso di pesi e misure falsi è indifendibile in qualsiasi circostanza, e che i nostri standard dovrebbero essere invariabili e al di là della possibilità di essere manomessi, così lo stesso principio dovrebbe essere indiscutibilmente ammesso per quanto riguarda il valore del denaro. Una variazione del valore del denaro, in termini di ricchezza, deruba arbitrariamente una classe della comunità a vantaggio di altre. In tali questioni le persone sono inclini "ad aggravare i peccati a cui sono inclini danneggiando quelli a cui non hanno intenzione di farlo". Una diminuzione del valore del denaro, o un aumento del livello generale dei prezzi, defraudano coloro che percepiscono salari, stipendi e redditi di importo monetario fisso e avvantaggiano coloro che vivono di compravendita. Alleggerisce l'indebitamento pregresso della comunità e, se la vecchia moneta diventa priva di valore, come è accaduto in Russia, Austria e Germania, lo cancella. Così un uomo può svegliarsi e rendersi conto che i suoi risparmi di una vita non valgono un soldo, e che una bottiglia vuota vale ora più del denaro ricevuto in precedenza dalla vendita della vigna. Né il crollo dei prezzi e l'aumento del valore del denaro rispetto alla ricchezza sono meno disastrosi. Si abbatte su un altro gruppo di persone, mettendo fuori gioco il commerciante, l'industriale e i loro salariati. Non possiamo fare un passo avanti in questo campo se non riusciamo a concepire un sistema monetario in cui il denaro non venga emesso né per usura né in risposta a pressioni politiche da parte di questo o quell'interesse particolare, ma dalla nazione solo e liberamente per mantenere il suo valore in relazione alla ricchezza il più possibile costante di secolo in secolo. Qualsiasi ideale al di fuori di questo è semplicemente accettare la definizione di economia politica di Stephen Leacock, che insegna che non sappiamo nulla delle leggi della ricchezza.

I mali di una carenza di valuta

È straordinariamente difficile, ma allo stesso tempo essenziale, comprendere i reali fattori ultimi che, nel periodo che va dalla legge sulla Carta della Banca del 1844 all'emissione delle banconote del Tesoro nazionale nel 1914, limitarono realmente l'espansione della moneta e con essa la prosperità del Paese e il suo tasso di produzione di ricchezza consumabile. Il fatto che le forze in gioco non fossero nemmeno lontanamente comprese è dimostrato dall'alternarsi di una sequenza periodica di boom e crolli commerciali, chiamata ciclo commerciale, che, come il tempo, era considerata completamente al di là dell'ingegno dell'uomo.

Può essere utile cercare di capire quale sarebbe stato il risultato se il denaro di credito non avesse sostituito in larga misura i metalli preziosi come moneta e se questi ultimi fossero rimasti l'unico mezzo di scambio. Secondo l'opinione corrente, i prezzi avrebbero avuto la tendenza a diminuire notevolmente man mano che i nuovi poteri di produzione superavano - non, come si dice di solito, il tasso di conquista dell'oro, ma l'insieme dell'oro esistente. Gli economisti hanno commesso molti errori di questo tipo non riuscendo a distinguere chiaramente tra le due categorie di ricchezza - permanente e deperibile - su cui si è già insistito, ma questo punto verrà ripreso più avanti.

Essendo l'estrazione dell'oro e dell'argento essenzialmente molto speculativa e dipendente da scoperte casuali, passa necessariamente molto tempo prima che la domanda di metalli preziosi possa aumentare di molto la quantità aggregata disponibile per la moneta. Tuttavia, il loro uso come beni di consumo, per i gioielli e per gli accumuli, consente di aumentare la valuta da queste fonti, se il loro valore o potere d'acquisto aumenta in misura tale da indurre le persone a rinunciare ai loro ornamenti e a spendere i loro accumuli. La triplice funzione dei metalli preziosi come monete, gioielli e riserve è responsabile di gran parte della complicazione dell'argomento.

Se i prezzi dei beni aumentano in termini di oro, una data quantità d'oro, sebbene la sua vincita consumi la stessa ricchezza, come il cibo, ecc. *Al contrario*, un calo dei prezzi stimola l'estrazione dell'oro.

Un esempio pratico dell'effetto, anche se non della causa, si è visto durante la guerra, che, pur avendo stimolato enormemente la domanda di oro per l'espansione della moneta, ha reso relativamente poco redditizia l'estrazione dell'oro! La domanda fu infatti soddisfatta dalla parziale demonetizzazione dell'oro e dalla creazione di una cartamoneta inconvertibile. Questo fece aumentare i prezzi e rese l'estrazione dell'oro non redditizia, esattamente come se l'oro fosse stato realmente vinto.

Tornando al probabile corso degli eventi, se non fosse stata inventata la moneta a credito, alla fine senza dubbio la caduta dei prezzi sarebbe stata frenata. Un numero maggiore di e una proporzione maggiore di energie mondiali sarebbero state dirottate verso il compito finanziariamente redditizio, ma socialmente sterile, di accumulare oro e argento per la moneta, fino a quando non se ne fosse accumulata una quantità sufficiente per distribuire il crescente reddito della ricchezza senza un'ulteriore caduta del livello dei prezzi. L'effetto dei grandi miglioramenti nella conoscenza dell'estrazione dell'oro dovuti alle scoperte scientifiche, a cui si accennerà in seguito, sarebbe andato nella stessa direzione.

Certo, ci sarebbero stati mali e molto grandi e penosi. L'attuale corso degli eventi storici, quando successive ondate di prosperità commerciale sono derivate da ciascuna delle principali scoperte aurifere del secolo scorso, dimostra che, anche con l'uso crescente della moneta a credito, questi mali non sono stati del tutto evitati. L'usura sarebbe salita a tassi del tutto estorsivi, anche se probabilmente il tributo prelevato sarebbe stato insignificante rispetto a quello estorto oggi con un sistema monetario pervertito a tal fine. In generale, tutti i debiti si sarebbero rivalutati in termini reali, mentre i prezzi del denaro scendevano. La mano morta del passato sarebbe stata pesante per la terra.

Riduzione della produzione piuttosto che dei prezzi

Ma i mali veramente vitali della scarsità di moneta sono dovuti alla riduzione della produzione piuttosto che dei prezzi. La teoria della quantità di moneta[45] funziona benissimo *in un modo*.

L'aumento della quantità di denaro aumenta temporaneamente, ma non fa alcuna differenza duratura, la ricchezza virtuale aggregata, e i prezzi aumentano molto rapidamente in proporzione all'aumento. Ciò che alcuni guadagnano, altri perdono. Ma una diminuzione della quantità di denaro è in grado di diminuire la ricchezza virtuale in proporzione in modo molto più duraturo, lasciando i prezzi invariati e la produzione ridotta attraverso la rovina di coloro che sono impegnati nell'impresa.

Si tratta di una perdita di vite umane, non come nel primo caso di una semplice redistribuzione della ricchezza, e si riflette in una riduzione molto più permanente della ricchezza virtuale.

---

[45] Per un'esposizione della teoria quantitativa della moneta si veda Irving Fisher *The Purchasing Power of Money*.

Mentre un eccesso di denaro è un incentivo alla vendita, un deficit è un ostacolo fatale. Per i venditori, il cui mestiere è vendere ricchezza in cambio di denaro, il denaro è la considerazione principale. Per l'acquirente e il consumatore lo è la ricchezza. Il consumatore è esposto a una maggiore concorrenza con gli altri, dovuta all'aumento della quantità di denaro, ed è impotente a resistere a un aumento del prezzo. Ma nessuno in sé, che abbia prodotto o fatto produrre ricchezza per la vendita e che abbia sostenuto, per un periodo di tempo passato, gli oneri legati alla produzione, è disposto a venderla in perdita per soddisfare la teoria della quantità di denaro. Se i suoi concorrenti tentassero di farlo, difficilmente potrebbero competere a lungo. Il risultato è che con meno denaro si acquistano meno beni allo stesso prezzo, non che gli stessi beni vengono acquistati a un prezzo ridotto. Oppure, nel caso in esame , l'opportunità di aumentare la produzione con nuove invenzioni rimane a lungo non sfruttata e, con l'aumento dei poteri produttivi, la produzione di ricchezza, come avviene ora in questo Paese, ristagna. [46]

Per un periodo di inflazione (il denaro aumenta rispetto al reddito della ricchezza) la teoria quantitativa è una guida approssimativa ai fatti. Mentre per un periodo di deflazione (il denaro diminuisce rispetto al reddito della ricchezza) la vecchia teoria mercantile, o delle merci, che considera il denaro come una merce o un articolo di valore, essendo questa la concezione del denaro da parte del venditore, è una guida migliore. Se può essere di conforto ai sostenitori della prima teoria, si può facilmente ammettere che, senza dubbio, funzionerebbe se non avesse la sfortunata conseguenza di rovinare coloro che sono impegnati nell'impresa - sia il lavoro che il capitale - e, alla fine, nel senso di Keynes, "dopo che saremo tutti morti", senza dubbio dovrà funzionare.

Cosa resta del valore dello standard di valore?

Da queste considerazioni possiamo iniziare a comprendere non solo lo straordinario fascino che l'oro ha esercitato fin dai tempi più remoti sulla mente umana e la persistenza del culto del vitello d'oro

---

[46] Per un'esposizione molto chiara della questione, si veda John Strachey, *Revolution by Reason, 1925.*

implicito, anche se non riconosciuto, nel pensiero contemporaneo, ma anche la straordinaria influenza che alcuni dei più profondi studiosi di storia non hanno esitato ad attribuire all'abbondanza e alla scarsità dei metalli preziosi. Allo stesso modo, possiamo considerare un guadagno permanente non indifferente per l'umanità il fatto che l'esperienza della Grande Guerra abbia gettato nuova luce e spiegato, almeno in parte, alcune di queste profonde influenze.

Torniamo a un fatto molto curioso: la guerra produsse una grande domanda di moneta e rese temporaneamente non redditizia l'estrazione dell'oro, perché i sostituti cartacei fecero aumentare i prezzi proprio come se la stessa quantità d'oro fosse stata realmente conquistata. Se il prezzo dell'oro non fosse stato fissato arbitrariamente più alto di quello stabilito dal Bank Charter Act, anche se ancora molto più basso rispetto a quello dei beni in generale, probabilmente poche miniere sarebbero state in grado di continuare a lavorare. Ora, lo stesso fattore deve aver operato, in modo graduale ma continuo, da quando la moneta ha iniziato a essere espansa con il denaro a credito, riducendo artificialmente il valore relativo dello standard che siamo abituati a considerare invariabile. Non solo dobbiamo considerare che le grandi conquiste tecniche nell'estrazione dell'oro - cianurazione, dragaggio e l'aumento generale della potenza e dell'efficienza degli impianti minerari - operano sullo standard di valore esattamente nella stessa direzione, anche se non necessariamente allo stesso ritmo, di ogni altro tipo di ricchezza fisica, aumentando la quantità prodotta a fronte di un determinato dispendio di energie umane, ma, in aggiunta a ciò, stiamo fornendo per uno dei principali usi dei metalli preziosi un sostituto senza costi, e rimuovendo dallo standard di valore una delle principali ragioni del suo valore. La crescita delle banche ne sta eliminando un'altra: la pratica della tesaurizzazione.

Per il resto, i denti d'oro e persino i tappi d'oro sono passati di moda da tempo. L'aumento generale dell'istruzione ha reso e sta rendendo l'ornamento personale con catene e anelli d'oro massicci una reliquia troppo evidente della barbarie. Il desiderio moderno di evitare ogni ostentazione, e allo stesso tempo di concedersi il massimo delle spese, sta portando alla sostituzione dell'oro, anche per gli anelli nuziali, con il platino, un metallo che assomiglia all'argento e costa cinque volte più dell'oro - con grande disgusto dei chimici che, a prescindere dal costo, devono avere il platino, e guardano con rammarico al giorno in cui era molto meno prezioso dell'oro. Cosa resta dunque del valore dello standard di valore?

È chiaro che una moneta a base d'oro al giorno d'oggi deve essere una moneta che si svaluta rapidamente. Nella corsa tra la scienza, da un lato, e la finanza, l'istruzione e la moda, dall'altro - l'una che rende meno costoso il costo di produzione di tutta la ricchezza in generale e l'altra lo standard di valore monetario in particolare - l'altalena di prezzi che ha caratterizzato il secolo scorso sarà probabilmente sostituita in futuro da un rapido e continuo aumento dei prezzi dell'oro. Infatti, ancora oggi, se l'oro affluito in America durante la guerra fosse lasciato libero invece di essere incatenato, i risultati in questa direzione sarebbero probabilmente devastanti. Si tratta di una situazione temporanea, con prospettive per il futuro.

L'oro come stimolo della civiltà

Esaminiamo, da un punto di vista più generale, l'effetto dell'oro nella storia passata. Se non troviamo in esso esattamente la causa del progresso umano, dobbiamo ammettere che deve essere stato un potente stimolo. La civiltà non si è mai chiesta che cosa si sia prefissa esattamente adottando come standard di valore, riserva di valore e mezzo di scambio il metallo oro. Tutte le qualità convenzionali che dovrebbero rendere il metallo ideale per il denaro sono, in realtà, fatali per il suo utilizzo. Considerate innanzitutto la sua permanenza e impermeabilità. Gli uomini possono andare e venire, ma l'oro continua ad accumularsi per sempre. La quantità di oro esistente è il fattore fisico che regola la quantità totale di denaro esistente, tanto in una moneta basata sull'oro quanto nel passato, e questa quantità è l'integrale di tutti gli incrementi di oro apportati nel corso della storia dell'umanità. In verità, l'oro non è imperituro, poiché subisce l'abrasione dell'uso, ma lo è a tal punto che il suo periodo di vita media è superiore a quello di quasi tutte le altre forme di ricchezza permanente.

Il valore del denaro è dato dalla ricchezza virtuale divisa per la quantità totale di denaro, per cui i semi del continuo deprezzamento sono insiti nella scelta dell'oro.

Se stereotipassimo l'attuale scala di ricchezza virtuale e la prosperità materiale che essa implica, l'incremento della quantità d'oro continuerebbe ad andare avanti e, anche in presenza di un reddito di ricchezza in diminuzione, la quantità d'oro esistente continuerebbe ad aumentare finché si tratta di denaro.

La società, in effetti, dice ai suoi lavoratori: "Che vogliamo più oro o meno, tuttavia se portate oro, anche quando ciò di cui abbiamo realmente bisogno è il cibo, potete avere la scelta del mercato per questo". La perdita non ricade su di voi, ma sull'intera comunità, anche se se avete contribuito con carrozze o mulini a vento nessuno ve li toglierà di mano. Così, anche in un periodo di diminuzione delle entrate, quando, se non si vuole che il denaro si svaluti in potere d'acquisto, una parte delle scorte dovrebbe essere di nuovo sepolta nella terra o affondata in mare, l'accumulo di oro continua.

In termini matematici, la società, adottando l'oro come misura del valore e mezzo di scambio, cerca di mantenere un coefficiente differenziale proporzionale al proprio integrale, perché deve far sì che l'incremento proporzionale del suo reddito di ricchezza sia sempre pari all'incremento proporzionale della sua quantità aggregata di oro.

Esiste una funzione matematica per la quale questo è vero, ed è la funzione esponenziale.[47] È la funzione che regola le vertiginose virtù dell'interesse composto.

Vivendo in un'epoca di espansione relativamente repentina del potere produttivo, il compito può essere inizialmente facile. Ma su lunghi periodi la questione è ben diversa. Non si tratta di mantenere un determinato livello di produzione, ma di mantenere indefinitamente il tasso proporzionale di aumento della produzione. Alla fine, quando questo diventa fisicamente impossibile, la moneta deve subire un deprezzamento.

In questo possiamo forse trovare una giustificazione fisica per l'esistenza di un interesse su un debito monetario, distinto dal pagamento di un affitto per l'uso degli organi di produzione nella produzione. Durante la guerra, quando le valute venivano rapidamente svilite, gli astuti scoprirono che era conveniente prendere a prestito, prendere a prestito e prendere a prestito, indipendentemente dal tasso di interesse. Infatti, quando i prestiti dovevano essere rimborsati, il capitale e gli interessi valevano, in termini di merci, meno di quanto valeva il capitale originale quando era stato preso in prestito. Ma abbiamo visto che la continua accumulazione di metalli preziosi deve essere un fattore di deprezzamento del valore della moneta,

---

[47] $\int (ax)\, \partial x = (1/a)\, ax$.

assolutamente indipendente da ogni altra considerazione, cosicché per ripagare un debito di 1 sterlina prestato in passato occorre oggi più di 1 sterlina, o considerando 1 sterlina come la ricchezza ottenibile per 1 sterlina originaria, per acquistarla oggi occorre più di 1 sterlina.

Le altre ragioni per cui l'oro non è adatto come moneta si addentrano in una questione che finora abbiamo evitato di discutere. Ma, intanto, possiamo considerare come un dato di fatto l'esperienza, senza ancora tentare una spiegazione, che un aumento della quantità di denaro è un grande stimolo all'impresa produttiva.

Non solo durante la guerra, ma anche dopo le scoperte aurifere del secolo scorso, il commercio fiorì notevolmente e ne derivò una generale prosperità. Ora questa prosperità stimola direttamente la domanda di lusso di oro per gioielli e ornamenti e, nei Paesi - ancora la maggioranza - privi di un sistema bancario altamente sviluppato, per il risparmio. Così il denaro tende a scomparire di nuovo, lo stimolo dovuto all'abbondanza di denaro subisce una battuta d'arresto e segue un periodo di depressione. Poi queste riserve e questi depositi, prima di essere tolti dalla circolazione, tendono a riapparire e contribuiscono nuovamente a inaugurare un boom.

Il ciclo commerciale, almeno in parte, deve essere dovuto all'uso di un metallo come base della moneta, che viene gradualmente ritirato quando l'industria si espande e ritorna quando si contrae, esattamente l'opposto di ciò che è richiesto a una moneta. Anche la facilità con cui i metalli preziosi possono essere fusi senza subire perdite e convertiti da moneta a merce e viceversa un numero innumerevole di volte a costi irrisori, che si ritiene li renda particolarmente adatti al conio, è un difetto fatale. Proprio quando il sistema industriale è stato faticosamente messo a punto per raggiungere un livello di produzione più elevato, il mezzo di scambio si trasforma in un articolo di lusso, e con esso se ne va l'ondata di prosperità.

L'oro ora è uno standard fraudolento

Riassumendo, possiamo dire che con una moneta d'oro in un'epoca di espansione ci un lungo periodo di carenza di moneta, con conseguente dislocazione dell'apparato economico della società. Ma le cause che espandono la produzione agiscono nella stessa direzione, anche se non necessariamente allo stesso ritmo e nella stessa misura, sull'oro. In questo modo, lo standard di valore tende a essere influenzato nello stesso modo in cui i beni che misura, e i prezzi dell'oro tendono a tornare nel tempo al loro livello precedente.

Con una moneta basata sull'oro, la moneta si adatterà molto più rapidamente all'espansione. Lo sforzo umano precedentemente impiegato per accumulare l'oro da coniare viene risparmiato, ma con i sistemi esistenti il risparmio non va a beneficio della comunità nel suo complesso, bensì del banchiere. Finché si manterrà la convertibilità con l'oro, anche le banche internazionali potranno svilire il valore *aureo* della moneta solo in una certa misura.

Si consideri il caso di un'inflazione uniforme in tutti i paesi allo stesso livello e nello stesso momento. In questo caso non c'è alcuna tendenza a far fluire l'oro da un paese all'altro, come nel caso di un'inflazione in un paese rispetto a un altro. Ma l'oro, man mano che la domanda di merci lo assorbe, scompare del tutto dalla moneta, perché il denaro acquisterà dall'oro più del suo valore in termini di altri beni e più oro di quello che si potrebbe ottenere spendendo la stessa somma nell'estrazione dell'oro. La moneta viene quindi tesaurizzata o fusa e utilizzata nelle arti, e col tempo scomparirebbe del tutto dalla circolazione con lo svilimento della moneta, anche se all'inizio l'effetto sarebbe quello di rendere meno conveniente l'oro come merce e come standard di valore.

Ma con l'uso della moneta di credito, basata su una piccola percentuale di oro, la quantità di denaro diventa soggetta a variazioni molto più ampie e violente di prima, e il valore di scambio dell'oro in termini di merci oscilla. Le cause che sono insite nell'uso dell'oro come articolo di lusso e mezzo di scambio si ingigantiscono notevolmente, producendo il ciclo del commercio.

L'uso crescente del credito bancario e della carta priva l'oro di uno dei suoi usi principali e, dopo le oscillazioni del secolo scorso, possiamo aspettarci un livello di prezzo dell'oro in continuo aumento. Così, dopo aver reso l'oro in gran parte obsoleto, l'espediente di renderlo convertibile in moneta su richiesta ha cessato di essere efficace contro il suo continuo deprezzamento ed è già diventato ingannevole.

Di qui la crescente necessità di stabilizzare la moneta senza alcun riferimento all'oro e di ridurre quest'ultimo al livello di una merce, eventualmente onorandolo nel frattempo come moneta internazionale al suo valore di mercato, per ripianare l'indebitamento internazionale, in base a una convenzione equa concordata dalla Società delle Nazioni.

Salari reali e salari giusti

Prima di intraprendere questa indagine, è opportuno sottolineare che siamo quanto mai lontani da qualsiasi Standard o Misura di Valore Assoluta, e può essere istruttivo ribadire in forma nuova alcuni dei punti precedenti. Gli economisti, dopo aver preso in considerazione la variabilità del valore di scambio dell'oro e averla corretta - per mezzo di numeri indice, che consentono di ridurre i prezzi del denaro a qualche precedente livello di prezzo preso come standard di riferimento - arrivano a quello che chiamano il valore *reale* dei redditi, dei salari e simili; vale a dire, valori del tutto indipendenti dai totali monetari in cui sono espressi, ma che rappresentano la *quantità* di beni in generale che questi redditi, salari, ecc. compreranno. Ma i valori *reali*, pur essendo sufficientemente reali nel rappresentare *quantità* definite di beni acquistabili e sufficienti per l'economia come scienza dello scambio o del commercio, non sono affatto misure delle ore-uomo *impiegate* nella loro produzione. Se l'efficienza dei processi di produzione non cambiasse, o se la civiltà fosse stagnante, allora lo sarebbero - infatti, il loro uso tende a stabilizzare i salari e i redditi e i consumi che essi rappresentano, cosicché abbiamo l'interminabile discussione, a cui si è già accennato, se il lavoratore di oggi stia economicamente meglio, almeno altrettanto bene o solo leggermente peggio del suo predecessore in epoche prescientifiche!

Ora, se consideriamo il debito e il suo rimborso, una moneta stabilizzata in modo da mantenere costante il livello dei prezzi dei beni in generale risolve il problema - cioè, il commercio sarebbe liberato da tutte le forme di furto legalmente non riconosciute che sono associate a una variazione dello standard del valore monetario, che sono della stessa natura di quelle che risulterebbero da pesi e misure fraudolenti. Gli uomini d'affari e altri potrebbero stipulare contratti senza temere di essere presi in trappola dalle variazioni del livello generale dei prezzi dovute alla manipolazione monetaria. Ma se stiamo considerando la ricompensa del lavoro e il diritto di un lavoratore al prodotto del suo lavoro, chiaramente dobbiamo prendere in considerazione non solo le quantità di beni con cui viene remunerato, ma anche ciò che produce. Il suo salario *reale*, nel senso usato in economia, deve essere espresso *in relazione* a ciò che produce per arrivare al suo *giusto* salario.

Il fatto che possa essere difficile valutare questo aspetto, o risolvere il problema della ricompensa del lavoro presente e passato, non influisce minimamente sulla questione del diritto del lavoratore a un giusto salario o sulla certezza che, con l'aumento della conoscenza e del potere, non si fermerà finché non l'avrà ottenuto. L'economia è, o dovrebbe essere, uno studio molto più ampio e importante del commercio. Chi nega che debba occuparsi di altro può risparmiarsi la fatica di pensare, ma non aggiunge nulla alla dignità dell'argomento.

CAPITOLO IX

UN SISTEMA MONETARIO NAZIONALE

L'importanza sociale dello studio del denaro

Dal punto di vista della società, lo studio del denaro è, nel suo significato sociale e nel suo effetto sul benessere umano, tanto edificante e nobilitante quanto, dal punto di vista individuale, rischia di essere egoista e degradante. Il gergo tecnico del mercato lo fa apparire come un argomento repellente e può essere reso più arido e noioso persino di un trattato matematico sulla termodinamica. In effetti, la sua assoluta novità per la maggior parte delle persone e i loro preconcetti, derivati dall'indebito assorbimento della sua acquisizione individuale, lo rendono un argomento difficile, tanto più che interessi acquisiti molto potenti dipendono per la loro esistenza dal fatto che il pubblico sia tenuto all'oscuro dei suoi misteri. Chi si cimenta in questo studio spesso all'inizio sopravvaluta l'importanza diretta del denaro nell'economia sociale - la sua importanza indiretta difficilmente potrebbe essere sopravvalutata - e gli "uomini del denaro non sano" sono sempre stati una speciale *bête noire* per l'economista ortodosso, anche se difficilmente potrebbe esistere qualcosa di più fondamentalmente non sano dei moderni sistemi monetari, i cui principi non sono mai stati messi seriamente in discussione dagli economisti. È essenziale avere una chiara concezione fisica del denaro e della finanza, in quanto tali, per poter comprendere il loro più importante impatto indiretto sui problemi, ancora da risolvere, dell'espansione industriale senza le sgradite concomitanze della disoccupazione e del ciclo commerciale. Per coloro che si sono addentrati più profondamente nello studio della storia umana è impossibile esagerare l'importanza dell'istituzione del denaro. Come ha detto Delmar[48] "È uno studio che nessuno può permettersi di affrontare con imprudenza o lasciare con compiacimento".

Tra l'elenco dei maestri che egli cita e che si sono cimentati nel suo studio in passato, è incoraggiante per un uomo di scienza leggere i nomi di Newton, Copernico e Tycho Brahe. Ciò indica che gli uomini di scienza del passato non hanno sempre interpretato la loro funzione in modo così ristretto come si usa fare oggi, né sono stati così pronti a lasciare ad altri l'applicazione del loro lavoro alla vita quotidiana del mondo.

"Inascoltata, non vista, non sentita, ha il potere di distribuire i pesi, le gratificazioni e le opportunità della vita in modo che ogni individuo goda della parte di essi a cui i suoi meriti o la sua fortuna gli danno diritto, o, al contrario, di dispensarli con una mano così parziale da violare ogni principio di giustizia e perpetuare una successione di schiavitù sociali fino alla fine dei tempi".[49]

Anche in questo caso, difficilmente si potrebbe descrivere meglio "l'Europa dopo venti secoli di cristianità" che con questo passo di Ferraro:

"La democrazia imperiale che teneva sotto il suo dominio un mondo, dai senatori che portavano nomi storici fino al più umile coltivatore del suolo, da Giulio Cesare fino al più piccolo negoziante di una strada secondaria di Roma, era alla mercé di un piccolo gruppo di usurai".[50]

Sir Archibald Allison fa risalire la caduta dell'Impero romano al declino delle miniere d'oro e d'argento di Spagna e Grecia, e il Rinascimento alla scoperta delle miniere del Messico e del Perù. Mentre è quasi nella memoria degli uomini viventi come le successive scoperte dell'oro in California, Australia e Sudafrica abbiano dato il via a un'ondata di prosperità economica. Ancora più recente ed eclatante è

---

[48] *Storia dei sistemi monetari.*

[49] Delmar, loc. cit.

[50] Ferraro, *Grandezza e declino dell'Impero romano*, VI, 223.

l'esperienza della Grande Guerra, quando, a parte la distruzione di vite e proprietà e gli effetti del blocco sulle Potenze Centrali, si è registrato un grado di prosperità economica e di abolizione della criminalità e della povertà nei Paesi belligeranti sconosciuto in tempo di pace.

Abbiamo visto che nei tempi moderni la natura del denaro ha subito un cambiamento fondamentale. Non solo è ora un semplice segno del debito della comunità nei confronti del singolo proprietario, ma è creato non dall'autorità nazionale, ma da istituzioni private per il prestito a interesse. È quindi essenziale tornare ai principi iniziali nel considerarlo. Dobbiamo stare attenti a non trasportare in modo incontrastato nell'era moderna le precedenti opinioni sul potere malefico del denaro e la stigmatizzazione dell'usura che derivano dall'antichità e dal medioevo, quando il denaro era un'istituzione completamente diversa.

Analisi dell'usura

Nel suo significato originario, l'usura indicava semplicemente l'interesse su un prestito di denaro, mentre oggi è diventato un termine di biasimo, riferito piuttosto a interessi eccessivi ed estorsivi, che aumentano in proporzione all'incapacità del debitore di ripagare.

La menzione di questa forma di usura spicciola, così come esiste nel mondo sotterraneo delle grandi città e tra le popolazioni brulicanti dell'India, evoca forse nella mente il ricordo di testimonianze di terrore e angoscia umana che non ci si sarebbe mai aspettati di incontrare al di là della dimora dei dannati, e fa nascere un sentimento di disgusto fisico come di qualcosa all'opera, macabro e disumano, che si nutre, se non è responsabile, dell'estremità della miseria.

Mentre, all'altro polo, l'interesse su un prestito di denaro ai forti e agli avventurosi, per consentire loro di sviluppare le risorse della terra e di scalare posizioni di influenza e di potere all'interno dello Stato, al giorno d'oggi ha occasionalmente sostituito persino la scala offerta in tempi passati dalla Chiesa ai figli dotati dei poveri, ed è stato dotato non solo di rispettabilità, ma persino di un odore di santità.

Sia nel mondo antico che in quello medievale esistono prove innegabili dei mali dell'usura. Abbiamo citato il sorprendente passo di Ferraro sul suo potere nell'antica Roma. All'inizio la Chiesa cristiana la condannò universalmente. In effetti, nella Chiesa cattolica romana il divieto di usura è stato rimosso solo in tempi recenti.

Ma ci sono pochi dubbi sul fatto che questi mali non derivino tanto dalla pratica del prestito di denaro in sé, quanto dalla relativa facilità con cui si può monopolizzare la moneta metallica. Un periodo di grande espansione imperiale, come quello di Roma, della Spagna e del mondo occidentale moderno, richiede un aumento della moneta. Ma non sembra che nessuno si occupi di fornirla. Il mondo può essere assetato d'oro, il cui reperimento è, nella migliore delle ipotesi, un'impresa lunga e rischiosa, e contro i reali interessi di chi ha oro da spendere nella ricerca. Infatti, se ci sono molti mutuatari e pochi prestatori, il tasso di interesse aumenta proprio come il prezzo di una merce se ci sono molti compratori e pochi venditori. Il male dell'interesse sul denaro non è difficile da capire con il denaro fatto di materiali naturalmente molto scarsi. "Indebitate il vostro uomo per ciò che non ha e non può avere, e potrete togliergli la pelle", è un aforisma finanziario che indica a sufficienza non solo la causa dei mali dell'usura, ma anche quelli del potere monetario in generale. Se si rendono i debiti rimborsabili in ricchezza, che la gente non ha, ma può produrre, si colpisce il cuore di entrambi i mali.

Con la cartamoneta la questione, come quella della "tesaurizzazione", è completamente diversa. Una nazione che stampasse ed emettesse la propria moneta secondo le necessità d'uso sarebbe assolutamente libera dagli *auri sacra fames* dovuti al monopolio dei metalli di conio e dalla causa dei principali mali del denaro così come sono sorti in passato. Potrebbe regolare l'usura, assolutamente all'interno del suo giudizio, come richiesto dagli interessi nazionali, attraverso il suo controllo sull'emissione di moneta. In un'epoca di abbondante produttività dovuta alla scienza, poteva, se voleva, ripagare, o almeno riscattare, i suoi debiti, né in oro né in "libbre di carne", ma *mirabile dictu* in ricchezza in generale. Se pensasse in termini reali di ricchezza e non di denaro, non vedrebbe l'esatto senso di pagare ai suoi creditori interessi perenni per non averli ripagati, anche se, come vedremo, una società individualista[51] può riscattare i debiti solo imponendo tasse sulla ricchezza generale della comunità.

---

[51] Una società individualista non possiede beni che producono reddito e ricava le proprie entrate esclusivamente dalla tassazione.

Prestiti di denaro autentici e fittizi

Nel Capitolo VII è stato necessario, a rischio di stancare il lettore, approfondire con grande minuzia il passaggio dalla vecchia moneta metallica nazionale alla moderna moneta creata dal prestito. Perché la vera accusa contro il sistema moderno non è tanto quella di aver causato un enorme aumento della pratica di condurre l'industria con denaro preso a prestito, quanto il fatto che i prestiti bancari non sono veri e propri prestiti di denaro, ma sono del tutto fittizi, in quanto nessuno rinuncia al denaro *prestato*, che è nuovo denaro creato a tale scopo.

Il proprietario del denaro ha il diritto morale e legale di spendere o prestare o accumulare, ma se spende o presta è chiaro che rinuncia al denaro speso o prestato. Nel caso del *denaro contante* è il prestatore a doverlo fare. Anche un deposito bancario si distingue tecnicamente in conto corrente o conto deposito. Con il primo, il proprietario non ha rinunciato al suo potere di spesa e non può, almeno in questo Paese, ottenere interessi su di esso, anche se in America gli interessi sono, o almeno erano, comunemente concessi anche sui conti correnti. Nel caso di un deposito vero e proprio, il proprietario del denaro rinuncia e trasferisce temporaneamente alla banca il suo potere d'acquisto, e in cambio del prestito riceve un pagamento di interessi sul deposito. In questa distinzione vediamo che la restrizione originaria che si applica alla moneta metallica permane anche per quanto riguarda la moneta bancaria. Ma ovviamente la questione dell'usura è completamente diversa, sia che si consideri un vero e proprio prestito, come nel caso di un prestito di denaro contante, sia che si consideri una somma depositata e non recuperabile senza il dovuto preavviso, sia che si consideri un interesse su denaro che il proprietario non ha mai ceduto. Si obietterà certamente che il depositante, pur non rinunciando al diritto di spendere a piacimento, di fatto non lo esercita, come dimostra l'esistenza del deposito, per cui tra le due classi di conti c'è una distinzione senza differenza.

Prestare denaro in conto corrente Indifendibile

Questa posizione, sebbene sia molto lontana dal giustificare ciò che effettivamente avviene nel settore bancario, dove "ogni prestito *crea* un deposito" (Withers e McKenna), appare plausibile, ma può essere facilmente dimostrata come indifendibile. Basta infatti ricordare il fatto innegabile che la quantità totale di denaro in un Paese non è influenzata dal fatto che venga o *meno spesa*, per capire che l'argomento non riguarda affatto il prestito di denaro, ma la sua esistenza.

Supponiamo che gli assegni sostituiscano completamente il contante come potere d'acquisto e che tutti abbiano un deposito bancario. Questa ipotesi è così vicina allo stato di fatto che, ai fini di questa argomentazione, può essere considerata già in larga misura vera. Ora, se concediamo al banchiere il diritto di prestare i depositi sulla base del fatto che la loro esistenza dimostra che i proprietari non li utilizzano, raddoppiamo il denaro nel paese *e raddoppiamo i depositi*. L'esistenza dei depositi raddoppiati è una prova evidente come prima che i proprietari non li usano, quindi possono essere prestati di nuovo, e ora i depositi sono quadruplicati. Possiamo quindi continuare a creare una quantità infinita di denaro.

È interessante notare che J. S. Mill, quasi un secolo fa, contemplava proprio un caso del genere, essendo i pagamenti universalmente effettuati tramite assegno e

"nessun denaro da nessuna parte, se non nelle mani del banchiere, che potrebbe poi tranquillamente separarsene vendendolo come lingotto o prestandolo, per poi spedirlo fuori dal paese in cambio di merci o titoli stranieri".

Ha concluso:

"In tutto questo non ci sarebbe nulla da ridire, purché il denaro, scomparendo, lasciasse un equivalente di altre cose, applicabile quando richiesto al rimborso di coloro a cui il denaro apparteneva originariamente".

Il motivo per cui si limitò a prendere in considerazione il caso del prestito del denaro da inviare fuori dal paese è uno di quei misteri che non potranno mai essere risolti. Se non l'avesse fatto, avrebbe fatto l'interessante scoperta già dedotta, e che anche all'epoca doveva essere già stata fatta dagli stessi banchieri. Né gli economisti successivi sembrano averla evidenziata, anche se la pignola distinzione che sembrano sempre così attenti a mantenere tra denaro e depositi bancari, senza essere in grado di indicare alcuna differenza pratica, suggerisce che forse lo sapevano. MacLeod, l'avvocato, insiste molto sul fatto che un deposito bancario non è denaro, ma un diritto di azione contro il banchiere. Irving Fisher, dopo aver arbitrariamente definito mezzo di circolazione o moneta qualsiasi cosa, generalmente accettabile o meno, che serva da mezzo di scambio, e denaro come "ciò che è generalmente accettabile in cambio di beni", afferma: "Ma mentre un deposito bancario trasferibile tramite assegno è incluso come mezzo di circolazione, non è denaro. Una *banconota*, invece, è sia mezzo circolante che denaro. Tra questi due si trova la linea di distinzione finale tra ciò che è denaro e ciò che non lo è". È vero, la linea è tracciata con delicatezza...".

Queste distinzioni potevano avere un certo significato un secolo fa, ma il loro mantenimento oggi sembra il più banale dei tagli di capelli allo scopo di confondere le questioni.

Torniamo così al punto che, nel caso dell'usura di una volta, l'usuraio cedeva il denaro che prestava e riceveva un interesse su un vero prestito. Nel caso del denaro prestato da una banca, non viene ceduto da nessuno e i prestiti sono del tutto fittizi, tranne nel caso di veri e propri "depositi a tempo", che Macrosty stima, sia per il nostro Paese che per gli Stati Uniti, pari a un quinto di tutti i depositi. Anche questi, nella misura in cui superano il contante detenuto dalle banche - l'unico denaro non di propria produzione che la banca può prestare - sono stati creati in prima istanza dalle banche stesse. È vero che, fino al momento della guerra - che ha visto il denaro del Paese moltiplicarsi quasi improvvisamente per due volte e mezzo - la creazione di questo denaro è stata una questione graduale che si è protratta per oltre un secolo. La consuetudine ha confermato il banchiere nel suo godimento e ha reso del tutto fuori discussione la possibilità di decretarlo. Ma non è suo, come lui stesso probabilmente ammetterebbe per primo, se si trattasse di spendere invece di prestare. Si tratta, come abbiamo visto, della ricchezza virtuale dell'intera comunità.

Il crollo del sistema monetario;
La moratoria

Lo scoppio della Grande Guerra rivelò la totale insicurezza del nostro sistema monetario. Il 24 luglio 1914 l'Austria inviò un ultimatum alla Serbia. Le Borse mondiali, ovviamente, si spaventarono e smisero di funzionare. L'ultimo giorno di quel mese le Borse di Londra e New York seguirono l'esempio delle Borse continentali e chiusero i battenti. I titoli di ogni tipo divennero temporaneamente invendibili. Il 6 agosto fu dichiarata una moratoria generale. Le banche, che possedevano solo una piccola riserva di denaro a fronte delle loro passività monetarie nei confronti del pubblico, erano del tutto impossibilitate a richiamare i loro prestiti e a tentare di recuperare il denaro che il sistema aveva permesso loro di prestare senza possedere. Non poteva adottare il piano abituale di vendere a qualsiasi sacrificio i titoli di garanzia depositati dai mutuatari e le loro proprietà finché la Borsa fosse rimasta chiusa. Il paese aveva talmente "economizzato" nell'uso del denaro che *non esisteva letteralmente* un sesto dell'importo a cui avevano diritto coloro che possedevano denaro, o un quinto dell'importo su cui l'industria pagava gli interessi. Se le Borse non avessero chiuso e si fosse cercato di vendere i titoli per ripagare i prestiti creati, questo fatto sarebbe diventato dolorosamente evidente. Coloro ai quali erano stati concessi i crediti, ovviamente, non possedevano il denaro, ma lo avevano scambiato per ricchezza con i proprietari della ricchezza, per cui gli ex proprietari della ricchezza e non i mutuatari possedevano ora legalmente il denaro che non esisteva. I prestiti potevano quindi essere recuperati, se richiamati, solo attraverso la vendita forzata dei titoli collaterali dei mutuatari a qualsiasi prezzo. "Alla fine" la moneta si sarebbe ridotta a una mera frazione del suo precedente ammontare, e anche i prezzi. Invece abbiamo visto che è molto difficile ridurre i prezzi restringendo la moneta, perché i produttori di ricchezza non venderanno al di sotto del prezzo di costo se non costretti. La frazione di moneta che le banche avrebbero recuperato con la vendita forzata dei titoli collaterali dei loro debitori e di tutto ciò che esse stesse possedevano come ricchezza sarebbe stata insignificante. In altre parole, sarebbero state irrimediabilmente rovinate e coloro che avevano depositato i loro soldi presso di loro li avrebbero persi, se non fosse stato per la moratoria.

Naturalmente il governo dovette riprendere la responsabilità della regolamentazione moneta, che i governanti politici nominali del Paese nel XIX secolo avevano evitato e trasferito alle imprese private. *Fece ciò che si sarebbe dovuto fare fin dall'inizio della Rivoluzione Industriale.* Stampò denaro vero - denaro, cioè, che il proprietario possiede, non denaro su un filo invisibile da richiamare e mettere fuori circolazione al primo panico finanziario da un potere dietro il trono. Ma sfortunatamente ogni banconota del Tesoro così stampata e scambiata in cambio di ricchezza per pagare i costi della guerra fu moltiplicata nel vecchio rapporto dal sistema bancario, ora riportato alla solvibilità e completamente sollevato da qualsiasi rischio di fallimento in qualsiasi circostanza. Questi crediti, essendo solo prestati, passarono ovviamente in circolazione senza pagare nulla. La necessità di finanziare la guerra era inevitabile, ma la questione è stata molto dibattuta riguardo ai metodi da adottare.

Esaminiamoli.

Finanza di guerra

I patrioti di questo Paese - e per di più della Germania - furono esortati a investire denaro in prestiti di guerra per aiutare a vincere la guerra, e lo fecero. Alcune delle curiose conseguenze che derivano dal fatto che lo stesso denaro circola in un giro infinito, sebbene la produzione e il consumo di ricchezza siano continui, furono allora viste nella loro giusta luce probabilmente per la prima volta. Più le nazioni spendevano e più scoprivano di poter spendere - l'idea del flusso, in contrasto con l'idea del deposito, secondo cui più si spende e meno si ha da spendere, e più ci si deve astenere dallo spendere in futuro per ricostituire il deposito. Più si presta per finanziare la guerra, più si scopre di dover prestare tra le classi della comunità impegnate nella produzione. Ma tutte le classi furono incoraggiate a concedere prestiti e, se non avevano denaro da prestare al Paese per aiutarlo a vincere la guerra, potevano indebitarsi con le banche e pagare con quello che si aspettavano di avere in futuro. Per ogni banconota del Tesoro stampata e depositata nelle banche, queste potevano prestare sei o più sterline come credito, e il nuovo Prestito di Guerra che il mutuatario avrebbe ricevuto era una garanzia sufficiente per il prestito. La Banca d'Inghilterra emise circolari in cui si offriva di prestare al 3% il denaro necessario a garantire il Prestito di Guerra, sul quale il contribuente avrebbe fornito il 4%. In questo modo, per ogni sterlina versata dal contribuente, la banca avrebbe ricevuto 15 sterline e il falso sottoscrittore 5 sterline. La banca non correva alcun rischio, poiché avrebbe tenuto la nuova scrittura come garanzia del prestito fino al rimborso del debito. Questa transazione è solo un esempio più chiaro del solito del processo di addossare al contribuente gli interessi sui prestiti fittizi.

L'ammontare dei prestiti di guerra così raccolti, a parte il debito americano, era dellordine di 7.000 sterline, e le spese per gli interessi ammontano all'incirca a un milione di sterline al giorno. L'importo totale del denaro in possesso del pubblico, come abbiamo visto, era di circa 1.200 sterline prima della guerra e di circa 2.700 sterline nel 1920. Solo una piccola parte dell'aumento era dovuta all'emissione di banconote del Tesoro, probabilmente non più di un quinto. È un vero peccato che l'importo esatto emesso non sia noto al pubblico.

Si è discusso se una parte maggiore, o addirittura l'intera spesa per la guerra, non avrebbe potuto essere prelevata con la tassazione, dal momento che se i cittadini hanno denaro libero da investire, almeno in teoria, lo Stato dovrebbe essere in grado di ottenerlo con la tassazione.

In generale si ammetterà che la tassazione è troppo indiscriminata e impersonale per estrarre solo denaro dalle tasche di coloro che hanno disponibilità economiche e lasciare indenni coloro che non ne hanno. Nello stress della guerra, ci sono questioni più urgenti da prendere in considerazione che l'ideazione di nuovi metodi di tassazione per colpire i ricchi e mancare gli indigenti. Avrebbe reso la guerra impopolare in città, il che equivale a dire che, nel bene o nel male, non avrebbe potuto essere "combattuta fino in fondo".

Oltre alla stampa di denaro, alla tassazione e alla vendita di titoli esteri per pagare le merci ricevute dai paesi stranieri, tutti metodi che lo Stato utilizzò, si affidò al patriottismo dei suoi cittadini affinché sottoscrivessero liberamente i Prestiti di Guerra, cosa che fecero per un ammontare di 7.000 sterline, di denaro fortemente deprezzato. L'obiettivo *apparente* era quello di impedire ai sottoscrittori di spendere ciò che avevano o, nel caso di coloro che avevano preso in prestito dalle banche, ciò che avrebbero ricevuto futuro, in modo da non competere sul mercato e gonfiare i prezzi dei beni di cui lo Stato aveva o avrebbe avuto bisogno per la conduzione della guerra o, ora che la guerra è finita, per la sua vita normale.

Osservate la natura del contratto. Noi, i contribuenti, ci impegniamo a pagare a voi, individui, 5 sterline all'anno per ogni 100 sterline di potere d'acquisto a cui avete accettato di rinunciare. Se lo Stato non avesse avuto paura che gli individui esercitassero il loro potere d'acquisto, avrebbe potuto stampare e non prendere in prestito il denaro.

La Reductio ad Absurdum del sistema monetario moderno

È perfettamente legittimo che un individuo recuperi il suo potere d'acquisto vendendo la sua sceneggiatura e *riducendo così il potere d'acquisto di qualcun altro*, lasciando così il totale invariato. Ma così come stanno le cose, non ha bisogno di farlo. Deve solo depositarlo in banca e, come titolo d'oro, sarebbe immediatamente accettabile come garanzia collaterale, anche se la ricchezza realmente produttiva, come una fabbrica in attività, potrebbe non essere altrettanto accettabile. Questa è una delle assurdità non secondarie delle banche private: i debiti morti sono preferiti alla ricchezza come garanzia semplicemente perché sostenuti dal potere fiscale nazionale.

Quando la banca accetta il Prestito di Guerra come garanzia collaterale, il mutuatario paga alla banca il tasso di interesse bancario corrente per fare esattamente ciò che lo Stato gli paga dalle tasche del contribuente il 5 per cento all'anno per non fare. In realtà il contribuente paga l'imposta, non a, ma solo *tramite* l'obbligazionista alla banca, per fare esattamente ciò che l'imposta è stata imposta per evitare che venisse fatto. Così, in questo semplice caso, si arriva facilmente alla *reductio ad absurdum* del moderno sistema monetario.

Come il contribuente paga 100 milioni di sterline all'anno Interessi su denaro inesistente

Abbiamo visto che le banche hanno creato qualcosa dell'ordine di duemila milioni di sterline. Prestate a interesse, portano un reddito di circa 100 milioni di sterline all'anno a un tasso bancario del 5%. L'effetto di questa creazione sui prezzi è completamente e assolutamente indistinguibile da quello della moneta nazionale. Non è necessario stampare banconote del Tesoro da 1 sterlina per un valore di 2.000 sterline e metterle in circolazione. Si limiterebbero a conservare le banconote nei caveau delle banche fino alla prossima guerra o al prossimo panico finanziario, quando potranno essere stampate molto più facilmente, se necessario. Ma non c'è motivo di continuare a pagare le 100 sterline all'anno con le tasse. Anche se il denaro non ha un'esistenza fisica e, tranne che in tempi di crisi, non ha bisogno di averla, a causa della popolarità del sistema degli assegni, i titoli legali per rivendicarlo esistono e sono di proprietà dei veri depositanti.

Se qualcuno vuole un prestito di valuta sulla base di un prestito di guerra, e può ottenerlo in un modo indiretto attraverso un aumento della valuta totale, chiaramente è un principio elementare di economia che lo Stato dovrebbe cancellare il debito ed emettere esso stesso il denaro per pagarlo. *Il denaro viene emesso in entrambi i casi* con effetti indistinguibili sia che si tratti di credito bancario che di moneta nazionale. Ma se lo Stato lo emettesse in cambio di nuova moneta, solleverebbe il contribuente dalla necessità di pagare gli interessi e il contratto originario verrebbe così risolto in modo commerciale e corretto per entrambe le parti.

La vecchia politica di *laissez-faire* estremo dell'economia individualista negava gelosamente allo Stato il diritto di competere in qualsiasi modo con gli individui nella proprietà dell'impresa produttiva, da cui si può ricavare un interesse monetario o un profitto, e questo veniva esteso ignorantemente anche alla ricchezza virtuale della comunità.

L'economia individualista, che considera il denaro come ricchezza anziché come debito, affida agli individui il potere di emettere denaro e lascia ai contribuenti il dovere di pagare gli interessi per l'emissione. Lo Stato, all'indirizzo in qualsiasi momento lo desideri, può sgravare il contribuente di circa 100 milioni di sterline all'anno, ovvero 2s. 6d. in sterline. Deve solo riacquistare sul mercato aperto 2.000 sterline di Prestito di Guerra con vera nuova moneta per sostituire quella creata dalle banche, £ per £ del credito bancario che emettono, consentendo loro di far fronte alle proprie passività in ogni momento. Lo Stato deve recuperare la sua unica prerogativa nell'emissione di denaro, e rendere impossibile alle banche emettere denaro che non possiedono o che non è stato ceduto loro dal proprietario come deposito a tempo determinato, distinto da un deposito in conto corrente. Questo porrebbe fine all'assurdità di tassare un gruppo di persone per impedire l'aumento della moneta e di consegnare le tasse a un altro gruppo che la sta aumentando. La situazione è che 2.000 sterline sono in circolazione tramite assegno e fanno parte della valuta totale che determina il livello dei prezzi, ma i gettoni formali che riconoscono il debito della comunità nei confronti dei detentori non sono ancora stati emessi dallo Stato e lo Stato non ha ricevuto alcun corrispettivo di valore.

Pertanto, che vengano emessi.

Il rimedio

Consideriamo la natura di questa transazione un po' più in dettaglio. Abbiamo visto che il potere d'acquisto della nazione, misurato dall'importo totale dei depositi bancari sommato all'importo totale della moneta in circolazione, è stato stimato da McKenna nel 1920 pari a 2.693 sterline. A scopo illustrativo, ipotizzeremo che l'importo totale della moneta nazionale (monete e banconote del

Tesoro) sia oggi di 700 sterline e il credito bancario di 2.000 sterline. Si tratta di un dato massimo, ma non sembra essere esattamente noto al pubblico. È più semplice avere in mente cifre tonde concrete, ma, naturalmente, l'argomento non dipende dalla correttezza delle cifre ipotizzate. Qualunque siano, il lettore può l'aggiustamento appropriato, dato che è in discussione solo il principio.

Lo Stato, avendo deciso di recuperare la prerogativa perduta di emettere denaro, legifera in tal senso e notifica alle banche che d'ora in poi, dopo un ragionevole intervallo di tempo, non dovranno più prestare denaro in conto corrente, ma solo denaro consegnato in loro custodia per un periodo di tempo definito con un regolare atto di trasferimento o altra forma legale autorizzata. Per evitare che le intenzioni della legge rimangano lettera morta a causa di un nuovo sviluppo del sistema di prestiti puramente fittizi, si potrebbe prevedere un'adeguata scala di imposte di bollo su tali atti, in modo da rendere non redditizio il loro utilizzo per periodi di tempo .

La situazione è quindi la seguente:

(1) Le banche perdono ora una delle loro fonti di reddito e devono essere gestite secondo gli stessi principi degli altri servizi commerciali, facendo pagare ai clienti la tenuta dei loro conti.

(2) I debitori, che devono alle banche 2.000 sterline in totale e che possiedono per la maggior parte titoli o altre proprietà a fronte delle quali è stato emesso il prestito, devono vendere i loro titoli o trovare qualcuno che abbia il denaro - individui o lo Stato - disposto a prestarglielo.

(3) Lo Stato ha la possibilità di emettere 2.000 sterline di nuova moneta nazionale e, con essa, di riacquistare e cancellare 2.000 sterline di debito nazionale.

(4) Questo nuovo denaro dovrà essere detenuto in futuro dalle banche, in cambio dei depositi in conto corrente, cosicché, invece di tenere una parte *sicura* del denaro dei loro depositanti come avviene attualmente, dovranno tenerlo tutto. #/

Non c'è alcuna difficoltà o pericolo da temere nella realizzazione di questa operazione, se condotta con la normale prudenza e acume finanziario. Le banche stesse, con la collaborazione dei loro clienti, potrebbero senza dubbio fornire facilmente l'intero ammontare di 2.000 sterline di titoli nazionali da liquidare. Si tratta di meno di un quarto dell'importo esistente e, se non avessero già una quantità così elevata in possesso sotto forma di titoli collaterali, sarebbe una semplice questione di Borsa scambiare altri titoli collaterali non nazionali con essi per l'importo richiesto. L'impiegato Mr. Withers[52], nella City, sarebbe senza dubbio in grado di fornire spiegazioni, se consultato. La situazione, quindi, è che tutti i prestiti puramente fittizi sono terminati. La quantità di denaro nel Paese non è stata influenzata dalla transazione e, in effetti, il pubblico in generale saprebbe che è stata effettuata solo grazie alla conseguente riduzione della tassazione.

Le banche sono ora solvibili sia in condizioni finanziarie avverse che in quelle favorevoli. Non è stata toccata una sola caratteristica legittima della loro attività di usurai. Possono prestare denaro a interesse come prima, a condizione che esse, o i proprietari del denaro prestato, ne trasferiscano realmente la proprietà al mutuatario e ne rinuncino all'uso. Nella misura in cui i prestiti all'industria erano dovuti a un semplice deficit di moneta legale, saranno stati rimborsati e l'industria sarà stata liberata dall'incubo con la vendita dei titoli collaterali in possesso dei debitori. Nella misura in cui non lo fossero, sarebbero continuati come transazioni genuine e legittime tra le industrie e il pubblico prestatore.

La strada è quindi spianata per il futuro compito di mantenere costante il numero di prezzi indicizzati e il potere d'acquisto della moneta, emettendola o ritirandola, man mano che la ricchezza virtuale della comunità cresce o diminuisce. Abbiamo trattato il modo in cui l'emissione potrebbe essere effettuata. Il suo ritiro, se necessario, è l'inverso: lo Stato emette un nuovo prestito al pubblico e distrugge il denaro così emesso. Oppure, in alternativa, lo Stato impone una tassazione *ad hoc* distruggendo la moneta così ottenuta.

Il problema ancora irrisolto

Ma c'è ancora molto da fare per capire le leggi che una comunità deve rispettare per evitare che la sua moneta si svaluti *e che* la sua produzione di ricchezza sia massima, in modo che né il capitale né il lavoro siano volontariamente disoccupati. Questo è un compito che non è mai stato raggiunto e un problema che ha sconcertato il mondo intero.

---

[52] *Banchieri e credito*, p. 200.

È insolubile se permettiamo al denaro di variare il suo potere d'acquisto e non distinguiamo tra prestiti veri e fittizi. Ma se diciamo che il nostro denaro deve avere un potere d'acquisto costante ed essere emesso a questo unico scopo, e facciamo in modo che tutti i prestiti siano autentici, possiamo trovare facilmente la forma generale della legge per quanto riguarda la relazione tra l'emissione e l'astinenza che l'accompagna (prestiti *autentici*) necessaria per sintonizzare l'industria da un livello di produzione a un livello superiore fino a quando tutti i capitali e il lavoro disponibili sono assorbiti.

CAPITOLO X

IL PRINCIPIO DELLA SALUTE VIRTUALE

Alta finanza o alto tradimento?

Prendiamo un po' di respiro, usciamo dagli alberi e guardiamo di nuovo il bosco. Alla fine della guerra, che ci aveva scosso tutti, sembrava che si fosse creata un'atmosfera favorevole per plasmare la nostra vita nazionale più vicina ai desideri del cuore. Allora le novità non erano necessariamente false. Ma ora sembriamo tornati a un'abitudine mentale rassegnata e fatalista che considera i nostri fallimenti come inevitabili e parte dell'ordine naturale dell'universo. Il risultato delle nostre incursioni nell'aspetto scientifico della questione sociale è che il sistema monetario del mondo è falso e assurdo e che, senza un'attenzione minuziosa a questo meccanismo poco compreso di distribuzione dei prodotti dell'industria, non serve a molto pensare a dove vogliamo andare e alla suprema importanza di arrivarci. I politici di tutti i partiti non si stancano mai di questo facile tema, ma tutti sembrano ansiosi di discutere di qualsiasi cosa piuttosto che del denaro, che ci tiene tutti nella sua morsa assoluta e incontrollata. La stampa ha praticato un boicottaggio quasi totale dell'argomento. Sembra impossibile che i dati essenziali siano resi pubblici in modo chiaro e inequivocabile e per avere statistiche certe bisogna andare negli Stati Uniti.

L'opinione pubblica britannica ha sicuramente diritto a informazioni sul proprio sistema e a un'indagine e una discussione pubblica e imparziale su questo nuovo potere, nelle cui mani è stato consegnato a sua insaputa o con il suo consenso.

La scienza, come è stato abbastanza chiaro a tutti durante la guerra, è ampiamente in grado di fornire più di quanto possa essere necessario per consentire a tutti, capaci e disposti a guadagnarsi il proprio sostentamento, l'opportunità di vivere una vita decente in abitazioni sane e adeguate. La ricompensa che dovrebbe offrire per un lavoro efficiente non dovrebbe essere sempre più lavoro in competizione con le macchine, ma il tempo libero, onesto e ben guadagnato, per coltivare facoltà più elevate e vivere su un piano meno animale. È vero che ci sono molte persone di vedute medievali, accuratamente incoraggiate dalla mancanza di istruzione nelle nostre scuole e università, che ancora ignorano tutto questo, ma i fatti, come le masse di disoccupati, le fabbriche che lavorano a tempo parziale e la terra che viene lasciata tornare fuori dalla coltivazione, raccontano la loro storia. Il conflitto è chiaramente tra scienza e finanza.

Nella migliore delle ipotesi, non è altro che la controparte delle vacanze dell'autobus per tentare di convincere le persone a dedicare le loro ore di svago allo studio del meccanismo che li guida nella loro routine quotidiana. Tuttavia, è affascinante pensare di essere alla guida di invece di essere guidati. È il primo passo per capire la differenza tra il denaro che tutti conosciamo e l'alta finanza che pochi hanno l'opportunità di conoscere. Invece di spendere tutte le nostre energie lavorative nel tentativo di trovare un impiego, per quanto poco conveniente, in cui scambiare i nostri servizi sottovalutati con nuove e nitide banconote del Tesoro - che in questi giorni di produzione di massa non possono costare molto di più dei francobolli da stampare - non sarebbe un cambiamento se ci svegliassimo una mattina e trovassimo in qualche modo noi stessi a dirigere la macchina da stampa e tutti gli altri ci offrissero tutto ciò che hanno da dare in termini di lavoro, servizi, merci e prodotti dell'industria in cambio dei nostri ambiti pezzi di carta? L'alta finanza presenta evidenti vantaggi se considerata come una vocazione.

Ma questo, ci dirà il politico poco fantasioso e stolido, non è Alta Finanza, ma Alto Tradimento contro lo Stato. Questo è esattamente ciò che è sempre stato considerato fin dagli albori della storia e, prima che prendesse per il naso la Gran Bretagna - se si può dire che un bulldog abbia un naso - sarebbe stato ritenuto degno di essere pubblicizzato piuttosto che occultato.

Il principio della ricchezza virtuale

Facciamo un'analisi di noi stessi così come siamo: molti di noi si vantano del loro acume commerciale e imprenditoriale, altri della loro curiosità intellettuale, altri ancora del loro buon senso, e nessuno di noi è ovviamente un pazzo.

Tutti noi abbiamo desideri e voglie di ogni tipo, che dovremmo soddisfare se solo potessimo "permettercelo", di ogni grado di urgenza o convenienza, dalla mancanza di un'alimentazione e di un vestiario adeguati a un leggero desiderio di un'automobile migliore o delle calzature russe all'ultima moda. Eppure, tutti noi portiamo sulle nostre persone delle pretese legali in termini di denaro su queste cose, e *non* esercitiamo le nostre pretese su queste cose.

Preferiamo piuttosto *i* gettoni di carta che riportano varie verità al 10 o meno per cento sul fatto che Giorgio V è, per grazia di Dio, re di tutta la Gran Bretagna, difensore della fede e imperatore dell'India. Ma questi gettoni tangibili ed esistenti, che il pubblico preferisce alle cose di cui ha realmente bisogno, sono, per così dire, gli spiccioli del commercio, quasi insignificanti se paragonati a crediti molto più grandi e ugualmente validi nei conti bancari per i quali non esistono gettoni.

Ognuno di noi, in quanto individuo, considera queste disponibilità monetarie almeno altrettanto preziose quanto la ricchezza effettiva con cui si scambiano. Non c'è alcuna costrizione nella scelta, se non la preferenza dell'individuo. È, inoltre, la condizione normale e permanente della società, perché quando ogni individuo esercita a sua volta il proprio potere d'acquisto e ottiene la realtà al posto del gettone o del credito, si limita a scambiarla con un altro individuo, che a sua volta si astiene dalla ricchezza a cui ha diritto. Sebbene la stragrande maggioranza non abbia troppo denaro, l'insieme di tutti i nostri possedimenti individuali di questa ricchezza virtuale è colossale. Nel 1920 ammontava, secondo McKenna, a duemilasettecento milioni di sterline. Poiché la produzione totale annua di ricchezza in questo Paese è stimata dello stesso ordine, circa 3.000 sterline, risulta quindi che c'è quasi un anno di produzione di ricchezza di questo Paese che va letteralmente a mendicare, "premi scintillanti" in attesa di essere raccolti da cervelli acuti senza produrre nulla, e una volta raccolti, ben in grado di assoldare le spade più affilate della legge, e ogni altra arma che può essere acquistata per denaro fino alla stampa privata della nazione, per la sua difesa. Se calcoliamo in denaro quanto vale la pena spendere per difendere un reddito non guadagnato di circa 100 milioni di sterline all'anno, possiamo essere certi che non si tratta di affondare la nave per un po' di catrame. Ma questo, ancora una volta, è un nulla in confronto al potere che la concessione, il trattenimento e la cancellazione arbitraria del denaro di credito conferisce a coloro che lo esercitano. Finora solo un industriale in tutto il mondo, Henry Ford, famoso per le automobili, ha osato sfidarlo ed è sfuggito alla bancarotta.

È bene immaginare a volte con quali crude realtà si scontra il nostro idealismo, se vogliamo comprendere il completo smarrimento delle forze che lavorano per il progresso nell'ultimo secolo, e la loro incapacità di fare un passo avanti senza che il terreno sotto i loro piedi sembri scivolare indietro più di quanto non abbiano fatto. Il mondo si sta stancando degli idealisti e della contemplazione di una meta sempre più lontana. Sicuramente la conoscenza delle confuse idiozie della finanza pubblica vale molti mal di testa ed è il primo passo necessario per restituire alle nazioni la loro sovranità e la loro eredità.

Il valore del denaro misurato dalla ricchezza virtuale

Come indicato alla fine dell'ultimo capitolo, il nostro problema si articola in due parti distinte, che non devono essere confuse ma considerate in ordine logico. C'è la quantità di denaro, che deve essere sempre proporzionale alla ricchezza virtuale della comunità se si vuole che il suo potere d'acquisto sia costante, e c'è una questione molto più complessa, la circolazione di questo denaro da una mano all'altra intrecciata con il flusso infinito di ricchezza dalla produzione al consumo, come in un movimento meccanico noto come cremagliera.

In una cremagliera, ogni giro completo del pignone sposta la cremagliera di una certa distanza in una linea retta uniforme. Una moneta stabilizzata corrisponde a un meccanismo di questo tipo, in cui ogni circolazione di denaro fa avanzare dalla produzione al consumo o all'uso la stessa quantità di ricchezza. Una moneta di valore variabile corrisponde a una cremagliera, in cui il numero di denti del pignone e, di conseguenza, il suo diametro, non sono mai gli stessi, ma variano continuamente durante la rotazione. Un meccanismo di questo tipo è meccanicamente impossibile da realizzare, mentre finora, per ragioni che saranno evidenti in seguito, è stato politicamente impossibile distribuire la ricchezza attraverso una moneta dal potere d'acquisto costante. Sono state inevitabili violente alternanze su brevi periodi e una diminuzione media del potere d'acquisto su lunghi periodi.

Possiamo ricapitolare brevemente la posizione rispetto alla prima parte del problema, e porre alcuni punti in modo leggermente diverso. La quantità di moneta in un paese è la quantità di un particolare tipo di debito che esisterebbe in quel paese se non ci fosse la moneta. Non è l'unico tipo di debito, ma è l'unico tipo di debito che può essere rimborsato in qualsiasi forma di ricchezza acquistabile su richiesta, a scelta proprietario del debito. Ci sono, ovviamente, molti altri tipi di debiti, ma non sono rimborsabili in ricchezza, bensì in denaro. Quindi tutti devono prima essere rimborsati in denaro e poi diventano rimborsabili in ricchezza in generale.

Ora, questo debito, sebbene espresso numericamente dalla somma del denaro del Paese, rappresenta un deficit di ricchezza reale, composto da tutte le cose effettive che i proprietari del denaro hanno il diritto di possedere ma di cui fanno volontariamente a meno, o che si astengono dal possedere, per soddisfare i loro affari o affari privati.

Se pensiamo alle nostre condizioni e alle ragioni per cui abbiamo bisogno di denaro e dobbiamo tenerne una scorta, le stesse ragioni valgono per la comunità nel suo complesso. Per alcune persone è sempre conveniente, e per tutte alcune volte, essere debitori piuttosto che possedere ricchezza, in modo che possano essere liberi di scegliere a loro piacimento il tipo e la quantità di cui hanno bisogno in quel particolare momento sul mercato e riceverla su richiesta in cambio del loro denaro. La quantità di ricchezza che a una comunità conviene non possedere, pur avendo il diritto legale di possederla su richiesta, vale tutto il denaro della comunità.

Questa quantità negativa o carenza di ricchezza è definita in questo libro come ricchezza virtuale della comunità. Possiamo supporre che sia G - dove G indica l'aggregato di beni, o cose reali, che la comunità si astiene dal possedere, e assumeremo innanzitutto che questo non cambi. Se la quantità di denaro della comunità è pari a £X, ogni £1 vale G/X. Ora supponiamo che - per azione dello Stato, delle banche o dei falsari, non ha alcuna importanza - la quantità di denaro £ X sia aumentata in un certo rapporto r con £rX, dove r può essere 2, 1,5, 1,1, o qualsiasi altro rapporto maggiore dell'unità, G vale ora £rX, e ogni £1 vale G/rX. I proprietari delle *sterline* originali hanno ora diritto a XG/rX o solo a G/r, cioè solo alla parte di un quarto di quello che avevano prima. Gli emittenti della nuova moneta, o coloro ai quali la cedono, hanno diritti sul resto G $(1 - 1/r)$. Se lo Stato emette la nuova moneta, sarà per pagare spese pubbliche che altrimenti dovrebbero essere coperte dalla tassazione, e se la ritira di nuovo dalla circolazione deve imporre una tassazione e distruggere il denaro così raccolto. Allo stesso modo, se una banca lo emette come credito di prestito e lo cancella quando il prestito viene rimborsato, invece di riemetterlo, la comunità nel suo complesso riacquista in potere d'acquisto aggiuntivo del suo denaro ciò che prima aveva perso. Se un falsario lo spaccia, ciò che guadagna lo perde l'individuo in possesso del denaro falso. Ma fino a quando non viene scoperto, tutti i membri della comunità subiscono una perdita permanente del potere d'acquisto del loro denaro, e per questo motivo, senza dubbio, la legge ha sempre considerato l'emissione di denaro falso come un reato di tradimento piuttosto che di furto, anche se l'effettivo contraffattore non guadagna più in un caso che nell'altro.

Se ora consideriamo che *G* cresce gradualmente e che il denaro aumenta in modo permanente e graduale per seguirlo, in modo da mantenere sempre lo stesso potere d'acquisto della sterlina - cioè ora *rG/rX*, che è lo stesso di *G/X* - allora non si commette alcuna ingiustizia nei confronti dei proprietari di denaro, ma l'aumento della ricchezza virtuale della comunità viene appropriato in primo luogo dal contribuente, in secondo luogo dalla banca, che lo trasferisce a coloro che prendono in prestito denaro da essa, e in terzo luogo dal falsario.

Ma come aumenta o diminuisce *G*? Solo se le persone si *astengono* dal possedere ciò che hanno pieno diritto di possedere, senza alcun pagamento di interessi come ricompensa dell'astinenza, in misura maggiore o minore rispetto a prima. In questo i desideri e le intenzioni dei singoli non coincidono affatto con gli effetti aggregati di tali desideri. Le persone possono pensare che ci sia troppo denaro e che ce ne sarà di meno, per cui il livello dei prezzi diminuirà, o che ce ne sia troppo poco e che presto ce ne sarà di più, per cui il livello dei prezzi aumenterà. Di conseguenza, possono cercare di ridurre o aumentare le loro disponibilità, ma questo non ha chiaramente alcun effetto sul totale della moneta esistente.

Ciò che essi rinunciano o acquistano, altri lo acquistano o lo cedono, ed è quindi un'indagine molto complicata accertare in quali circostanze i loro desideri e le loro intenzioni abbiano un qualche effetto sulla ricchezza virtuale aggregata della comunità e sul potere d'acquisto della moneta. Possiamo affermare senza timore di contraddizioni che, poiché i proprietari di denaro non sanno, in generale, se il denaro viene aumentato o diminuito fino a quando non si manifestano gli *effetti* successivi sul livello dei prezzi, l'effetto temporaneo di un aumento della quantità di denaro, conferendo nuova ricchezza virtuale a coloro che prima ne erano privi, è quello di aumentarla, e viceversa una diminuzione del denaro diminuisce temporaneamente annullando parte della ricchezza virtuale. Ma questi sono solo gli effetti iniziali, poiché l'aumento nel primo caso viene presto neutralizzato dall'aumento del livello dei prezzi, mentre la diminuzione, nel secondo caso, poiché il livello dei prezzi si riduce più lentamente, è più permanente.

L'analogia delle sedie a rotelle

Questa caratteristica di vitale importanza di tutti i problemi monetari può essere illustrata al meglio con un'analogia molto familiare.

Nel gioco delle sedie musicali, quando la musica si ferma l'anello di giocatori che si muovono intorno alle sedie cercano tutti istantaneamente di sedersi, ma c'è sempre una sedia in meno rispetto al numero di giocatori. Questo ci dà facilmente l'idea fondamentale dell'istituzione del denaro. Se lo stato istantaneo della nazione potesse essere immobilizzato in modo analogo, esisterebbero sempre, oltre a coloro che sono in pieno possesso e godimento di tutte le ricchezze del paese, altri con titoli legali per richiederle per i quali non esiste né deve esistere alcuna ricchezza. Se gli affari di una nazione fossero suscettibili di essere liquidati e le passività e le attività ripartite, come quelle di un individuo, allora sarebbe necessario che la nazione tenesse in serbo, o mettesse nel gettone stesso, una quantità di ricchezza pari alla quantità di denaro. Ma una nazione è un'azienda in continuo movimento. Nella misura in cui, a causa delle avversità, può dover ritirare e cancellare parte del suo denaro, possiede, grazie al diritto di tassazione, tutto ciò che è necessario a questo scopo. È quindi del tutto errato insistere sul fatto che dietro una moneta simbolica debba esserci l'equivalente della ricchezza. La prima cosa essenziale è che la comunità non venga derubata dall'emissione di moneta simbolica in prima istanza, e che questa venga messa in circolazione per pagare i costi che altrimenti sarebbero coperti dalla tassazione. Non è necessario che ci sia un supporto di ricchezza reale. Ciò che sta alla base della moneta simbolica è la necessità per i membri di una comunità moderna di astenersi dal possedere tutta la ricchezza a cui diritto, per poter ottenere ciò che desiderano nella forma e nel momento in cui lo richiedono.

Il secondo punto essenziale è che la nuova moneta non deve essere emessa più rapidamente di quanto aumenti la ricchezza virtuale della comunità. Se l'emissione è condotta unicamente in base ai desideri dello Stato di coprire le spese senza imporre tasse, dalle banche con l'unico scopo di ottenere il massimo interesse lordo, o dal falsario di ottenere la maggior quantità di ricchezza in cambio di nulla, la moneta si deprezza e la classe dei creditori viene derubata. Se non c'è emissione, o se è insufficiente a tenere il passo con la crescente prosperità della comunità, la classe dei debitori, molto più numerosa, viene defraudata. La mano morta del passato diventa eccessiva e i pagamenti al *rentier* una frazione esorbitante del reddito nazionale. Il lavoro, essendo privo di agenti di produzione e costretto a prenderne in prestito l'uso, si trova nella classe dei debitori ed è permanentemente depresso da una caduta dei prezzi. Essendo inoltre remunerato da salari fissati in gran parte dalla consuetudine e da accordi a lungo termine, è temporaneamente danneggiato da un aumento dei prezzi. Sebbene, come abbiamo visto, la fissazione del livello dei prezzi non sia un mezzo per garantire un salario *equo*, ma tenda, se la natura dello standard viene fraintesa, a stabilizzare i tassi di remunerazione, è assolutamente essenziale avere uno standard di valore monetario definito prima che sia possibile qualsiasi progresso in questi ulteriori problemi economici.

Perché uno standard è essenziale

Se i politici decidono che è essenziale per un governo facile che i cittadini siano guidati o ingannati lungo la strada che devono percorrere per il loro bene, e che l'obiettivo in vista dovrebbe essere garantito da uno standard che si deprezza rapidamente come il gold standard, per alleggerire la mano morta del passato senza suscitare troppo apertamente le furie dell'interesse privato, la nazione può essere certa che al gioco dell'inganno nelle questioni monetarie il politico non si dimostrerà all'altezza di coloro che hanno fatto dello studio di queste questioni un mezzo di sostentamento personale. Perciò, per il resto di questo libro, accetteremo l'opportunità di stabilizzare il potere d'acquisto del denaro, con riferimento al livello generale dei prezzi delle merci, come un preliminare essenziale a qualsiasi tentativo di assicurare la giustizia tra tutte le classi della comunità. Se poi, con il passare del tempo, si renderanno necessari ulteriori aggiustamenti, è molto meglio che questi vengano fatti alla luce del sole attraverso i poteri dello Stato di tassazione opportunamente graduata, piuttosto che in modo ingannevole, e con molti inutili trasferimenti dalle tasche di una classe all'altra, manomettendo lo standard di valore. Resta inteso che lo standard è essenzialmente uno standard debitore-creditore e non tenta di stabilire il giusto salario. Si limita a spianare la strada a possibili riforme, in modo che, in futuro, ogni passo verso il progresso non sia più che compensato dal terreno su cui stiamo cercando di progredire che scivola indietro sotto i nostri piedi.

Numero indice

In questo libro non c'è spazio per una spiegazione sufficiente dei metodi con cui gli economisti degli ultimi anni sono riusciti a determinare il valore reale del denaro, a parte le grandi variazioni continue del valore dell'oro. È meglio consultare coloro che hanno sviluppato l'argomento.[53] Si tratta di uno studio tecnico, così come la standardizzazione assoluta di pesi e misure è una branca della scienza altamente tecnica e specializzata. Ma in questo caso, come nell'altro, questo non è affatto un ostacolo alla sua utilità. Il fatto che nessuna persona comune sia in grado di dire se un peso di una libbra, un metro o un quarto sia giusto o ingiusto - e che su un'isola deserta senza misure esistenti non potrebbe riprodurle senza aiuto - non impedisce l'uso di pesi e misure giusti nel commercio. In definitiva,

in questo paese la questione della correttezza è decisa dal National Physical Laboratory, che controlla i sub-standard rilasciati agli ispettori. Si deve quindi ipotizzare un corpo di statistici, che hanno dedicato la loro vita a questo lavoro, arruolati e incaricati di accertare l'andamento generale del livello dei prezzi e di riferire periodicamente le loro conclusioni all'autorità nazionale che emette la moneta.

Il livello generale dei prezzi è un dato di fatto che può essere accertato da persone indipendenti senza che le loro conclusioni siano in forte disaccordo, e oggi dovrebbe essere impossibile per i governi manomettere segretamente il potere d'acquisto della moneta come gli standard di pesi e misure.

---

[53] Confronta Irving Fisher, *Purchasing Power of Money.*

L'ipocrisia della standardizzazione
Pesi e misure e non denaro

Se lo Stato vuole essere fedele a tutte le parti, il valore del suo denaro deve rimanere costante. È ovviamente una finzione istituire un ufficio di standard nazionali e mantenere un esercito di ispettori di pesi e misure per garantire che coloro che comprano carbone a tonnellate, stoffa a metri o birra a galloni, ricevano le quantità che pagano, quando il denaro stesso che viene scambiato per queste merci ne compra di più o di meno a seconda della quantità che viene messa in circolazione da imprese di prestito puramente private.

Se la nazione non controlla l'emissione della propria moneta, dovrebbe rinunciare alla pretesa di controllare gli standard di pesi e misure. È l'acme dell'ipocrisia promulgare leggi contro chi emette monete false per l'uso e contro gli usurai che, per quanto esorbitanti siano i loro interessi, presumibilmente rinunciano al denaro che prestano, mentre si permette una creazione dell'ordine di duemila milioni di sterline di nuova moneta a scopo di usura da parte delle banche.

L'unico test soddisfacente dell'onestà della moneta è la costanza del suo valore medio in termini di beni con cui si scambia. In altre parole, il Numero Indice, che misura il costo relativo della vita in termini di unità monetarie, dovrebbe rimanere costante a un valore definito e prestabilito di secolo in secolo.

Con l'espansione della potenza produttrice di ricchezza dovuta alla scienza e all'invenzione, abbiamo visto che se la quantità di denaro in circolazione non fosse aumentata, il valore del denaro sarebbe aumentato, ma a causa della rovina dell'industria, costretta a vendere i propri beni sottocosto a causa dell'aumento del valore del denaro, ciò che si verifica in realtà è che la scarsità di gettoni di denaro paralizza l'industria, e invece di ridurre *i prezzi*, lo fa la *produzione*. In questo modo, il progresso scientifico rimane utilizzato e la nazione conserva il suo stato precedente per quanto riguarda la produzione, con un numero inferiore di persone impiegate nel lavoro, con il risultato di disoccupazione, terreni e fabbriche inattivi. In realtà, l'attuale inversione della scienza e le sue conseguenze, dall'indigenza interna all'insicurezza esterna e al fenomeno della guerra mondiale, sono le conseguenze del fatto che le nazioni non hanno deliberatamente aumentato la loro moneta PER L'USO, di *pari passo* con la crescita della loro prosperità e ricchezza virtuale.

Una valuta basata sul numero indice

Abbiamo visto che il potere d'acquisto della sterlina è la ricchezza virtuale della comunità divisa per la quantità totale di denaro. Ovvero, ricchezza virtuale=quantità di denaro × potere d'acquisto del denaro.

La ricchezza virtuale di una comunità si riferisce a tutti i tipi di ricchezza che stanno per essere acquistati sia nel consumo che nella produzione, ogni tipo in quantità relative uguali a quelle effettivamente acquistate. Il numero indice è il modo moderno di rappresentare il prezzo medio dei beni in termini di unità monetaria, e il potere d'acquisto del denaro è inversamente proporzionale al numero indice del momento.

Quindi, un numero indice di 230 significa che i prezzi sono in media 2,3 volte superiori a quelli un tempo precedente, preso come standard e dato il valore 100. Il potere d'acquisto del denaro con un numero indice di 230 è solo 100/230 di quello che aveva il potere d'acquisto standard di 100. Il potere d'acquisto della moneta con un numero indice di 230 è solo 100/230 di quello che era al potere d'acquisto standard di 100. Vengono utilizzati molti numeri indice, alcuni dei quali riguardano i prezzi all'ingrosso, altri i prezzi al dettaglio e altri ancora si occupano non solo del costo delle merci ma anche di altre spese di vita, come l'affitto, le tariffe e così via. Quello che si vuole è un indice che esprima il costo medio in denaro delle quantità di beni necessari in proporzione al mantenimento di una famiglia media, e poi mantenere costante questo numero indice regolando la moneta in modo che sempre il costo totale di queste quantità definite di beni non vari, per quanto varino di prezzo tra loro. Non ha molta importanza il modo in cui le varie spese di vita vengono mediate nel calcolo del numero indice, purché il numero indice adottato sia sempre calcolato secondo lo stesso principio e non se ne discosti. Potrebbero esserci piccole variazioni nei numeri indice calcolati in modo diverso nello stesso momento, ma sarebbero di importanza del tutto secondaria. Ad esempio, potrebbe favorire una classe leggermente più di un'altra il fatto di considerare una percentuale maggiore delle spese totali per il cibo, ma le differenze sarebbero minime, a volte in un senso e a volte in un altro. Fissare il numero indice e modificare arbitrariamente il denaro totale in modo da mantenere il numero indice sempre uguale sarebbe sufficiente per tutti gli scopi pratici. Il modo esatto in cui è stato composto il numero indice, se la media delle spese di sostentamento è stata fatta in modo ragionevole, sarebbe di minore importanza e sarebbe una questione da discutere con gli esperti.

A quale valore dovrebbe essere fissato il denaro?

A quale valore fissare il numero indice, o meglio, a quale potere d'acquisto della sterlina chiamare il numero indice standard di 100, è naturalmente di grande importanza, perché in questo modo la comunità fissa il rapporto in cui il suo reddito deve essere in futuro diviso tra il presente e il passato. Se fa corrispondere lo standard a un basso potere d'acquisto della sterlina, alleggerisce il peso dei suoi debiti passati - il Debito Nazionale e titoli simili o obbligazioni che producono un tasso d'interesse monetario fisso, e in generale tutti i crediti che non dipendono dai guadagni attuali. Il sistema deprimerà temporaneamente il salario reale del lavoro e tutti i redditi e gli stipendi professionali in cui la remunerazione è fissata dalla consuetudine e dalla tradizione, nonché i servizi come quelli di trasporto, in cui le tariffe sono fissate per legge, e aumenterà temporaneamente i profitti di coloro che vivono comprando e vendendo e che ricevono come profitto il saldo che rimane dopo il pagamento delle spese di lavoro. Ma "alla fine" questi troveranno un nuovo livello. La società, purtroppo, si è abituata negli ultimi tempi a grandi variazioni del valore del denaro, per cui il nuovo livello sarebbe oggi più rapidamente raggiungibile, mentre prima della guerra sarebbe stata una lotta lunga e causata da molte ingiustizie e difficoltà per coloro che ne sono stati colpiti. Ma tutti i richiami al reddito comunale che derivano da pagamenti monetari fissi non cambieranno in valore assoluto, una volta fissato il numero indice. Come ha detto Keynes nel paragrafo già citato, parlando degli affari interni della Francia e del valore futuro del franco, ma modificando le parole in corsivo per applicarle alla questione del numero indice e a questo Paese.

"Se guardiamo avanti, distogliendo lo sguardo dagli alti e bassi che nel frattempo possono fare e disfare le fortune, il livello della sterlina sarà fissato non dalla speculazione o dalla bilancia commerciale, e nemmeno dall'esito del *ritorno gold-standard*, ma dalla percentuale del suo reddito da lavoro che il contribuente *britannico* permetterà che gli venga sottratta per pagare le pretese *del rentier britannico*.

Il livello della *sterlina* continuerà a scendere fino a quando il valore merceologico delle sterline dovute ai *rentier* non sarà sceso a una proporzione del reddito nazionale conforme alle abitudini e alla mentalità del Paese".

I tempi sono molto anormali e forse non è ancora possibile fare di più che fissare provvisoriamente il livello dei prezzi. Ma anche così, sarebbe un grande vantaggio politico se questa questione vitale potesse essere decisa apertamente e in modo trasparente, e se venisse dato un preavviso adeguato sulla natura di qualsiasi futuro cambiamento del livello dei prezzi, se ciò dovesse rivelarsi necessario. Questo e l'emissione del denaro sono affari della nazione, non della banca. La loro funzione è quella di tenere la contabilità e di *prestare* denaro, non di *crearlo*, e quindi di determinare il livello dei prezzi. In pratica, i loro interessi sono puramente quelli della classe dei creditori e, sebbene in base al sistema non possano fare a meno di aumentare il livello dei prezzi con i loro prestiti fittizi, si sforzano sempre di farlo rientrare, anche se le loro decisioni condannano invariabilmente coloro che hanno puntato le loro fortune sulla produzione delle cose di cui la comunità ha bisogno, alla perdita, se non alla rovina, e la comunità a un fardello di debiti artificialmente aumentato.

Se il livello dei prezzi viene mantenuto costante, i valori monetari esprimono valori reali e la quantità totale di denaro esprime con precisione la ricchezza virtuale della comunità.

Relazione tra prezzo e beni

Quindi, sebbene a prima vista sia una quantità molto curiosa e incerta, la ricchezza virtuale è molto definita e la sua misurazione non presenta alcuna difficoltà. A quantità costante di denaro, è proporzionale al potere d'acquisto del denaro o inversamente proporzionale al numero indice del livello dei prezzi. Con un numero indice costante del livello dei prezzi, è misurato dalla quantità di denaro. Il suo utilizzo evita alcune difficoltà che affliggono la teoria della quantità di denaro, che come abbiamo visto funziona in pratica solo in un modo. Quest'ultima pretende di correlare il prezzo non solo con la quantità di denaro, ma anche con la quantità positiva di beni esistenti, piuttosto che con la quantità negativa di beni di cui ci si astiene, anche se non è chiaro se la quantità che influisce sul prezzo sia la quantità totale, la quantità di scorte in corso di produzione e già prodotte, o la quantità effettivamente sul mercato in attesa di essere venduta al momento.

In realtà mette in relazione il prezzo con la quantità di denaro speso per le merci *acquistate e vendute* in un anno, che è una definizione piuttosto che una spiegazione del prezzo, e la quantità di denaro speso per le merci in un anno con la quantità di denaro e il numero di volte che viene speso, che è di nuovo ripetitivo. Non stabilisce nessun'altra relazione tra prezzo e merci, oltre a quella contenuta nell'equazione Prezzo = Denaro speso - Merci vendute e acquistate.

Mentre la ricchezza virtuale è del tutto indipendente da questa complicazione, essendo essa stessa, come la quantità di denaro di cui misura il valore, una quantità e non un tasso.

Le cause che producono un cambiamento della ricchezza virtuale sono in gran parte psicologiche. Questo viene talvolta riconosciuto nell'affermazione che è solo la quantità di denaro in circolazione che può influenzare i prezzi, e che la parte tesaurizzata non può esercitare alcuna influenza. Ma non c'è affatto una differenza netta. Un produttore decide sempre, di giorno in giorno, se accumulare o spendere nella sua attività, e questioni del tutto simili riguardano ogni singolo acquirente.

Non si può contestare che il valore del denaro sia determinato e possa essere influenzato solo dalle quantità di beni di cui le persone nel complesso si astengono volontariamente dal godere, e solo indirettamente dalle quantità in vendita sul mercato. Ma questa visione non pretende nemmeno di rispondere all'ulteriore domanda su come i beni messi in vendita influenzino *i redditi* delle persone, sia reali che monetari, se non nella misura in cui suggerisce che l'abitudine e la necessità prescriveranno, in ogni particolare periodo, un qualche rapporto più conveniente tra ricchezza virtuale e reddito, che, se disturbato, tenderà a tornare al suo valore originale.

Ricchezza e redditi virtuali

In questa sede non faremo un tentativo esaustivo di analizzare la ricchezza virtuale, ma la tratteremo come un fatto misurabile dal livello dei prezzi. Tuttavia, può essere utile tracciare ulteriormente le conseguenze del tentativo degli individui di aumentare o diminuire la propria ricchezza virtuale.

Per semplificare la questione, supponiamo che la quantità totale di denaro sia invariata e consideriamo un acquirente che decide che, in futuro, invece di tenere in casa o in banca denaro sufficiente in media per un mese, ne terrà solo per una settimana. Di conseguenza, acquista subito le scorte per tre settimane, ed è tutto ciò che può fare. Se i negozianti non intervenissero, la ricchezza virtuale individuale dell'acquirente sarebbe diminuita, ma quella degli altri sarebbe aumentata nella stessa misura, e non ci sarebbe stato alcun cambiamento. Ma se i negozianti si rifiutassero di trattenere il denaro in più e lo trasferissero, e anche se ognuno cercasse ugualmente di ridurre la propria ricchezza virtuale, non si deve pensare in modo avventato che la ricchezza virtuale della comunità nel suo complesso sarebbe diminuita.

Dobbiamo ricordare l'analogia della sedia musicale. Gli individui possono bilanciare i piaceri del tavolo con la soddisfazione morale ed estetica che deriva dal gongolare su esemplari nitidi dell'arte dell'incisione, ma per la comunità è un caso di scelta di Hobson. Qualcuno deve possedere tutto il denaro della comunità e non possedere la ricchezza che può comprare, che lo voglia o no. La velocità o la riluttanza con cui lo trasmette, o lo cede a malincuore, ad altri meno o più intelligenti o fortunati di lui, non influisce necessariamente sulla ricchezza virtuale o sul potere d'acquisto del denaro.

Quindi, a moneta totale costante, il desiderio di trasferire il denaro più rapidamente di prima, se generale, significa che le persone nel complesso lo ricevono più rapidamente di prima. I loro redditi monetari aumentano, ma il fatto che i loro redditi reali aumentino o meno dipende dal fatto che l'accelerazione della domanda operi o meno un aumento dell'offerta.

Ha questa tendenza, perché il dettagliante che trova le sue scorte esaurite ne ordinerà altre, trasmettendo così lo stimolo della domanda, in modo che vengano prodotti più beni, guadagnati più salari e profitti, e il denaro arrivi più rapidamente per acquistare la maggiore produzione. Ma, in generale, si verificherebbe anche un aumento dei prezzi e, di conseguenza, una *diminuzione* della ricchezza virtuale aggregata insieme a un *aumento* dei redditi reali, causato dal desiderio di tutti di *diminuire* la propria ricchezza virtuale. Al contrario, un desiderio generale di aumentare la ricchezza virtuale tende ad aumentarla, ma *diminuisce* anche i redditi monetari e in misura minore, probabilmente, i redditi reali.

Questo punto di vista mette in evidenza l'effetto del desiderio di ognuno di possedere più denaro. L'unico modo per tutti di possedere più denaro è aumentare la quantità totale di denaro. Se questo non viene fatto, il desiderio opera per *ridurre* il reddito monetario nazionale. La maggior parte delle persone comincia a rendersi conto che la vita stessa non è una quantità ma un tasso, e che è molto più importante possedere un grande reddito che una grande somma di denaro. Se tutte le persone agissero in modo opposto alle loro inclinazioni naturali e si rifiutassero di trattenere il denaro un attimo più a lungo di quanto potrebbero fare, il reddito monetario nazionale aumenterebbe. Mentre il desiderio di possedere più o meno denaro non può influire sulla quantità totale di denaro, può influire e influisce sui redditi nel senso opposto: più la nazione spende liberamente, più denaro ha da spendere, e meno liberamente spende, meno ha da spendere. Il desiderio universale di *possedere* denaro non va confuso con il desiderio di svago e la disinclinazione al lavoro, ma è il suo esatto contrario. Chi possiede denaro e desidera continuare a possederlo deve rinunciare a spenderlo più velocemente di quanto lo riceva. Coloro che lavoreranno solo sotto lo stimolo di una dispensa vuota stanno cercando di ridurre al minimo il loro denaro, cioè la loro ricchezza virtuale. Con il sistema descritto, gli individui sarebbero liberi di conservare tanto o poco denaro a loro piacimento, senza interferire minimamente con la circolazione del denaro o la produzione di ricchezza. Quest'ultima sarebbe possibile renderla massima, in modo che né il lavoro né il capitale siano disoccupati, per quanto gli individui siano avari e non vogliano trasferire il denaro ricevuto.

Accaparramento e credito reciproco

Se il livello dei prezzi, piuttosto che la quantità di moneta, viene mantenuto costante, due dei principali fattori che influenzano la ricchezza virtuale di un paese, in direzioni opposte, sono in primo luogo la tesaurizzazione, che la aumenta, e in secondo luogo il credito reciproco o il prestito, che la diminuisce. In una moneta di metallo prezioso il primo è un male e il secondo un beneficio, ma in una moneta cartacea stabilizzata la posizione è invertita. Abbiamo visto che l'unica parte del credito di una nazione diversa dal potere di indebitamento di un individuo è la ricchezza virtuale. Aumentare quest'ultima significa che le persone si astengono volontariamente in misura maggiore rispetto a prima, che permette, e anzi dovrebbe costringere, la nazione a pagare parte delle sue spese con l'emissione di nuova moneta. La tesaurizzazione come pratica aumenta la ricchezza virtuale e consente alla nazione di indebitarsi senza pagare interessi. Chiaramente, quando le riserve di un avaro vengono rimesse in circolazione, la ricchezza virtuale diminuisce in questa misura. Nella categoria opposta, i tanto decantati espedienti finanziari per economizzare il denaro diminuiscono la ricchezza virtuale e la quantità di denaro corrispondente a un determinato livello di prezzo.

È istruttivo considerare un esempio semplificato. Se prendiamo il caso di un agricoltore e dei suoi raccolti annuali e supponiamo che, poco prima del raccolto, non abbia denaro né ricchezza, finita e pronta per la vendita. Quando il raccolto viene mietuto ha, per esempio, H sterline, quando viene venduto ha H sterline, e per un anno questa somma diminuisce costantemente finché al raccolto successivo è di nuovo pari a zero. Ora, un mercante si accorda con l'agricoltore per fare credito reciproco, in modo che poco prima del raccolto l'agricoltore, invece di non avere denaro, deve al mercante £H/2. Il mercante, grazie alla vendita dell'ultimo raccolto, ha un credito di £H. Il mercante, grazie alla vendita del raccolto dell'anno scorso, avrebbe £H, ma poiché l'agricoltore gli deve £H/2, possiede solo £H/2. Il raccolto, una volta mietuto, viene quindi venduto dall'agricoltore al mercante per H/2. A metà dell'anno il contadino ha esaurito il suo denaro e il mercante ha venduto metà del raccolto per £H/2, che presta nuovamente al contadino. In questo modo è necessaria solo la metà del denaro che sarebbe stato necessario senza il credito reciproco. Se, ancora, l'agricoltore cede il suo raccolto, per metà per ripagare un debito di £H/2, per un quarto per pagare £H/4, e fa credito al mercante per le restanti £H/4, è chiaro che è necessario solo un quarto del denaro richiesto in precedenza. Questi accordi reciproci tra individui prendono il posto di quelli esattamente analoghi tra l'individuo e la collettività, che l'istituzione del denaro mette in atto. Una cosa è considerare benefici questi metodi di risparmio nell'uso della moneta , quando la sua fornitura comportava un grande spreco di lavoro nella ricerca dei metalli preziosi, ma un'altra cosa è quando, senza alcun lavoro, le persone possono essere liberate dalla necessità di contrarre tali debiti reciproci e ricevere la comodità di non dover nulla a nessuno grazie all'uso corretto della carta moneta. Bilgram (loc. cit.) stima che la somma totale dei debiti su cui devono essere pagati gli interessi sia probabilmente quattro volte l'ammontare della moneta, compresa quella di deposito, in uso negli Stati Uniti, e che i pagamenti annuali degli interessi "assorbano" più di un quarto dell'intera moneta. Ciò è senza dubbio eccellente dal punto di vista dei creditori, ma non c'è dubbio che i debitori preferirebbero e sarebbero meno truffati in un sistema in cui il denaro non fosse così sovraccarico.

Analogia con il regolatore di un motore a vapore

Fortunatamente è del tutto inutile addentrarsi in tutti questi complicati paradossi. "Ci perderemmo in calcoli infiniti". È un'assurdità manifesta cercare di calcolare l'effetto preciso di tutte le circostanze rilevanti sul livello generale dei prezzi, così come calcolare l'effetto sulla velocità di un motore a vapore di ogni variazione sconosciuta da un momento all'altro del carico, della lubrificazione e della fornitura di vapore. Tuttavia, la velocità di un motore a vapore viene regolata automaticamente con la massima facilità. La velocità del motore, che è il risultato integrato e determinabile di ogni fattore che interviene nel funzionamento del motore stesso, per mezzo di un regolatore, apre o chiude la valvola che immette il vapore, aprendola se la velocità diminuisce e chiudendola se aumenta.

Secondo questa analogia, il prezzo è il risultato integrato e determinabile di tutti i fattori separati e indeterminabili che influenzano il funzionamento del sistema industriale e la ricchezza virtuale della comunità. È misurato dal numero indice che esprime il costo della vita in unità monetarie. Un governatore dei livelli dei prezzi aumenterebbe gradualmente la moneta in circolazione man mano che la macchina industriale riceve un carico sempre maggiore, proprio come il governatore di una macchina a vapore nelle stesse condizioni aumenterebbe gradualmente la quantità di vapore immessa dalla caldaia.

Quando si produce la massima quantità di ricchezza che il sistema industriale può produrre, così come quando si utilizza la massima quantità di vapore che la caldaia può fornire, una maggiore domanda farà aumentare i prezzi in un caso e ridurre la velocità nell'altro.

Una risposta ad alcuni fraintendimenti

Nel contemplare il sistema proposto, dobbiamo scrollarci di dosso alcune delle illusioni indotte dall'esperienza del funzionamento del vecchio sistema. È innegabile che la ricchezza possa essere aumentata e che milioni di lavoratori, terre e capitali disoccupati stiano aspettando il permesso finanziario per aumentare la produzione. È innegabile che la scienza ha aumentato, e sta ancora aumentando, il fattore di efficienza umana nella produzione di ricchezza. È innegabile che un aumento della quantità di denaro in circolazione senza un corrispondente aumento del tasso di produzione di ricchezza faccia aumentare i prezzi. Ma l'esperienza che è praticamente impossibile ridurre i prezzi contraendo la moneta, senza allo stesso tempo contrarre la produzione e rovinare chi è impegnato nell'industria, deriva dal nostro sistema aleatorio.

Per ipotesi, nel nuovo sistema i prezzi *vengono* mantenuti costanti, nella misura in cui qualsiasi loro variazione è rilevabile dal suo effetto sul numero indice. Abili statistici rileverebbero la tendenza al rialzo o al ribasso prima che il pubblico se ne accorga sul mercato, proprio come il governatore di un motore a vapore rileva la tendenza all'aumento o alla diminuzione della velocità prima che possa essere accertata dall'occhio o da uno strumento molto delicato. Le ragioni per cui una contrazione della moneta non riduce di fatto i prezzi non operano quando i prezzi sono mantenuti costanti da una regolazione automatica della moneta mediante un numero indice. L'industria non viene rovinata dalla costanza dei prezzi, ma dalla loro caduta, dal fatto che le scorte diventano invendibili se non sottocosto. Una contrazione della moneta per controllare una tendenza al rialzo dei prezzi non rovinerebbe nessuno, anche se dopo che la tendenza al rialzo si è verificata, la contrazione è impotente a farli scendere di nuovo senza imporre mali ancora più gravi.

Quindi, sebbene ci siano tutte le ragioni per supporre, almeno fino a quando la scienza e l'invenzione continueranno a svilupparsi, che il compito degli statistici che consigliano il volume di moneta necessario alla nazione sarà all'inizio, e per lungo tempo, il facile compito di consigliare l'emissione di più moneta, nel caso in cui si presentasse la necessità di consigliare una contrazione della moneta, non c'è motivo di prevedere gli effetti negativi che ora accompagnano la contrazione della moneta *dopo che* i prezzi sono già notevolmente aumentati.

In un'epoca di espansione scientifica e di potenti incentivi al "risparmio", un periodo di aumento dei prezzi, in un sistema monetario libero, implica un periodo di guerra, di disordini civili, di pestilenza o di carestia, in cui il reddito della ricchezza diminuisce, non, come attualmente, un periodo di boom e di speculazione, dovuto all'aumento arbitrario della quantità di denaro. Naturalmente per gli speculatori e i profittatori, anche se probabilmente non per i solidi uomini d'affari, se ne rimangono, il sistema sembrerà funzionare nel modo sbagliato. Lungi dall'essere considerato un periodo di aumento dei prezzi come una calamità da evitare a tutti i costi, sarà considerato un periodo di prosperità espansiva. Hartley Withers, discutendo le proposte dello scrittore di , fa questo illuminante commento .[54] Dopo aver approvato il piano di emissione della nuova moneta necessaria a mantenere la costanza dei prezzi, del debito pubblico, come "un'operazione semplice e poco costosa", prosegue:

> "Ma quando avviene il contrario, e il debito viene emesso in modo da contrarre la moneta in un momento di aumento dei prezzi, il processo sembra destinato a essere sia costoso che impopolare. Il governo non potrebbe fare alcun uso della valuta ricevuta dai sottoscrittori del nuovo prestito; dovrebbe essere distrutta per realizzare il piano, e quindi l'operazione sarebbe in perdita; in un momento di prosperità espansiva implicita nelle circostanze, il governo dovrebbe probabilmente pagare un tasso elevato per ottenere il suo prestito, e dovrebbe caricare questo sacrificio sulle spalle dei contribuenti, sapendo che in questo modo, se la misura riuscisse, controllerebbe l'aumento dei prezzi che rende il mondo degli affari così felice".

È un curioso commento alla tesi dello scrittore secondo cui ciò che non va nelle classi dirigenti del mondo è che iniziano scambiando il debito per ricchezza e finiscono per considerare la scarsità come una prosperità espansiva. Allo stesso tempo, il passaggio illustra lo stato quasi incredibile di annebbiamento delle menti di coloro che dovrebbero essere esperti di finanza quando si prendono in considerazione questioni di finanza nazionale piuttosto che individuale. Riscattare il debito nazionale è un atto di rettitudine finanziaria, previsto da onesti Cancellieri dello Scacchiere attraverso il Sinking Fund, nel quale confluisce automaticamente ogni eccesso di denaro estratto con la tassazione. Ma distruggere le banconote del Tesoro, estratte con lo stesso processo, è una "perdita mortale". Viene da chiedersi se i responsabili delle finanze della nazione si rendano conto che i titoli nazionali e il denaro sono entrambi ricchezza dal punto di vista del singolo proprietario ed entrambi debito dal punto di vista della

---

[54] *Banchieri e credito*, p. 244.

comunità. L'unica differenza è che l'uno è un debito differito, non rimborsabile su richiesta, e l'altro un debito rimborsabile in ricchezza su richiesta.

CAPITOLO XI

L'ENIGMA DELLA SFINGE

Un simbolismo per rappresentare le transazioni economiche

Abbiamo gradualmente tirato le fila della nostra analisi della natura del denaro e della ricchezza fino al punto in cui è necessario cercare di ottenere un'immagine mentale del sistema economico nel suo complesso e del suo funzionamento. Ciò che serve ora è un simbolismo o una stenografia semplice e informativa che rappresenti in modo sufficientemente accurato il sistema industriale e i principali processi economici di produzione, scambio e consumo.

Chi non ha familiarità con le scienze matematiche può ignorare quanto sia potente come arma di ricerca un simbolismo corretto e informativo. Per quanto riguarda le semplici operazioni aritmetiche, senza i nostri sistemi di calcolo, lo studio di una vita non sarebbe certo eccessivo. Prima dell'avvento dei numeri arabi - inventati in realtà dagli indù - con il loro sistema di nove cifre e uno zero, le operazioni di moltiplicazione e divisione venivano eseguite con un elaborato sistema di regole empiriche su un telaio di calcolo noto come "abaco". I più abili calcolatori professionisti, dopo una vita di lavoro, non riuscivano a raggiungere gli standard raggiunti con il sistema moderno da uno scolaro o una scolara di dieci anni Qualcosa di simile vale anche per l'economia.

In mancanza di mezzi semplici per esprimere le operazioni dell'industria e del commercio, soprattutto per registrare la totalità dei fatti importanti, durante i cambi di proprietà in cui consistono essenzialmente, anche le conseguenze elementari, come quelle che derivano, ad esempio, dalla continua circolazione del denaro, rischiano di essere impreviste finché non si verificano. La difficoltà non è ridotta, ma anzi aumentata dal fatto che quasi tutti conoscono e comprendono a fondo un aspetto del sistema. È necessario piuttosto vedere l'insieme con un solo sguardo. Il primo passo consiste nel rappresentare i cambi di proprietà che si verificano nel baratto. Ciò può essere fatto come illustrato nella Fig. 2. Le linee spezzate spesse sono utilizzate per indicare il flusso di ricchezza, con la freccia che punta dalla produzione al consumo. Il baratto verrebbe quindi rappresentato come nella figura, dove due flussi di ricchezza di questo tipo si incontrano in un mart, A, in cui il singolo proprietario di un tipo di ricchezza si stacca da esso e si attacca all'altro tipo di ricchezza. I percorsi dei proprietari che arrivano al mercato con un tipo di ricchezza e se ne vanno con un altro tipo di ricchezza sono indicati da linee sottili accanto ai flussi di ricchezza.

L'istituzione del denaro consente lo scambio di proprietà con un solo tipo di ricchezza, mentre il baratto richiede che due tipi si incontrino nello stesso luogo e nello stesso momento. Per rappresentare il denaro si useranno linee spesse e ininterrotte, mentre le frecce indicano la direzione in cui il denaro circola. Ciò è illustrato nella Fig. 3, che rappresenta il proprietario del denaro, o compratore, che si stacca al mart, A, dal denaro e si attacca alla ricchezza, e il proprietario della ricchezza, o venditore, che si attacca al denaro e si stacca dalla ricchezza.

Le linee del denaro sono necessariamente, nel risultato finale, percorsi chiusi, lo stesso denaro *che circola* e non, come la ricchezza, che scorre continuamente.

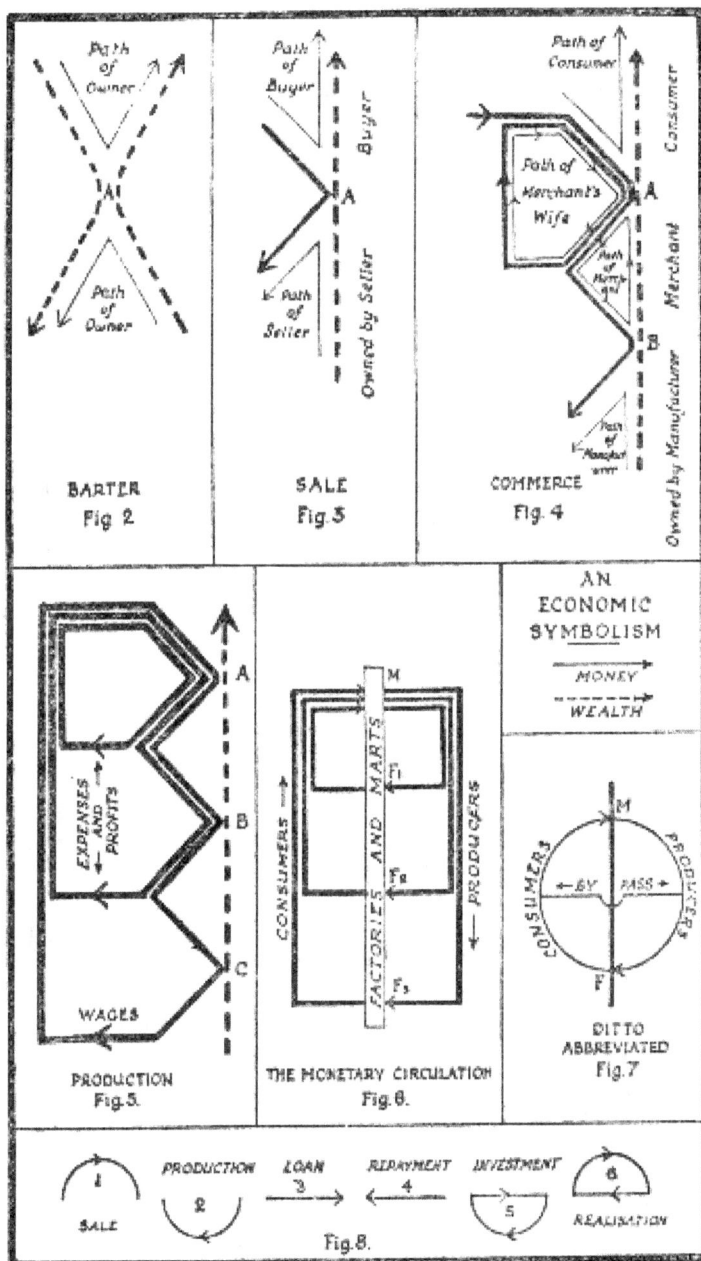

BARTER
Fig. 2

SALE
Fig. 3

COMMERCE
Fig. 4

AN
ECONOMIC
SYMBOLISM

MONEY
WEALTH

PRODUCTION
Fig. 5.

THE MONETARY CIRCULATION
Fig. 6.

DITTO
ABBREVIATED
Fig. 7

PRODUCTION   LOAN   REPAYMENT   INVESTMENT

SALE   Fig. 8.   REALISATION

Il diagramma successivo (Fig. 4) rappresenta il commercio, in cui l'acquirente di ricchezza per il consumo, o consumatore, acquista attraverso un intermediario o mercante, e il produttore di ricchezza per denaro vende attraverso lo stesso intermediario. Il percorso della ricchezza è continuo, ma ora passa attraverso due mercati, A e B, dove si incontra con il flusso di denaro. Dopo il primo incontro, A, il flusso di denaro si biforca. Il denaro arriva al mercato al dettaglio A nella tasca del consumatore e se ne va nella tasca dell'intermediario. Solo una parte prosegue verso il mercato all'ingrosso B e acquista ricchezza dal produttore. Un'altra parte, che rappresenta le spese e i profitti del commerciante, torna subito al mercato A dei consumatori. Il percorso *commerciale* del commerciante è un percorso chiuso che viaggia con ricchezza e senza denaro e poi con denaro e senza ricchezza in un giro infinito, all'interno del sistema produttivo. È difficile rappresentare il mercante stesso in due luoghi contemporaneamente, ma possiamo superare la difficoltà ipotizzando che siano la moglie e la famiglia a recarsi di nuovo al mercato dei consumatori di A con i profitti guadagnati, per acquistare i beni di prima necessità. L'intero sistema monetario è un sistema di simili percorsi chiusi che si intrecciano con il flusso della ricchezza. Ma l'ulteriore ripetizione dei processi di scambio e di una coda di intermediari che viaggiano in curve chiuse, scendendo lungo il flusso della ricchezza con la ricchezza e scendendo lungo il flusso del denaro con il denaro, non aggiungerebbe nulla di nuovo alla rappresentazione del processo oltre a quanto raffigurato nella Fig. 4.

Sarà sufficiente per il nostro scopo rappresentare la produzione di ricchezza esattamente come avviene in una fabbrica, C (Fig. 5), dove un flusso di denaro di proprietà del produttore viene versato come salario e origina il flusso di ricchezza dalle materie prime e dalle energie naturali del globo. Abbiamo già fornito (Capitolo VI) un'analogia elettrica del processo, ma per gli scopi attuali è sufficiente questa rappresentazione diagrammatica estremamente semplice. Distinguiamo il denaro *all'interno del* sistema produttivo, nelle mani di commercianti e produttori, nei flussi che vanno da A a B a C, da quello *all'esterno del* sistema, nelle mani dei consumatori, nei flussi che convergono tutti ad A, il mercato dei consumatori. Naturalmente può esistere un numero qualsiasi di mercati o fabbriche, o combinazioni dei due, in cui la ricchezza viene prelevata da una fabbrica precedente e su di essa viene eseguito un ulteriore processo prima di passare alla successiva. Se ora, comprendendo il simbolismo, semplifichiamo ulteriormente tralasciando del tutto il flusso di ricchezza, arriveremo a qualcosa come la Fig. 6, che rappresenta solo la circolazione monetaria, in cui a sinistra del diagramma il denaro è nelle mani dei consumatori esterni al sistema e a destra nelle mani dei produttori e dei commercianti interni al sistema. Si tratta semplicemente di una serie di circuiti chiusi, che fluiscono tutti insieme attraverso il mercato dei consumatori M nel sistema produttivo e fuori dal sistema produttivo attraverso una serie di mercati all'ingrosso e di fabbriche, come indicato nel diagramma da F, in un giro infinito. Un'ulteriore familiarità con il simbolismo porterà a un'ulteriore semplificazione a qualcosa di simile alla Fig. 7, dove il cerchio chiuso rappresenta la circolazione del denaro in senso orario, divisa dalla linea verticale in due lati, quello dei consumatori e quello dei produttori, e collegata da un "by-pass" orizzontale per trasferire il denaro da un lato all'altro.

Il sistema in equilibrio

Considereremo innanzitutto un tale sistema di produzione che opera in uno stato di stabilità o di "equilibrio" sotto un livello di prezzi costante, in modo che le quantità monetarie costituiscano una vera misura delle quantità medie di ricchezza. Supponiamo cioè che sia stabilita una certa distribuzione immutabile del denaro all'interno e all'esterno del sistema, e una certa quantità immutabile di ricchezza in tutti gli stadi di produzione dall'inizio alla fine del sistema, e una certa quantità immutabile di ricchezza non ancora consumata in possesso dei consumatori. Non intendiamo dire che il denaro o la ricchezza siano stagnanti. Una condizione di equilibrio è semplicemente quella per cui, se scattassimo due fotografie istantanee in tempi diversi, mostrerebbero lo stesso risultato.

Sebbene la produzione e il consumo procedano a pieno ritmo per tutto il tempo, raggiungono il punto in cui si equilibrano, e sebbene la circolazione del denaro sia in corso per tutto il tempo, in ogni istante in ogni parte dei circuiti ne entra tanto quanto ne esce.

Allora non dobbiamo postulare nulla su quale possa essere questa condizione di equilibrio. Ci interessano solo *gli effetti dei cambiamenti rispetto alla condizione* considerata come linea di riferimento o punto di partenza. In questa fase ci occupiamo esclusivamente del sistema monetario come circolazione chiusa e, fino a quando le implicazioni di questo non saranno chiare, molte altre questioni, che di solito sono le uniche considerate, non potranno essere prese in considerazione. I nostri studi sono inizialmente del tutto indipendenti dalla questione della distribuzione della ricchezza e del denaro, tra salari, stipendi, profitti e interessi. Anche se lasciamo del tutto da parte queste questioni e accettiamo la distribuzione, qualunque essa sia, come un dato di fatto, senza chiederci se i prezzi siano equi o esorbitanti e i servizi pagati per prestazioni reali o immaginarie, ci resta ancora molto da capire sul funzionamento del sistema monetario.

In un primo momento, per semplicità, non terremo conto della questione, altrettanto importante, se si stia producendo ricchezza permanente o deperibile, ma supporremo piuttosto che, come è attualmente vero, la comunità disponga sia di lavoro disoccupato che di capitale da mettere in funzione produttiva. In altre parole, supporremo che si stia producendo ricchezza fluida o consumabile, che effettivamente esce dal sistema al del consumo, in contraddizione con il capitale o la ricchezza fissa, che rimane nel sistema industriale e non esce mai. Oppure, per analogia con un sistema idrico, supporremo in un primo momento che la rete sia in grado di distribuire un volume d'acqua più grande senza bisogno di ingrandirsi. La quota relativa del prodotto assicurata dai lavoratori come salario, dal datore di lavoro o dal commerciante come profitto e dagli usurai come interesse può essere trascurata. L'effetto sul sistema è indipendente dal fatto che il denaro che arriva ai consumatori provenga da salari, profitti o interessi. In molti casi, quando si tratta semplicemente dei principi generali che devono essere osservati affinché il denaro circoli nel flusso di ricchezza, tutti e tre i fattori possono essere combinati come "prezzo". Con questa semplificazione, ovviamente non importa se un produttore prende a prestito denaro o meno, purché sia realmente preso a prestito e non creato. È sufficiente rappresentare i suoi profitti come divisi tra lui e il suo creditore, se svolge la sua attività con denaro preso in prestito.

Il "prezzo" viene distribuito ed estratto

Il punto successivo è che, poiché non facciamo alcuna ipotesi su come si compongono gli elementi di costo, non c'è alcuna distinzione tra prezzo di costo, prezzo di vendita, prezzo all'ingrosso, prezzo al dettaglio e così via. Ogni sterlina che esce dal circuito di F lo fa sotto forma di salari, stipendi, profitti, interessi o altri pagamenti per servizi, reali o immaginari. A un livello di prezzo costante, in media, immette nel sistema £1, e ha bisogno del passaggio di £1 a M per uscirne di nuovo. Al massimo commettiamo un errore nella sequenza degli eventi. Così, se consideriamo che una certa quantità di £X che è stata immessa nel sistema - e per la quale sono state pagate £X come salari e stipendi a F - si rovini o si distrugga all'interno del sistema e non ne esca mai, viene compensata da una corrispondente diminuzione dei profitti successivi dei produttori o dei commercianti.

Se supponiamo che si verifichi, a causa di una qualche causa speculativa, un aumento dei prezzi di vendita di alcuni beni del sistema - e, a parità di prezzo, un abbassamento dei prezzi degli altri beni - in quel caso i profitti escono dal sistema in misura maggiore e in altri in misura minore. Stiamo infatti definendo il costo non solo come il prezzo pagato dal consumatore per prelevare ricchezza dal sistema, ma anche come il prezzo pagato al produttore per immetterla. Nel lungo periodo, se non ci sono cambiamenti nella quantità di denaro o nello stato del sistema, ogni passaggio di denaro a M è bilanciato da un uguale passaggio a F. L'uno è la misura della ricchezza prelevata e l'altro di quella immessa nel sistema.

Se il livello dei prezzi non varia, allora non solo il valore monetario delle scorte di ricchezza fluida prodotta e parzialmente prodotta nel sistema, in una condizione di equilibrio, è costante, ma anche le quantità medie effettive di ricchezza sono costanti.

Come aumentare la produzione

Ci addentriamo ora in una serie di indagini che finora non sembrano mai state adeguatamente studiate, ma che sono di vitale importanza, una volta che abbiamo il coraggio di credere che in un moderno Stato industrializzato in un'era scientifica la produzione di ricchezza per il consumo sia fisicamente estendibile quasi all'infinito. Vogliamo scoprire con precisione come un determinato livello o volume di produzione possa essere portato a un livello superiore. Facciamo la necessaria premessa che il livello dei prezzi rimanga costante durante l'operazione e che non vi siano prestiti fittizi. Gli aumenti della quantità totale di denaro devono essere effettuati dalla nazione in base al livello dei prezzi come indicatore. È chiaro che il modo più semplice per confutare le affermazioni secondo cui il credito bancario e i prestiti fittizi, se emessi per la produzione e non per il consumo, non aumentano i prezzi, è innanzitutto trovare le condizioni in cui i prezzi non vengono modificati nel passaggio da un livello di produzione a un altro.

Gli economisti professionisti sembrano aver previsto così poco la circolazione continua del denaro che si fanno distinzioni puerili e fantasiose sugli effetti dell'immissione di denaro nel sistema in diversi punti del circuito e con diverse intenzioni psicologiche, in generale per stimolare la "produzione" o il "consumo". Di solito non si tratta d'altro che del fatto che nel primo caso si produce nuova ricchezza a fronte del nuovo denaro e quindi i prezzi non possono salire, mentre nel secondo il nuovo denaro incoraggia il consumo e quindi i prezzi devono salire.

Quando stabiliamo, come prima cosa essenziale, che i prezzi devono rimanere costanti, indipendentemente dai cambiamenti del flusso di denaro e di merci, troveremo il nostro sistema *straordinariamente ostinato*. Richiede circa la stessa quantità di pazienza e di intelligenza di un cruciverba o di un acrostico per trovare la soluzione dei problemi che gli sottoponiamo. I diagrammi (Figg. 6 e 7), nella loro forma molto sintetica, sono in grado di fornire molte informazioni. Si consiglia al lettore di disegnarli su carta di grandi dimensioni e di provare da solo, con alcuni segnalini di colore diverso o con diversi tipi di fiammiferi, che rappresentano la ricchezza e il denaro, l'effetto di qualsiasi schema proposto per riabilitare l'industria. In questo modo, l'autorità ancora inesplorata potrebbe pronunciarsi *ex cathedra* su molto meno.

Ecco alcuni principi utili che emergeranno a seguito di tali prove.

Le sei operazioni possibili

Sono possibili sei diversi tipi di funzionamento.

Due, il consumo e la produzione, che alterano la ricchezza e il denaro *in*[55] direzione opposta, lasciando invariata la loro somma totale.

Due, semplici trasferimenti di denaro dai consumatori ai produttori, o viceversa, che lasciano invariata la ricchezza del sistema.

Due, le combinazioni di cui sopra che aumentano e diminuiscono la ricchezza del sistema, lasciando invariata la moneta.

Questi sono illustrati e simboleggiati nella Fig. 8:

---

[55] Per il significato di "nel sistema" si veda quanto detto in precedenza.

(1) Vendita per consumo, in cui la ricchezza del sistema viene diminuita e il denaro aumentato| per £.

(2) Produzione per salari, ecc. in cui la ricchezza del sistema aumenta e il denaro diminuisce| per £.

La combinazione di (1) e (2) in egual misura lascia invariate sia la ricchezza che la moneta del sistema.

(3) L'affossamento del denaro nell'industria, propedeutico all'aumento della produzione.

(4) Ritiro di denaro dall'industria, dopo la cessazione della produzione.

(S) Combinazione di (3) e (2), in cui la ricchezza del sistema aumenta e la moneta rimane invariata.

(6) Combinazione di (1) e (4), in cui la ricchezza del sistema diminuisce e la moneta rimane invariata.

Le operazioni (1) e (2) - in cui la ricchezza e il denaro si scambiano £ con| lasciando la somma totale, ricchezza + denaro, completamente inalterata - possono provocare solo fluttuazioni o oscillazioni temporanee senza effetti duraturi sulle condizioni di equilibrio del sistema. Le altre, che aumentano o diminuiscono permanentemente il volume della produzione, sono in netta contraddizione e sono le operazioni importanti per la nostra indagine.

Supponiamo infatti che, a livello di prezzi costanti, la produzione venga accelerata oltre il normale. Nel sistema industriale si verifica un eccesso di beni e una carenza di denaro.

Anche in questo caso, un aumento dei consumi porta a una carenza di denaro tra i consumatori.

Per accelerare entrambe le cose è necessario che la circolazione del denaro sia più copiosa di prima, e questo significa o più denaro *e* più ricchezza in fase di produzione o un'effettiva riduzione del tempo necessario per la produzione, che è un periodo naturale, non arbitrario, *e* un accorciamento del tempo necessario al denaro per circolare una volta nel sistema, che è di nuovo un periodo molto conservativo.

Cioè, non solo nella produzione di ricchezza, ma anche nella circolazione del denaro, i tempi e le quantità hanno un'importanza diversa. I fatti fisici non sono sufficientemente espressi solo dal loro rapporto. Può essere corretto parlare della produzione di grano come di tanti moggi al secondo, ma non dobbiamo perdere di vista il fatto che il periodo naturale in cui esprimere la quantità prodotta è, almeno in questo paese , un anno. Quindi, per ogni tipo di ricchezza esiste un periodo naturale di produzione che non può essere ridotto, per quanto possa essere esteso. Anche nella circolazione del denaro non abbiamo solo un tasso di flusso in cui una sterlina al giorno è identica a 365 sterline all'anno. [56] Soprattutto quando il denaro esce dal sistema industriale per arrivare nelle tasche dei consumatori, abbiamo una successione di salti - *pecunia facit saltum*. I profitti sono distribuiti trimestralmente, semestralmente o annualmente; i salari settimanalmente, quindicinalmente o mensilmente; e così via. Se cercassimo di far funzionare un sistema in equilibrio a un ritmo doppio, non solo si verificherebbe necessariamente un deficit permanente di ricchezza finita da vendere,[57] ma tutti coloro che ricevono un reddito monetario dovrebbero essere pagati in media il doppio di prima. Altrimenti ci sarebbe una carenza di denaro.

La quantità necessaria di denaro

Torniamo alla considerazione di un sistema in equilibrio stabile e supponiamo che tutti i consumi e gli acquisti a M per il consumo vengano improvvisamente interrotti, ma che la produzione possa continuare fino a quando tutto il denaro del sistema industriale non viene drenato attraverso F. Allora tutto il denaro è fuori dal sistema. Supponiamo ancora il contrario: il consumo e la produzione vengono fermati, ma l'acquisto per il consumo continua a M fino a quando tutto il denaro viene drenato dalle tasche dei consumatori nel sistema industriale. Allora tutto il denaro è all'interno del sistema. Nessuna delle due operazioni influisce sulla somma totale di denaro + ricchezza, né (1) nel sistema industriale, né (2) al di fuori di esso. Le operazioni immaginarie servono solo a separare ricchezza e denaro e a mettere tutta

---

[56] La "velocità di circolazione", o rapidità di rotazione, nella teoria della quantità di moneta - che è semplicemente il numero medio di volte che il denaro totale *cambia di mano* in un anno - sembra non avere alcun significato importante. Un periodo più naturale sarebbe il periodo medio di circolazione completa fino al punto di partenza.

[57] Dimostrato in precedenza.

l'una da una parte e tutto l'altro dall'altra. In un sistema ideale, probabilmente, la quantità di denaro dovrebbe essere pari a quella della ricchezza finita. Se con l'ultimo mezzo penny prosciugato dalle tasche dei consumatori c'è qualche ricchezza finita nel sistema industriale, non c'è denaro per comprarla, e quindi il sistema è sovraccarico. Se con tutto il denaro nelle tasche dei consumatori c'è più o meno ricchezza finita di questa da acquistare nel sistema industriale, o l'eccesso di ricchezza o di denaro non può essere scambiato, o, se lo scambio fosse effettuato, non si potrebbe mantenere la costanza dei prezzi.

Queste considerazioni ci danno un'idea della quantità corretta di denaro in uno stato di cose semplice in cui il denaro e la ricchezza si scambiano sempre £ per| . Questa quantità dovrebbe essere uguale al totale delle scorte di ricchezza finita all'interno e all'esterno del sistema - quelle in attesa di essere vendute nel mercato dei consumatori più quelle già acquistate e non consumate. Possiamo chiamarla £Q o| Q. Essa è influenzata, in pratica, dalla tesaurizzazione e dalla concessione di credito reciproco in direzioni opposte. Ma il denaro deve avere un rapporto definito con la ricchezza. Per semplicità, all'inizio trascureremo questi fattori. In un sistema così semplice la quantità di denaro all'interno del sistema è uguale alla quantità di ricchezza non ancora consumata all'esterno del sistema e la quantità di ricchezza finita all'interno del sistema è uguale alla quantità di denaro all'esterno del sistema. Quindi, se i consumatori hanno £X, avranno| (Q - X) non consumate, e i produttori avranno £(Q-X) e| X pronte per la vendita. Essendo Q costante, X, come abbiamo visto, può fluttuare senza influenzare seriamente il sistema.

L'effetto dell'aumento del denaro

Cercheremo innanzitutto di vedere a grandi linee l'effetto di un semplice aumento della quantità di moneta nel sistema, trascurando le *minuzie* relative al modo in cui la nuova moneta viene emessa e al particolare punto della circolazione in cui viene introdotta. Il punto è fondamentale, ed è essenziale per capire chiaramente cosa accadrebbe in realtà con un livello di prezzi invariato. Semplificheremo il processo di produzione distinguendo tra ricchezza finita e pronta per la vendita e ricchezza non finita o semilavorata, e chiameremo il tempo medio necessario dall'inizio alla fine della produzione di ricchezza *T* settimane. Supporremo che, attraverso un raddoppio della moneta, un sistema in equilibrio raddoppi la sua produzione e il suo consumo. Se prima produceva| A e spendeva £A a settimana per il consumo, ora produce e consuma| 2A a settimana. La prima settimana immette un'*ulteriore*| A di ricchezza *non finita* e preleva la stessa quantità di ricchezza *finita*. Dopo T settimane le sue scorte di ricchezza finita sono| AT *al di sotto del* precedente livello di equilibrio, mentre le sue scorte di ricchezza non finita sono| AT *al di sopra di* esso. Supponendo che queste scorte necessarie di ricchezza finita esistano, si potrebbe pensare che il pericolo di scarsità sia stato evitato, poiché d'ora in poi, dopo la (T + 1) terza settimana, apparirà in vendita una| A ricchezza finita in più alla settimana.

Ma non è così. Infatti, *sempre* dopo, le scorte di ricchezza finita rimangono| AT al di sotto del precedente valore di equilibrio e le scorte di ricchezza non finita| AT al di sopra di esso, mentre il nuovo equilibrio di produzione e consumo richiede che le scorte finite siano *raddoppiate*. La comunità, infatti, deve permanentemente sopportare scorte di ricchezza per il consumo inferiori a quelle che aveva prima dell'aumento del consumo, e queste non potranno mai essere recuperate finché ci limitiamo ai tipi (1) e (2), al semplice scambio di ricchezza e denaro.

Necessità di astinenza o di risparmio

Possiamo ora considerare come si accrescono e si riducono gli stock di denaro e di ricchezza nel sistema produttivo. La normale circolazione del denaro li lascia, come abbiamo visto, inalterati: per ogni 1 sterlina che entra e| 1 che esce a M, 1 sterlina esce e| 1 entra a F. Per aumentarli, il flusso di denaro deve essere per così dire bypassato dall'esterno all'interno del sistema, senza passare attraverso il mercato dei consumatori. Questo denaro entra senza sottrarre ricchezza ed esce immettendo ricchezza, con il risultato che le scorte aumentano.

Questo processo è già stato simboleggiato

Questo processo è già stato simboleggiato in vari modi, tutti uguali, tuttavia, nel richiedere un'*autentica astinenza dal consumo*. Una persona che si reca al mercato per acquistare le provviste deve essere indotta a prestare il suo denaro all'industriale e ad astenersi dal suo consumo abituale in quella misura. Più semplicemente, l'industriale stesso può rinunciare ai profitti e, invece di distribuirli, rimetterli nella sua attività con lo stesso risultato. In entrambi i casi, il produttore aumenta la sua produzione, assume più lavoratori e diminuisce la disoccupazione distribuendo il denaro prestato sotto forma di salari, ecc.

Se non si può indurre né il pubblico dei consumatori né i produttori ad astenersi dal consumo a tale scopo, si possono tassare. Finora, tuttavia, la tassazione non sembra essere mai stata concepita per scopi diversi dal pagamento della spesa pubblica. Questo ovviamente non è altro che un trasferimento di potere d'acquisto dalle tasche di un gruppo di consumatori a quelle di un altro, del tutto inutile ai nostri fini. Ma se i proventi dell'imposta non venissero utilizzati per coprire le spese del governo, ma venissero prestati ai produttori, l'obiettivo sarebbe raggiunto. Ancora, al posto di imporre la tassazione, si potrebbe chiedere un prestito al pubblico e prestare i proventi ai produttori. Ma se si cerca di risolvere questo rompicapo, non c'è scampo all'astinenza iniziale se si vuole costruire un sistema produttivo da un livello inferiore a uno superiore di produzione. Torneremo in seguito sulle probabili conseguenze del tentativo di evitare questa astinenza iniziale. Si tratta dell'effetto prodotto su una condizione di equilibrio dall'alterazione arbitraria di uno dei fattori alla volta. L'astinenza dal consumo da sola è in grado di aumentare gli stock di ricchezza del sistema. Allo stesso modo, se "bypassiamo" la fabbrica e trasferiamo il denaro nelle tasche del consumatore senza passare per il sistema produttivo, ovviamente in questa misura dreniamo la ricchezza equivalente dalle scorte del sistema industriale.

Si tratta dell'astinenza dalla produzione. È stata simboleggiata da ⟨symbol⟩ e di solito deriva dal ritiro del produttore dall'attività.

Il problema è risolto

Proviamo ora a immaginare gli stati di equilibrio iniziale e finale del sistema in cui la produzione e il consumo sono stati aumentati di un fattore maggiore dell'unità - chiamiamolo r. Cioè ora| rX devono essere prodotti e consumati nello stesso tempo in cui| X lo erano. Chiaramente tutto deve essere modificato dal fattore r. Se prima bastavano £Q, ora dobbiamo avere £rQ, e quindi devono essere emesse £Q $(r - 1)$ di nuova moneta. Prima i consumatori avevano £X e| $(Q - X)$ ancora non consumate, i produttori £$(Q - X)$ e| X in vendita. Prima, inoltre, c'era una certa quantità - chiamiamola| S - di ricchezza semilavorata nel sistema. Ora queste quantità devono essere tutte moltiplicate per r.

Abbiamo postulato un sistema in cui certe quantità sono entrate in una relazione definita come risultato dell'esperienza che ha insegnato a ciascun individuo interessato il miglior rapporto tra denaro e ricchezza necessario per la conduzione dei suoi affari, e chiaramente se ci limitiamo a modificare la scala è sufficiente, in prima approssimazione, modificare tutto in proporzione. È piuttosto un'affermazione errata della verità immaginare un'abbondanza fisica di ricchezza finita in attesa dei clienti. In realtà, ogni produttore conosce il giusto rapporto tra il volume di affari e le scorte necessarie per portarlo avanti nel modo più efficiente e non si discosterà molto da questo rapporto. Sarebbe una perdita mortale per lui se cercasse di avere troppe scorte e cesserebbe la produzione se le scorte diventassero eccessive. Così come potrebbe, per un breve periodo, cercare di portare avanti un boom con scorte insufficienti, ma in pratica aumenterebbe i prezzi se non riuscisse a portare le scorte al rapporto richiesto per la conduzione efficiente dell'attività.

Il compito di accumulare| Q $(r - 1)$ scorte finite in più nel sistema è quindi assolto da coloro che normalmente consumano e hanno il diritto di consumare, astenendosi e trasferendo i loro poteri di consumo ai nuovi lavoratori, che immettono tanto quanto prelevano. Accumulare semplicemente il denaro sarebbe chiaramente peggio che inutile. Questo, naturalmente, avviene gradualmente, in modo più dettagliato in seguito, fino a quando le scorte si accumulano dalle materie prime ai prodotti finiti, e i primi di questi ultimi sono pronti per la vendita. Non appena ciò avviene, le nuove sterline Q $(r - 1)$ necessarie per la distribuzione devono essere stampate ed emesse al pubblico dei consumatori per mantenere indefinitamente il nuovo volume di produzione e consumo al livello superiore. L'emissione avverrebbe normalmente a fronte della spesa pubblica, pagata in questo modo al posto della tassazione. In pratica, naturalmente, il tasso di emissione e il suo esatto ammontare non dipenderebbero da un calcolo teorico o complesso, come quello che è stato qui elaborato, ma, come già spiegato, in base al numero indice effettivo del livello dei prezzi e non appena l'apparizione del maggior volume di nuova ricchezza sul mercato giustificasse la convinzione che una nuova emissione potesse essere effettuata senza causare un aumento del livello dei prezzi.

Ma possiamo anche completare la contabilità nel semplice caso esemplificato. Alla fine, delle £ Q $(r - 1)$ emesse ai consumatori, £$(Q - X)$ $(r - 1)$ entrerà definitivamente *nel* sistema in cambio di| $(Q - X)$ $(r - 1)$, e £ X $(r - 1)$ rimarrà nelle mani dei consumatori. Così le scorte all'interno del sistema passano da £ X e £ S a £ rX, e £ rS, e da £$(X - Q)$

a £ *r* (*Q* - *X*) in denaro, perché queste sono le condizioni di equilibrio che si prenderanno cura di se stesse. Ma ciò che non si risolve da solo e deve essere "gestito" è (1) l'astinenza genuina iniziale e il trasferimento del potere d'acquisto dal consumatore al produttore; (2) l'emissione di nuova moneta. Il primo senza il secondo è un male altrettanto grande del secondo senza il primo.

Significa infatti che, nonostante tutti gli sforzi e i sacrifici, i beni acquistati non possono essere venduti a prezzo costante. Il denaro per continuare la nuova scala di produzione non trova più spazio nel sistema non appena i prestiti cessano. I lavoratori in più assunti per aumentare la produzione vengono buttati fuori dal lavoro. Le scorte extra accumulate devono essere vendute e, mentre ciò avviene, si crea tanta disoccupazione in più quanta ne è stata fornita durante l'accumulo. In questo modo, l'occupazione scende temporaneamente al di sotto di quella originaria, così come all'inizio era temporaneamente aumentata. In realtà, questo indovinello sfuggente eppure estremamente elementare è stato probabilmente responsabile di una quantità di sforzi umani inutili e di spreco di vite pari a tutte le più vistose tragedie di carestie, pestilenze e guerre messe insieme.

La relazione tra astinenza e nuovo denaro

La correzione più importante da introdurre nel ragionamento precedente è quella che tiene conto degli effetti della tesaurizzazione e del credito reciproco, ed è molto semplice. Invece di avere bisogno di £*Q* per distribuire| *Q* di scorte finite, avremo bisogno di un'altra quantità £*KQ*, dove *K* è un fattore sconosciuto. Il fattore K è sconosciuto e cambierà solo lentamente con le abitudini commerciali e domestiche della gente. Invece di emettere £*Q* (*r* - 1) di nuova moneta, saranno necessarie £*KQ* (*r* - 1). Ma queste considerazioni non incidono minimamente sulla necessità di astenersi dal consumo per tutta [58] l'estensione delle maggiori scorte di ricchezza finita e semilavorata. In pratica, naturalmente, non è necessario conoscere in anticipo i valori numerici delle varie quantità e dei fattori coinvolti. Il livello dei prezzi

---

[58] Parte di questa astinenza può derivare dall'astinenza inconsapevole dei detentori di denaro e non da un investimento consapevole, come si sta per considerare.

è l'unico indicatore necessario; ma i dati sulla disoccupazione e il fatto che le fabbriche lavorino o meno a pieno regime sono, ovviamente, preziose guide sulla questione generale.

Nel sistema ideale proposto, il denaro in tasca ai consumatori - trascurando la tesaurizzazione e i prestiti reciproci - dovrebbe essere uguale alla quantità di ricchezza finita in vendita. L'aumento di denaro richiesto deve comunque essere proporzionale, se non uguale, all'aumento delle scorte finite. L'astinenza iniziale è sicuramente pari all'aumento delle scorte totali, sia finite che non finite, necessarie per costruire il sistema a un livello superiore. Ciò significa che la nuova moneta emessa non può mai ripagare più di una parte - di solito una piccola parte - dell'astinenza iniziale; al massimo il rapporto tra scorte finite e scorte totali di ricchezza.

Più avanti vedremo che non solo, come in questo caso, l'accumulazione di capitale fluido, ma in tutti i casi di accumulazione di capitale, si contrae un debito verso gli individui che non potrà mai essere ripagato e che quindi dovrà essere gravato da un interesse permanente.

Un'illustrazione più dettagliata

Poche persone che non abbiano cercato di trovare un modo per farlo saranno disposte a credere all'affermazione che è assolutamente impossibile aumentare le scorte di ricchezza in un sistema industriale e costruirlo da un livello di produzione inferiore a uno superiore senza una qualche forma di astinenza iniziale o di "risparmio" da parte dei consumatori o dei produttori. Abbiamo delineato a sufficienza la soluzione generale del problema, ma può essere istruttivo considerare uno o due punti in modo più dettagliato. Supponiamo di considerare la produzione di una merce dall'inizio alla fine in tre fabbriche o mercati successivi. Il primo produttore, che si occupa delle materie prime, avrà bisogno del primo prestito per poter aumentare la sua produzione e pagare più salari, ecc. Supponiamo che riceva un prestito di $£l_1$, che versa come salari e profitti, immettendo nel sistema| $_{1(1)}$ di nuova ricchezza non finita. Non appena sarà pronta per passare al secondo fabbricante, quest'ultimo avrà bisogno di un prestito di $£l_1 + _{1(2)}$, $£l_1$ per acquistare la| $_{1(1)}$ dalla prima fabbrica e $£l_2$ da pagare come salari, ecc. per la sua conversione in $£l_1 + _{1(2)}$. Il primo produttore non ha bisogno di ulteriori prestiti perché, ricevendo $£l_1$ dalla vendita del suo prodotto, può ripetere l'aumento della produzione una seconda volta. Nel terzo periodo il terzo produttore avrà bisogno di un prestito di $£l_1 + {}_{l(2)} + {}_{l(3)},|$ ${}_{l(1)} + {}_{l(2)}$ per acquistare il materiale dal secondo produttore e $£l_3$ per i suoi costi di conversione del materiale in un'ulteriore fase $| {}_{l(1)} + {}_{l(2)} + {}_{l(3)}$. Delle $£l_1 + {}_{l(2)}$, le $£l_2$ consentono al secondo produttore di convertire un secondo lotto di merci e le $£l_1$ al primo produttore di produrre un terzo lotto.

Poiché si suppone che i prestiti siano autentici, per tutto questo tempo non si esaurisce la normale scorta di ricchezza finita. Ma grazie a prestiti per un ammontare di $3l_1 + 2l_2 + {}_{l(3)};| {}_{l(1)} + {}_{l(2)} + {}_{l(3)}$ di ricchezza aggiuntiva è ora pronta per la vendita, e due quantità separate di prodotti intermedi $£l_2 + {}_{l(1)}$ e $£l_1$ sono in arrivo. I tre produttori hanno aumentato i loro salari regolari e gli altri pagamenti rispettivamente di $£l_1$, $£l_2$ e $£l_3$.

Supponiamo che ora i prestiti cessino. I parsimoniosi e gli imprenditori hanno fatto la loro parte e la ricchezza appare nel mercato dei consumatori per essere venduta. Come può essere venduta? Se non viene venduta, è chiaro che i pagamenti extra di $£l_1 + {}_{l(2)} + {}_{l(3)}$ non possono più essere continuati. Non solo è vero che può essere prodotto, ma è altrettanto vero che può essere *venduto* solo se questi pagamenti vengono continuati. Finora il consumo non è stato aumentato dall'accumulazione, poiché i prestiti, se autentici, si limitano a trasferire ai nuovi lavoratori i prodotti finiti, che altrimenti i prestatori stessi avrebbero acquistato e consumato. Quando i prestiti cesseranno, il consumo non aumenterà, a meno che i nuovi lavoratori non continuino a lavorare. Poiché prima il denaro in circolazione era sufficiente a distribuire il precedente flusso di ricchezza, è ovvio che ora deve essere aumentato proporzionalmente per distribuire l'aumento del flusso, e questo può essere messo in circolazione più facilmente attraverso la remissione delle tasse e il pagamento delle spese governative con il nuovo denaro emesso. Se non viene emessa nuova moneta per acquistare la ricchezza da consumare, l'intero processo elaborato viene annullato. Le scorte non possono essere vendute, i salari extra, gli stipendi, i profitti, i dividendi, ecc. non possono essere pagati, i lavoratori extra assunti devono essere nuovamente licenziati per riprendere la loro disoccupazione, e l'odio di classe basato sulla certezza che le classi dirigenti del paese o non capiscono gli elementi della loro attività o stanno deliberatamente cercando di schiavizzare i lavoratori è il risultato naturale.

Il caso del Glut esistente

Se nell'ultimo esempio ci fosse inizialmente una quantità sufficiente di ricchezza finita sul mercato, solo allora si potrebbe rinunciare all'astinenza iniziale ed emettere subito la nuova moneta come prestito all'industria. Supponiamo, a titolo di esempio, che tali scorte finite invendibili ammontino a| M1. Si stampa nuova moneta in quantità sufficiente e la si emette gradualmente, in modo da lasciare le scorte di ricchezza al di sopra dei requisiti della precedente scala di produzione e in grado di mantenere il livello di produzione permanentemente aumentato.

Il nuovo denaro, una volta immesso nel sistema, continua a circolare, ovviamente, per sempre, a parte la perdita o la distruzione accidentale del denaro. Ma ad ogni circolazione immette tanta ricchezza quanta ne toglie, sempre a condizione che l'organizzazione esistente sia in grado, senza nuove spese di capitale, di gestire l'aumento della produzione e che esista un numero sufficiente di lavoratori disoccupati. In base a questa ipotesi, con un'emissione di questo tipo le ruote dell'industria potrebbero essere messe in moto allegramente, ma la medicina non deve essere ripetuta. Mentre con una sufficiente astinenza iniziale, precedente all'emissione della nuova moneta, la costruzione dell'industria può essere definitivamente proseguita. Il consumo dei consumatori, come la circolazione del denaro, continua per sempre e non può essere soddisfatto da nuove emissioni continue. Si tratta quindi di una proposta totalmente diversa da quella di un Dividendo Nazionale, che potrebbe essere possibile solo in una società comunalista, non in una individualista. Le circostanze che renderebbero fattibile una tale emissione occasionale di nuova moneta non si verificherebbero mai, ovviamente, se la moneta fosse nazionale ed emessa regolarmente al posto della tassazione per mantenere i prezzi costanti all'aumentare della produzione nazionale di ricchezza.

Pertanto, l'argomentazione sulla follia di salvare la società con qualsiasi schema di "manipolazione della moneta", perché una quantità relativamente piccola di denaro è sufficiente a far circolare una quantità indefinitamente grande di ricchezza, è in realtà a doppio taglio. La società potrebbe essere salvata proprio per questo motivo. Anche la quantità di astinenza richiesta, precedente a questa piccola emissione, è quasi altrettanto insignificante, in ogni caso dove il lavoro e il capitale disoccupato esistono in abbondanza. Sarebbe assurdo supporre che l'ordinario senso degli affari del mondo industriale non fornirebbe con i profitti le scorte necessarie di materiali se i mercati fossero garantiti da un'adeguata emissione di moneta nazionale.

È stato necessario insistere senza compromessi sulla necessità di un'astinenza *iniziale*, che però non deve essere confusa con l'astinenza cronica e lo slogan "lavora di più e consuma di meno" dell'usuraio. Proprio come nel caso dell'emissione di nuova moneta, l'astinenza è necessaria solo una volta. Concedendo lavoro e capitale disoccupati, l'astinenza al massimo nella misura delle scorte fluide di ricchezza del sistema *raddoppierebbe* in media il potere di consumo di tutti per *sempre*.

Come apparirebbe a un banchiere

Abbiamo appena considerato l'unico caso in cui un'emissione di nuova moneta potrebbe creare una prosperità permanente senza un'astinenza iniziale, ossia quando sul mercato c'è un eccesso di scorte finite invendibili. Ma se esaminiamo la condizione essenziale che ha portato a questo stato di cose, scopriremo che è dovuta all'astinenza e a nient'altro, forzata e involontaria è vero, ma comunque all'astinenza.

I singoli proprietari hanno affondato le loro proprietà o i loro guadagni nell'industria, se le scorte si sono accumulate, e sono arrivati alla fine delle loro risorse. Questi individui di solito sono i produttori stessi, e l'investimento che doveva essere temporaneo è diventato irrealizzabile. I beni sono lì, di loro proprietà e in attesa di essere venduti, ma non possono essere venduti.

Prima di concludere frettolosamente che il potere delle banche di creare denaro e prestarlo all'industria è giustificato da questo caso, è bene chiedersi se queste sono le condizioni in cui i crediti bancari verrebbero di fatto estesi o ridotti.

L'industria è piena di merci invendibili. C'era un mercato durante il periodo in cui i produttori pagavano i salari, ecc. con le proprie risorse per produrre l'accumulazione. I produttori hanno trasferito i loro diritti sul mercato ai nuovi lavoratori che hanno prodotto l'accumulazione. Ma ora che questi ultimi hanno esaurito le loro risorse limitate e che il loro capitale è tutto vincolato ai manufatti, il processo di accumulazione si arresta e con esso la domanda sul mercato di beni da parte di coloro che prima erano impegnati a creare l'accumulazione. Il mercato perde colpi. Le scorte gonfie e deprezzate devono essere vendute quando non ci sono acquirenti. È in questo momento psicologico che l'industriale deve rivolgersi al banchiere per ottenere il nuovo denaro che consenta all'industria di continuare. Può far notare che la produzione ha superato di gran lunga il consumo, che c'è stato, per dirla in termini bancari, un grande boom speculativo, che non c'è alcun mercato per le cose che produce e che potrebbe continuare a produrre all'infinito se potesse venderle, e poi chiedere umilmente dei crediti per facilitare la produzione! Il banchiere lo prenderebbe per pazzo. Gli direbbe: "Non è forse ovvio che la vostra produzione ha già superato i mercati, e che fino a quando le scorte non saranno smaltite i crediti devono essere ridotti, non estesi?". Quindi la produzione è costretta a scendere al di sotto del normale come durante il periodo iniziale di accumulo era al di sopra del normale. Gli accumuli vengono eliminati attraverso l'elaborato processo di trasferimento del potere d'acquisto, da qualsiasi luogo in cui il denaro rimanente del paese si trovi al momento, attraverso la tassazione per mantenere i disoccupati e andare avanti in qualche modo, e poi, non appena gli effetti dell'astinenza iniziale sono stati completamente dissipati, quello è il momento psicologico in cui il banchiere gonfierà.

Le conseguenze dell'astinenza fittizia

Le conseguenze sono già state sufficientemente indicate. Le scorte di ricchezza finita si esauriscono e le scorte di prodotti intermedi vengono aumentate solo fino al nuovo livello per mantenere il boom. C'è una carenza di ricchezza da vendere e un aumento del denaro per comprarla allo stesso tempo. L'aumento dei prezzi è inevitabile in queste condizioni. Ma non si deve pensare che l'aumento dei prezzi al dettaglio, facendo sì che ogni sterlina al banco dei consumatori prelevi una minore quantità assoluta di ricchezza finita, faccia aumentare le scorte. Non è affatto così. I profitti sono semplicemente aumentati. Se c'è un aumento del 10% del livello dei prezzi, ogni sterlina preleva solo 10/11 dell'unità di merce che prima valeva 1 sterlina, ma di questa sterlina, 1/11 è un profitto extra, e torna subito a prelevare il resto. Il prezzo di un articolo viene a volte definito come il prezzo di vendita. È innegabile che non si tratta solo di ciò che si ricava dalle tasche dei consumatori, ma anche di ciò che entra nelle tasche dei produttori. Ma il produttore è anche un consumatore, e la parte che supera il costo per il venditore, il profitto, è considerata da lui come una sua proprietà privata in qualità di consumatore. Il resto è già stato pagato, o sarà pagato, alle altre persone impegnate nella produzione, ognuna delle quali lo tratta a sua volta come proprietà privata da spendere nelle tasche dei consumatori.

Il simbolismo diventa più sfuggente se il livello dei prezzi varia, ma ciò non inficia del tutto l'utilità di questo metodo per affrontare il problema. Infatti, anche in questo caso, è solo nella misura in cui questi profitti non guadagnati vengono reimmessi nell'impresa che le quantità o i valori monetari delle scorte di ricchezza finita possono aumentare. All'inizio c'è solo un'alterazione nella distribuzione tra il consumatore e il venditore, anch'esso consumatore. Ciò che l'uno perde, l'altro lo riceve. Ma quando l'aumento dei prezzi si trasmette attraverso il sistema industriale alla fabbrica e comincia a influenzare i salari e i pagamenti per i servizi così come i profitti, allora la quantità assoluta di ricchezza immessa nel sistema dal pagamento di 1 sterlina si riduce. Le scorte di ricchezza nel sistema, fino a quel momento inalterate in quantità dall'aumento del prezzo, iniziano ora a diminuire in quantità. Continuano a diminuire in quantità - e ad aumentare il valore monetario per unità di quantità - fino a quando l'aumento della quantità di denaro in circolazione paga solo per la stessa quantità di produzione precedente all'aumento - tranne nella misura in cui, astenendosi dal distribuire i profitti in eccesso, i produttori stessi o altri investitori reali possono aggiungere agli stock di ricchezza nel sistema.

L'esistenza della ricchezza è la prova che qualcuno ha prodotto e non ha ancora consumato. La ricchezza esistente è l'eccedenza della produzione rispetto al consumo e decade dall'inizio dei tempi. L'intera ricchezza - trascurando la parte di capitale comune fisso, come porti, strade e simili - ha proprietari individuali che si sono astenuti dal consumo in questa misura. Oltre a ciò, un'astinenza pari al valore del denaro totale del Paese è esercitata dai proprietari di denaro, che volontariamente, ma per la maggior parte inconsapevolmente, si astengono non solo dal consumare ma anche dal possedere.

Sarebbe troppo complicato addentrarsi nell'incertezza economica per approfondire questione delle conseguenze di un cambiamento del livello dei prezzi e di tutto ciò che esso comporta. Tuttavia, è possibile indicare la natura generale dell'effetto di un aumento dei prezzi. A parte l'*aumento* del livello di prosperità prima ancora che si possa *recuperare* il livello precedente, dopo l'aumento dei prezzi qualcuno deve contribuire con perdite equivalenti ai profitti in eccesso realizzati durante l'aumento. Naturalmente, tutti coloro che sono impegnati nella produzione, datori di lavoro e lavoratori, si oppongono strenuamente a questa richiesta e ciò spiega la difficoltà di ridurre il livello dei prezzi dopo il loro aumento. È sufficiente dimostrare che la semplice emissione di nuova moneta, da parte dello Stato, delle banche o della contraffazione, sebbene stimoli temporaneamente la produzione e il consumo, impoverendo le scorte di ricchezza finita porta a un aumento dei prezzi e, a meno che non sia contrastata da investimenti reali che riforniscano le scorte mancanti, finisce per deprimere il sistema al di sotto del suo precedente livello di produzione reale a un prezzo gonfiato.

Ciò che finora ha limitato la Produzione e il Consumo

Ma, ancora una volta, possiamo porre la domanda più volte ripetuta: "Che cosa, nel sistema in voga nel secolo scorso, ha limitato l'espansione della produzione di ricchezza? - Questa volta per rispondere. L'aumento dei prezzi è l'espressione della carenza di prodotti finiti. Ciò porta naturalmente al tentativo di rifornirli importandoli dall'estero. In cambio non ci sono beni pronti da esportare. In altre parole, l'aumento dei prezzi rende questa attività non redditizia. Ma c'è l'unica forma di ricchezza finita che viene mantenuta artificialmente a prezzo monetario costante, cioè l'oro, e il paese viene quindi svuotato del suo oro per pagare l'eccesso di importazioni.[59] Automaticamente questo rendeva la posizione del banchiere insicura e la sua banca passibile di essere rotta da una richiesta di corso legale, almeno prima della guerra e della moratoria, se non più adesso. Così si ricorre ai crediti, si distrugge il denaro e si riduce il volume della produzione a un limite sicuro per il banchiere, ma insufficiente a sostenere la nazione. Come abbiamo già visto, nella misura in cui c'è stata un'inflazione simultanea della moneta in tutti i paesi, in modo che l'oro non tendesse a fluire da uno all'altro, si è verificato un aumento permanente del livello dei prezzi in tutti i paesi e la restrizione della moneta non viene quindi automaticamente. Ma gli interessi finanziari del banchiere sono prevalentemente quelli della classe dei creditori. Egli non lavora e non gira, ma vive di interessi. Quindi un aumento dei prezzi, che non può essere evitato finché nessuno rinuncia al denaro che

---

[59] Su questo tema, trattato come causa e non come effetto, è stata scritta un'intera biblioteca.

crea per prestare, è una conseguenza molto sgradita. Ricevendo pagamenti di interessi monetari fissi, il detentore di obbligazioni e la classe puramente creditrice in generale vedono i loro redditi reali diminuire proporzionalmente all'aumento dei prezzi. D'altra parte, se l'industria viene rovinata, i loro crediti sono *i primi* a essere liquidati. Per questo motivo la moneta viene limitata e si cerca di far scendere i prezzi, anche se non c'è alcun rischio di insolvenza per le banche, grazie al fatto che il meccanismo è completamente controllato da coloro che hanno poco da perdere e molto da guadagnare da questa politica disastrosa.

L'unico modo per evitare l'astinenza iniziale

È interessante notare anche, in un'altra direzione, quanto la psicologia del banchiere sia incompatibile con i fattori fisici della produzione di ricchezza. È chiaro che, per un dato livello di prezzi e per un dato tasso di produzione e consumo di ricchezza, più denaro c'è nel paese e meno rapidamente deve circolare. Se per circolare una volta nel sistema ci volesse lo stesso tempo che, in media, ci vuole per produrre ricchezza, la quantità di denaro potrebbe essere pari alle scorte totali di ricchezza finita e semilavorata, e non sarebbe necessaria altra astinenza che quella volontaria e infruttifera dei proprietari di denaro. Il denaro potrebbe essere emesso "a fronte di merci" nel sistema industriale, come viene talvolta richiesto. Invece, l'intera *ragion d'essere* delle banche, derivata dall'epoca in cui i metalli preziosi erano l'unica moneta, è quella di "economizzare" la quantità di denaro necessaria e di aumentare il più possibile la sua velocità di circolazione, in modo che non rimanga mai "arido" e "inattivo", ma venga messo continuamente a "uso produttivo".

Mentre, se la circolazione potesse solo essere rallentata per conformarsi al tempo naturale di produzione della ricchezza, si potrebbe emettere in proporzione a questo aumento della produzione senza aumentare affatto i prezzi. Essa stessa pagherebbe l'astinenza necessaria per aumentare le scorte.

Chi ci guadagna e chi paga?

Poiché la produzione di ricchezza è essenzialmente una scienza finita, è un insulto alla nostra intelligenza considerarla, come il tempo, al di là dell'ingegno dei mortali per controllarla o comprenderla.

Dovrebbe finire la febbrile alternanza del ciclo commerciale. Dovrebbe essere sostituito da una prosperità uniforme, in cui le carestie e le siccità siano ridotte al loro reale significato locale e il mondo intero possa cooperare con reciproco vantaggio. Ci sono molte persone, dotate di doni eccezionali, a cui questo genere di cose non piacerebbe. Ma sono loro a guadagnare e non a soffrire nell'attuale caos. È il consumatore a pagare per tutti i brillanti giochi d'azzardo e le speculazioni, nonché per tutta l'ignoranza e l'incompetenza di fondo che rendono il sistema individualista quello che è. Quando la democrazia avrà capito che, al giorno d'oggi, la produzione di ricchezza è davvero un affare di ingegneria scientifica, e non principalmente un affare di come far fruttare pezzi di carta, e che non è solo ozioso ma altamente pericoloso per la scienza espandere la propria ricchezza a meno che la moneta non venga spesa in proporzione per l'uso, avrà imparato qualcosa che, nel complesso, è il più vicino alla radice della libertà economica che sia attualmente possibile ottenere. È certamente molto più vicino ad essa dei credo politici di parte, sia che si tratti dei vecchi temi dell'individualismo e del socialismo, sia dei curiosi ibridi che si stanno sviluppando in Russia e in Italia. Finora non siamo andati molto oltre l'idea dell'irlandese di nutrire il suo maiale, ingrassandolo un giorno e facendolo morire di fame il giorno dopo per ottenere il bacon. Il maiale è morto e la nostra civiltà del lardo e del magro è in una situazione di estremo pericolo.

CAPITOLO XII

ACCUMULO CONTRO DISTRIBUZIONE

L'accumulo di capitale

Nel precedente studio della questione di come promuovere la produzione e abolire la disoccupazione abbiamo sottolineato il ruolo chiave svolto nel problema dei prezzi dall'astinenza iniziale dal consumo fino a quando i beni prodotti non sono pronti per il consumo. Il caso era limitato all'accumulazione delle necessarie scorte di ricchezza fluida nel sistema, nell'ipotesi che fossero disponibili lavoro e capitale disoccupati. Ma considerazioni identiche valgono anche per l'accumulazione di capitale fisso. Possiamo immaginare che il flusso della ricchezza proceda in solide arterie murate e distinguere tra ricchezza fluida e ricchezza fissa - intendendo con il primo termine la parte che effettivamente esce dal sistema e compare nel mercato dei consumatori per essere venduta, e con il secondo gli stessi organi di produzione, che devono essere immessi nel sistema con processi identici a quelli della ricchezza fluida, ma che non escono mai né possono uscire per il consumo. In realtà è più corretto considerare in questa categoria di ricchezza fissa quella parte di ricchezza fluida che è necessaria per riempire le arterie, perché, anche se passa sempre, c'è necessariamente sempre una certa quantità nel sistema, che non può essere ridotta senza ridurre permanentemente la produzione. È vero che c'è una differenza se contempliamo una continuazione delle passate alternanze del livello dei prezzi e della produzione, ma non ce ne sarebbe nessuna con un sistema ragionevolmente stabile. Non ha senso fare tutti gli sforzi e i problemi necessari per costruire il sistema con l'intenzione di abbatterlo di nuovo. Se invece ci occupiamo dell'accumulazione di capitale fisso, non solo non esce mai dal sistema al consumatore, ma non può mai uscire. Prima o poi arriva alla fine della sua vita utile all'interno del sistema stesso.

In termini generali, l'*unico* modo possibile per aumentare le scorte di ricchezza nel sistema, che sia precedente alla produzione di una maggiore quantità di prodotto o all'accumulo di capitale in prima istanza, è quello di bypassare il denaro attraverso il mart dei consumatori, in modo che passi attraverso il sistema produttivo due volte nella sua circolazione invece di una. In questo modo si immette nel sistema il doppio del valore della ricchezza che si sottrae. Ma crea debiti nei confronti degli individui che rinunciano al loro potere d'acquisto e, per quanto ci si sforzi di risolvere il problema, si deve arrivare alla conclusione che *questi debiti non potranno mai essere realmente ripagati.*

È un postulato innegabile che tutta la ricchezza immessa nel sistema, calcolata in termini di costi di produzione, non solo non esce ma non può uscire.

Come il denaro, il capitale è individuale
Ricchezza e debito comunitario

Alcuni tipi di ricchezza, è vero, possono servire a scopi diversi, e possono essere il capitale fisso di un'industria e la materia prima della ricchezza fluida di un'altra. In misura molto limitata, una comunità potrebbe "vivere sulla sua gobba" come un cammello, esaurendo la sua accumulazione di capitale per il consumo. Ma questo è eccezionale. Nessuna comunità primitiva penserebbe di mangiare i suoi aratri se fosse a corto di pane. La mentalità finanziaria dell'uomo moderno impedisce di apprezzare adeguatamente queste considerazioni elementari. Essendo la produzione e la distribuzione regolate dai biglietti del denaro, non si fa alcuna distinzione tra aratri e pane, perché entrambi si scambiano ugualmente con il denaro. L'economista non è riuscito a illuminarlo sulle due categorie di ricchezza totalmente distinte. L'uomo moderno è quindi portato a pensare di poter consumare lo stesso, sia che ciò che viene prodotto sia consumabile o meno! Può farlo solo se può scambiare l'una forma di ricchezza con l'altra attraverso il commercio estero.

Indipendentemente dal fatto che l'equivalente della ricchezza immessa nel sistema esca o meno dal sistema, tutti i costi sostenuti devono essere estratti dalle tasche del consumatore, sia al punto di vendita che *durante il percorso.* Se questo viene fatto al mercato dei consumatori, si sottrae al sistema tanta ricchezza quanta ne viene immessa di nuovo quando il denaro circola fuori dal sistema produttivo. L'importo sottratto al consumatore è necessariamente maggiore di quello che riceve, in misura molto elevata se si sta accumulando capitale, non scambiabile con ricchezza consumabile, ma invariabilmente in modo da compensare gli sprechi e il deprezzamento.

Non si tratta solo di una banale affermazione che il consumatore paga più del prezzo di costo per le sue merci, perché bisogna ricordare, in questo metodo di approccio al tema, che tutti i profitti sono considerati parte dei costi tanto quanto i salari e non si ipotizza se i costi siano ragionevoli o estorsivi, necessari o evitabili. Ciò significa che il denaro deve essere sempre bypassato nel sistema senza passare per il mart dei consumatori, per cui si immette più ricchezza di quanta se ne estragga.

Così, nel caso dello spreco, se una partita di merci del valore di *X* sterline di costi totali viene rovinata durante la produzione, i profitti si riducono *di X* sterline, e invece di trovare la strada per i consumatori, il denaro viene reimmesso nel sistema nei punti necessari per causare una nuova produzione di *X*. Lo stesso vale per i nuovi ampliamenti di capitale finanziati con i profitti. Lo stesso vale per le nuove estensioni di capitale finanziate con i profitti. Le nuove imprese e i grandi ampliamenti sono finanziati con nuovi prestiti, e se si tratta di prestiti veri e propri l'operazione è della stessa natura e può essere brevemente descritta come il by-pass del mercato dei consumatori.

Tutte queste operazioni comportano la creazione di debiti nei confronti dei singoli. Alcuni di essi, come il recupero degli sprechi e degli ammortamenti, vengono trattati subito come debiti inesigibili. Vengono cancellati e dimenticati nel momento in cui vengono contratti e non producono interessi. Altri, come il finanziamento degli ampliamenti di capitale con i profitti, non comportano la creazione di nuovi debiti formali, ma producono interessi in termini di aumento dei pagamenti su quelli già esistenti. Ma i nuovi prestiti comportano la creazione di nuovi oneri debitori, e per questi è vero come per i debiti cancellati man mano che si verificano per gli sprechi e gli ammortamenti, che non potranno mai essere rimborsati. La proprietà di questi debiti passa di mano proprio come per la ricchezza consumabile. L'interesse è un pagamento per l'uso del capitale, ma non è in alcun modo un *rimborso*, poiché il debito non è influenzato dall'importo già pagato. Il rimborso nel senso di riconvertire il capitale in ricchezza consumabile è impossibile in tutti i casi, tranne quelli eccezionali, e alla fine questi debiti devono essere svalutati e cancellati man mano che la ricchezza marcisce nel sistema.

A prima vista nulla potrebbe sembrare più facile, avendo aumentato in modo permanente le entrate, che ripagare coloro a cui siamo debitori del risparmio iniziale con parte della ricchezza prodotta. Ma si dimentica che la ricchezza prodotta ha dei proprietari individuali, che possono scambiare i beni che producono con la proprietà del capitale accumulato. Ma questo non fa altro che trasferire il debito, non lo ripaga. È vero che la nazionalizzazione, in cui il capitale viene riscattato attraverso la tassazione o un'altra forma di prelievo generale, conferirebbe la proprietà all'intera comunità. Ma anche questo è in realtà un trasferimento della proprietà del debito dagli individui alla comunità e non un rimborso in ricchezza.

L'eredità dubbia della scienza

Le conseguenze di questo punto non sufficientemente apprezzato si vedono nelle condizioni in cui chiunque abbia la fortuna di nascere in un'epoca scientifica deve ora entrare nel mondo. Si stima che si debba accumulare un capitale di 1.000 sterline e probabilmente di più per fornire al nuovo arrivato, una volta adulto, l'attrezzatura necessaria per lavorare efficacemente e una casa in cui sia possibile mettere su famiglia. Con un interesse del 5%, questi aspiranti al privilegio di essere gli eredi di tutte le epoche devono pagare almeno 50 sterline all'anno dal prodotto del loro lavoro in perpetuo, un'eredità sicuramente dubbia. Ma è una delle più profonde futilità dell'economia individualista quella di non fornire un mezzo per il riscatto di questi debiti, ai quali non si può sfuggire se si vuole che la comunità sviluppi le sue entrate di ricchezza ed espanda la sua popolazione.

L'inutilità della tassazione

Tasse, imposte di morte e simili, come sarà evidente se l'effetto viene calcolato sul diagramma, di solito si limitano a trasferire la proprietà da un gruppo di persone a un altro, e modificano solo i particolari individui che arrivano al mercato dei consumatori con il denaro. Tranne che nel raro caso in cui sia stata imposta per fornire prestiti all'industria, come, ad esempio, quando sono state prestate 3 milioni di sterline di denaro pubblico al 3% per la costruzione del *Lusitania* e del *Mauretania*, essa non bypassa il mercato dei consumatori. Al contrario, riducendo la quantità di denaro in eccesso nelle mani dei consumatori, può impedire loro di investirlo.

Lo Stato scopre che, per continuare a esistere, è fondamentale diminuire il peso della mano morta del passato, in modo che i suoi cittadini non siano ridotti a nullatenenti sotto il peso del debito in cui sono nati. I canoni di una società individualista, che non permettono a di possedere imprese che producono reddito e che hanno limitato i suoi poteri di tassazione alla spesa per servizi dai quali non si può ricavare un profitto monetario, la rendono impotente. Può colpire selvaggiamente quanto vuole il singolo capitalista, ma le supertasse e le imposte sulla morte non fanno altro che trasferire la sua proprietà ad altri individui. Nella misura in cui i debiti, a differenza del debito nazionale, rappresentano ricchezza permanentemente immobilizzata nelle arterie del sistema produttivo, essi sfidano il ripudio e il facile rimedio dello statista, la svalutazione della moneta. Una tassazione di questo tipo non fa altro che trasferire la proprietà dai detentori originari a un nuovo gruppo, sostituendo a un diavolo aristocratico sette diavoli plebei.

Lo Stato, non possedendo alcuna impresa produttrice di reddito, non può, se non si vuole che il valore del denaro si svaluti, sovvenzionare un'industria, dotare la maternità, concedere pensioni alle vedove, assistere università e ospedali, o concedere a tutti un Dividendo Nazionale, se non direttamente dalle tasche dei contribuenti della comunità. Oltre alla sua Ricchezza Virtuale, il suo grande appeal sul credito è semplicemente il suo potere di indebitarsi. In questo è certamente superiore a qualsiasi individuo o società, ma solo perché può tassare i suoi cittadini per pagare gli interessi. Anche il gigantesco credito dello Stato è ora, sicuramente, quasi *esaurito*.

Ma, senza possedere le industrie e nemmeno le banche o la terra, lo Stato potrebbe, se controllasse l'emissione di moneta e ogni forma di credito in cui viene creato nuovo denaro, fare molta strada per mettere ordine in casa sua e potrebbe colpire efficacemente i monopoli in ogni forma. Potrebbe dare libertà economica ai suoi cittadini in modo da garantire a tutti il diritto di guadagnarsi da vivere.

Ci avviciniamo qui ad alcune questioni sollevate dal Maggiore Douglas e dalla scuola dei riformatori del Credito Sociale.[60] Va detto subito che, sebbene vi siano evidenti punti di somiglianza tra molti dei punti di vista esposti in questo libro e quelli della Scuola di Douglas, soprattutto per quanto riguarda la diagnosi dello stallo industriale e l'esistenza di errori fondamentali nella contabilità nazionale e non individuale, la somiglianza finisce qui.

La posizione agricola del Paese

Non c'è disaccordo tra di noi sulla possibilità fisica di abolire completamente la povertà e la disoccupazione attraverso la ristorazione e l'ingegneria, distinta dal finanziamento, di un livello di vita molto più elevato per le masse non meno che per i pochi, e sul fatto che una delle chiavi del problema è l'emissione di una domanda effettiva, cioè di denaro, al fine di distribuire per l'uso e il consumo il reddito quasi indefinitamente estensibile in grado di essere prodotto in un'epoca scientifica. A questo proposito, sebbene i prodotti agricoli appartengano a una categoria diversa rispetto ai manufatti e al capitale, anche per i primi non sembrano esserci buone ragioni per dubitare che l'offerta seguirà e terrà a lungo il passo della domanda, e che è solo la domanda effettiva a mancare. Naturalmente questo non è ancora vero per questo Paese, come comunità isolata, nell'attuale stato dell'agricoltura. Il massimo che gli esperti di economia agricola sembrano disposti a concedere è che il Paese potrebbe fornire su base economica circa la metà del cibo che consuma. I seguenti estratti da *Food Production in War*, di T. H. Middleton, sono pertinenti alla questione.

P. 320, nota: "Un milione di calorie equivale all'incirca a un anno di energia per una persona; i numeri possono quindi essere letti come persone fornite di cibo".
P. 322: "Il guadagno netto che il Paese ha ottenuto dai prodotti del raccolto del 1918 non è stato inferiore a 4.050.000 milioni di calorie.

---

[60] Confronta *Economic Democracy* e *Credit Power and Democracy*, C. H. Douglas; *The Community's Credit*, C. Marshall Hattersley; *The Flaw in the Price System*, P. W. Martin, e altre opere recenti; e la rivista settimanale *The New Age*, che è l'organo del movimento.

"L'offerta alimentare media del Regno Unito nel periodo 1909-1913 ha fornito 49.430.000 milioni di calorie, mentre il prodotto totale del suolo nazionale è stato di 16.872.000 milioni di calorie. Il guadagno nella produzione di cibo locale nel 1918 è stato quindi di circa il 24%. In altre parole, mentre il Paese aveva iniziato la guerra con provviste fornite dal proprio suolo che sarebbero bastate per 125 giorni su 365, nell'anno in cui fu firmato l'Armistizio si era assicurato un raccolto che sarebbe bastato per 155 giorni su 365. I raccolti erano stati fatti e le scorte alimentate in condizioni del tutto anormali; ma il prodotto extra della terra equivaleva alla fornitura di 30 giorni di cibo per la nazione che viveva la sua vita normale.

"Va notato che il mese in più di approvvigionamento alimentare che il raccolto del 1918 ha rappresentato è di gran lunga inferiore alla quantità totale di cibo umano che il raccolto del 1918 avrebbe potuto fornire se il prolungamento della guerra ci avesse costretto a estendere le nostre risorse fino all'estremo. Come è stato detto all'epoca, se avessimo riservato al bestiame il raccolto di avena precedente alla guerra, ma avessimo macinato accuratamente tutti gli altri cereali e li avessimo usati per il pane, e se avessimo fatto il pieno uso delle patate che una nazione affamata può fare, avremmo potuto fornire con i nostri cereali e le nostre patate una quantità di cibo equivalente a quaranta settimane di consumo di alimenti per il pane, e macellando il nostro bestiame vivo avremmo potuto procurarci gli ulteriori alimenti richiesti dalla popolazione in questo periodo. Ma, fortunatamente per noi, non sono stati necessari metodi così drastici".

Discutendo la questione se questo Paese possa nutrire l'intera popolazione, l'autore conclude che, dal punto di vista puramente agricolo, non ci sarebbero particolari difficoltà, nel senso che la popolazione verrebbe nutrita da un Controllore dell'Alimentazione come un agricoltore nutre il suo bestiame; ma respinge il suggerimento come assurdo se si intende una proposta praticabile nell'ambito dell'attuale sistema economico che il popolo accetterebbe e pagherebbe.

"Ma tra il 34% del nostro fabbisogno alimentare fornito dalla nostra terra nel 1909-1913 e il 100% c'è un ampio margine, e se la mano scomparsa del Controllore dell'Alimentazione potesse essere ripristinata e ci costringesse a soddisfare dal 40 al 50% del nostro fabbisogno totale dalla nostra terra, non sarebbe male".

Ma la particolare posizione di questo Paese, in cui l'agricoltura, invece di essere accuratamente promossa, è stata lasciata decadere, non deve essere considerata come una soluzione alla questione. È solo il contrario della situazione opposta all'estero. Nei Paesi più recenti si sente parlare di mais e di altre forme di cibo che, dopo raccolti troppo abbondanti, vengono utilizzate come combustibile più economico, di agricoltori rovinati da una sovrapproduzione di raccolti e scorte e costretti a limitare la produzione per mantenere il proprio sostentamento economico, di una produzione di caucciù che viene limitata per mantenere i prezzi al livello che paga il produttore per continuare la produzione, e così via - tutti orribili esempi pratici dell'effetto fatale di un livello di prezzi in calo nel limitare la produzione. Il problema, se esiste, è quello dello scambio, non della produzione. Questo Paese deve essere in grado di produrre l'equivalente di altri tipi di ricchezza da offrire in cambio ai Paesi più recenti dove la produzione alimentare è ancora in eccesso rispetto al consumo.

In altre parole, se la produzione domestica in generale fosse liberata dalla morsa della finanza, l'intero problema potrebbe essere risolto. In un futuro remoto, se la popolazione dovesse superare i miglioramenti dell'efficienza agricola grazie ai nuovi progressi scientifici, senza dubbio sorgerebbe un problema reale. Ma quel momento, nella peggiore delle ipotesi, è ancora lontano.

Analisi dello schema Douglas di riforma del credito sociale

Ma per quanto riguarda le proposte concrete da adottare per realizzare la nuova era e, cosa ancora più importante, per quanto riguarda l'interpretazione teorica e fisica del funzionamento di un sistema economico, la Scuola di Douglas è, per la maggior parte, non solo in divergenza ma in netta contraddizione con le conclusioni qui esposte.

Qui l'errore principale, a cui è stato ricondotto il naufragio del sistema, è il passaggio, con lo sviluppo della banca moderna, della prerogativa dell'emissione di moneta dalla nazione a mani private per l'usura come modalità di sostentamento, e la fatale dislocazione conseguente alla distruzione del denaro quando la produzione supera i mercati e l'emissione quando la domanda supera l'offerta. Si sostiene che al di là di una quantità definita di ricchezza, chiamata Ricchezza Virtuale, che i proprietari di denaro si astengono volontariamente dal possedere - il cui valore monetario è misurato dal denaro in circolazione e che è funzione del numero della popolazione e della sua prosperità economica - il "Credito Nazionale" è indistinguibile da quello di un individuo, essendo semplicemente un potere di indebitarsi e pagare gli interessi con le tasse. La salvezza, se si vuole che la società rimanga individualista, deve arrivare imponendo una *vera e propria* astinenza iniziale dagli individui pari alla crescita del costo-valore dell'intero meccanismo industriale in espansione, meno solo la parte relativamente insignificante rappresentata dall'aumento della Ricchezza Virtuale misurata dal totale del denaro circolante.

La Scuola Douglas sembra cercare la salvezza nella direzione esattamente opposta. Guardano al Credito Nazionale come mezzo per distribuire nuovo potere d'acquisto e, lungi dal riconoscere la necessità di un'astinenza iniziale, si spingono fino a stabilire che queste emissioni nazionali dovranno essere denaro nuovo e *non* proveniente da risparmi passati. Sostengono che, poiché solo una piccola parte dei costi dell'industria viene distribuita come pagamento ai consumatori, i beni devono essere venduti al di sotto del prezzo di costo per compensare la differenza. Oppure, in alternativa, i Dividendi Nazionali dovrebbero essere pagati dal Credito Nazionale a tutti, indipendentemente dalla loro partecipazione alla produzione - proprio come i sussidi sono ora pagati, ma dalla tassazione, ai disoccupati. Basando la loro posizione sull'innegabile affermazione che l'industria esiste per produrre beni nella maggior quantità possibile e nel modo più rapido ed efficiente possibile, piuttosto che per dare lavoro a lavoratori inutili e spesso altamente inefficienti e riluttanti, e che l'industria potrebbe, se permessa, produrre più che a sufficienza per tutti, essi si schierano contro la tassazione e, in generale, la limitazione dei grandi redditi per provvedere ai bisognosi in quanto del tutto inutili e politicamente, se non eticamente, sbagliati.

Si aspettano che lo Stato dispensi denaro piuttosto che toglierlo. Sembrano vagamente contemplare uno stato di cose in cui la ricchezza sia restituita alla sua giusta importanza nella vita economica, per l'uso e il mantenimento della vita, piuttosto che, nella frase di Ruskin, il "potere sulle vite e le fatiche degli altri". Avendo tutti i propri bisogni fisici abbondantemente soddisfatti, i ricchi non potevano consumare così tanto da causare disagi agli altri, né potevano aumentare indebitamente i propri consumi impiegando un seguito di servitori e assistenti personali assunti per soddisfare i loro bisogni, poiché nessuno sarebbe stato costretto a lavorare per loro a causa di un effettivo bisogno economico. Se avessero bisogno di servitori, dovrebbero pagarli profumatamente e trattarli in modo adeguato. Allo stesso modo, nell'industria non ci sarebbe bisogno di una costrizione economica per portare a termine il lavoro. I macchinari e la crescente intelligenza farebbero dell'industria una professione, ricercata da coloro che desiderano dedicarsi al suo servizio e rifuggita dai degradati e dai servili, che già ora fanno più male che bene.

Questa sarà probabilmente riconosciuta come un'esposizione non indifferente, anche se imperfetta, dei principi e delle aspirazioni di questa nuova e interessante scuola di pensiero economico. Se ne sentirà parlare ancora a lungo. Possiede una visione e potrebbe un giorno diventare una vera forza trainante in politica. Ha già riportato in vita parte della passione e dell'entusiasmo originari dei primi riformatori, prima che l'influenza sterilizzante e paralizzante dell'economia mercantile trascinasse i leader del movimento progressista in percorsi subdoli e denunce insincere "su di esso e su di esso", mentre i loro seguaci "uscivano sempre dalla stessa porta da cui erano entrati".

Coloro che sono d'accordo con le conclusioni essenziali raggiunte in questo libro non troveranno possibile alcun compromesso su alcuni principi fondamentali relativi alla natura fisica del denaro, del credito e del capitale. Oltre a questo, la scuola che trascura completamente i fatti della proprietà esistente della ricchezza, non affronta onestamente i reali ostacoli a una sua più abbondante distribuzione. Inoltre, l'opinione che tutti i costi di produzione non siano già distribuiti, come pagamenti per servizi reali o immaginari, e recuperati dal consumatore, sembra di natura equivoca. Nella stessa categoria rientra l'argomentazione secondo cui, poiché tutta la ricchezza prodotta non è distribuita al consumatore, ma è pagata da quest'ultimo, è fisicamente possibile colmare il deficit attraverso il credito nazionale. Lo schema di Douglas sembra presupporre un po' prematuramente l'esistenza di uno Stato comunitario piuttosto che individualista, in cui non esistono debiti, diritti di proprietà e proprietà privata del capitale, e in cui tutto l'armamentario esistente per la produzione di ricchezza deve essere considerato in modo univoco come accumulato con l'obiettivo primario della produzione piuttosto che con quello di essere affittato per la produzione. Questo lavoro si limita invece a temi meno ambiziosi e può essere considerato come un tentativo di scoprire il meglio che lo stato individualistico della società può offrire se fosse amministrato in modo intelligente.

Il rischio di screditare la New Economics

Queste proposte relativamente blande e pratiche non soddisferanno un "Nuovo Economista" estremo. Egli dirà con forza: Voi ammettete il continuo spostamento del lavoro umano da parte delle macchine e di ogni forma di dispositivo per il risparmio di manodopera, che, se non si è ancora spinto così lontano nell'agricoltura come nei mestieri dell'ingegneria, ha per questo motivo ancora più strada da fare. Ammettete, quindi, che con l'aumento della produzione potenziale i titoli di consumo finiranno in un numero sempre minore di mani. Come proponete di affrontare questa difficoltà fondamentale, o come lo fa ciò che avete proposto?

L'unica risposta che si può dare è che la situazione prevista è ancora molto lontana dall'essersi verificata, e che se non capiamo come funziona il sistema esistente e dove fallisce rischiamo di peggiorarlo anziché migliorarlo. Coloro che desiderano il pagamento immediato a tutti di un Dividendo Nazionale - e soprattutto le donne sono attratte da questa forma di schema Douglas come modo per sfuggire alla posizione di dipendenza economica dall'altro sesso - dovrebbero affrontare con franchezza la questione da dove deve provenire e chi deve rinunciarvi.

Infatti, nemmeno la scienza può creare ricchezza con la stessa facilità con cui è possibile creare debiti. Una fonte è la tassazione; un'altra è il credito illimitato o l'indebitamento a tempo indeterminato; una terza è la svalutazione progressiva del valore della moneta; un'altra ancora è l'espropriazione, la proprietà pubblica di tutte le fonti di reddito e l'abolizione totale della proprietà privata, con la proprietà comune delle entrate nazionali; e tutte hanno i loro sostenitori dichiarati o segreti. Ma l'idea che la nazione sia in possesso di un misterioso talismano chiamato credito che, quando l'industria non è in grado di pagare l'avvio di una nuova produzione, può fornirle tutto il necessario senza che nessuno rinunci a nulla, e che questo credito nazionale consista nel risultato accumulato di tutti i secoli di sforzi passati, quando il problema è che questi accumuli sono di proprietà di individui privati, significa spingere la confusione tra debito e ricchezza a livelli che avrebbero sorpreso anche l'autore di di *The Theory of Credit*.

D'altra parte, anche per la scienza moderna, la pulizia della stalla di Augean di una nazione industrializzata non è un compito leggero. Se la nazione si impegnasse seriamente in questo compito, sarebbero in pochi, per molto tempo ancora, a non poter trovare in occupazioni utili i titoli da consumare. Ci sono milioni di persone che necessitano di un'offerta ampiamente accresciuta di beni di prima necessità e di prodotti ordinari, per non parlare degli accumuli di capitale in scorte crescenti. Abbiamo anche bisogno di case in cui vivere, di ricostruire intere città di baraccopoli e di rianimare le aree colpite dalla povertà, di modernizzare le ferrovie e di costruire strade, di creare supercentrali nei bacini carboniferi per distribuire energia elettrica in ogni angolo del Paese, e c'è una crescente domanda di istruzione superiore, sia per i giovani che per gli adulti, e dovranno essere costruite università per soddisfare il crescente esercito di cercatori di conoscenza. Tutti questi progetti comportano una produzione di gran lunga superiore al consumo: lavoro duro e astinenza per tutti. Sarebbe davvero sorprendente se, ancora per molto tempo, in questo Paese ci fosse la prospettiva di rinunciare ai servizi di qualsiasi membro utile e volenteroso della comunità. A quel punto, se i suggerimenti di questo libro venissero adottati, la nazione sarebbe già in possesso di gran parte del suo capitale grazie al processo di riscatto che verrà descritto, e potrebbe iniziare a considerare seriamente la questione del Dividendo Nazionale. Allo stato attuale delle cose ciò sarebbe prematuro e impraticabile, e il suo colossale fallimento, screditando la nuova economia, farebbe arretrare il progresso di una generazione.

Allo stesso tempo, non è necessario seguire gli errori degli economisti ortodossi, dovuti alla loro ignoranza della moderna scienza della produzione e alla loro devozione a dottrine che, per quanto applicabili ai tempi di Adam Smith e Ricardo, oggi, con la crescita della scienza fisica e biologica di , sono notevolmente superate. Anche in agricoltura non è possibile guardare al problema solo "con l'occhio dell'agricoltore". Esiste una cosa chiamata "Power-Farming", un tema su cui Henry Ford è molto eloquente nel suo libro "*My Life and Work*" (Heinemann, 1923). Ford, guardando all'agricoltura con l'occhio dell'ingegnere, conclude: "Nei prossimi vent'anni avremo uno sviluppo dell'agricoltura pari a quello che abbiamo avuto nell'industria manifatturiera negli ultimi venti". Anche in questo Paese il cambiamento che ha investito la materia è già molto marcato.

CAPITOLO XIII

RIMBORSO DEL CAPITALE

La produzione di capitale comporta
Meno consumi

Coloro che sono d'accordo con la concezione fisica e non metafisica della natura della ricchezza dovranno dedicare poco tempo a proposte per compensare al consumatore, attraverso crediti al consumo, la parte del prezzo o del costo dei beni nel mercato dei consumatori dovuta all'accumulo di beni capitali che non vengono distribuiti al consumatore. Se le persone dedicano il loro tempo e la loro energia alla produzione di beni capitali, ci possono essere questioni da risolvere riguardo al legittimo proprietario dei beni capitali accumulati, ma non ci può essere alcun dubbio sul fatto che ci siano meno beni di carattere consumabile da consumare. La proposta di ridurre i prezzi al di sotto dei costi per mezzo di crediti al consumo è, fisicamente, come cercare di liquefare le condutture di un sistema di approvvigionamento idrico per fornire più acqua ai consumatori - perché pagare per la posa delle condutture e per l'acqua, ma a chi non viene consegnata nessuna delle condutture con l'acqua.

In una comunità individualista la comunità possiede poco o nulla di ciò che produce ricchezza. In una comunità in cui la produzione di ricchezza fosse socializzata e la comunità possedesse gli organi di produzione e la ricchezza prodotta dall'inizio alla fine della produzione, i dividendi nazionali e i crediti al consumo sarebbero una proposta pratica. Ma allo stato attuale delle cose significherebbero semplicemente un aumento del debito nazionale, riducibile solo con un'ulteriore tassazione che copra non solo il capitale ma anche gli interessi.

D'altra parte, se socializziamo o nazionalizziamo la produzione, la difficoltà non è risolta, poiché è impossibile socializzare il consumo, che è essenzialmente un affare individuale. Il denaro o qualche dispositivo alternativo sarebbe ancora necessario per distribuire il prodotto e per accordare tra gli individui il titolo di proprietà dei beni prodotti. Senza un sistema monetario equo e razionale, il millennio sarebbe ancora lontano sotto il socialismo. Dobbiamo quindi innanzitutto chiederci se il sistema monetario qui proposto funzionerebbe in modo corretto per quanto riguarda l'effetto sul valore dei salari reali del dirottamento di parte degli sforzi della comunità dalla produzione di beni di consumo a quella di capitale.

L'effetto sui salari reali

Possiamo contrapporre due modalità di funzionamento del sistema. Si può lavorare in modo da mantenere i suoi organi di produzione capitale in pieno uso, in conformità con i suoi bisogni, ma senza aumentarli. Allora la quantità di beni di consumo distribuiti è la massima possibile di quella che può essere mantenuta in modo permanente e la scala media di vita è la massima possibile. Oppure possiamo supporre che lo stesso sistema venga lavorato per dedicare gran parte del suo sforzo non alla produzione di cose che possono essere consumate nella vita reale, ma di quelle che possono essere utili solo nel meccanismo produttivo stesso. La quantità di beni presenti nel mercato dei consumatori è quindi inferiore a quella precedente e la scala media di vita si riduce in proporzione. Poiché il lavoro in un sistema individualista non è in grado di scegliere tra il tipo di lavoro che produce la ricchezza di cui ha bisogno per il consumo e quello che non la produce, è necessario accertarsi che, nel sistema proposto, il valore reale dei suoi salari non sia influenzato da questa considerazione. Nel sistema attuale, in cui i prezzi aumentano prima dei salari e possono essere ridotti solo con una riduzione dei salari, è evidente che lo è. L'abbondanza futura di ricchezza dipenderà molto dall'accumulo o meno di nuovo capitale, e abbiamo già esaminato le leggi che regolano questi aspetti e il punto in cui l'ulteriore accumulo di capitale riduce piuttosto che aumentare la gentilezza media della comunità. Ma nessuno può sostenere che ciò dipenda dalla proprietà del capitale accumulato. L'efficienza di un'impresa non dipende dal nome dei suoi azionisti. Se il capitale viene prodotto per l'esportazione in cambio di beni di consumo, il caso è lo stesso che se i beni di consumo venissero prodotti in patria. Se vengono esportati senza un corrispettivo immediato, cioè scambiati con crediti sulla ricchezza futura di altri Paesi che li ricevono, della natura di pagamenti di interessi, lo sforzo di produzione non contribuisce in alcun modo alla ricchezza distribuibile del Paese né al suo potere futuro di produrre ricchezza. Ma costituiscono un fondo realizzabile, come in tempo di guerra, per liquidare i debiti contratti con l'importazione di merci.

Se si esamina a fondo la questione, si scoprirà che il salario reale del lavoro non subisce alcuna variazione se i prezzi vengono mantenuti costanti. In breve, escludendo i prestiti fittizi, il capitale può essere accumulato solo grazie a un'autentica astinenza da parte degli individui autorizzati a consumare. La loro decisione di produrre beni di capitale invece di beni di consumo è a spese del proprio consumo e non a spese comunità in generale. L'ingiustizia, se c'è, è di altro tipo, se la scelta ricade interamente sugli individui con denaro da investire.

Il deprezzamento del capitale e il trasferimento dell'onere al pubblico dell'onere sulla collettività

Spesso si sostiene che il capitalista non è così sciocco da investire denaro nel capitale al di là della misura in cui può essere utilizzato e produrre un reddito. Il fatto è che se ha più denaro di quello che vuole spendere deve farlo, e la sua decisione se spendere o "risparmiare" è dettata più dalle sue circostanze che dalla considerazione se più capitale è richiesto dalla nazione o meno. Se ce n'è più che a sufficienza, anche se il tasso di interesse può essere temporaneamente abbassato, il prezzo dei beni non è necessariamente diminuito. Se c'è il doppio del capitale necessario, il consumatore potrebbe essere molto più avvantaggiato pagando un tasso più alto per l'uso di metà del capitale piuttosto che un tasso più basso per l'uso di tutto a metà della sua capacità. Ma la concorrenza è una fase passeggera, sempre più sostituita dalla combinazione che mantiene alto il tasso di interesse. Un eccesso di capitale indesiderato nella produzione di pace, in tempo di guerra troverebbe uno sbocco per la sua capacità inutilizzata. Nasce così l'incentivo al militarismo e all'aggressione nella politica internazionale, per assicurarsi i mercati o, in alternativa, per lo stesso scopo, per combatterli.

Gli interessi della proprietà sono tra le forze politiche più potenti e, di fronte a una perdita, i proprietari della proprietà muoveranno cielo e terra per inventare un mezzo per spostare il peso sulle spalle del pubblico. L'era della concorrenza dà origine a quella della combinazione, seguita in età matura dalla nazionalizzazione.

Inevitabilmente, con il passare del tempo e la crescita delle conoscenze scientifiche, il capitale si svaluta e diventa obsoleto. Se la somma investita in esso è abbastanza grande da costituire un potente interesse politico, l'onere viene sempre più spostato sulla comunità. Grazie all'azione politica, un mezzo vecchio e inefficiente di condurre un'industria o un servizio può essere prolungato molto tempo dopo, a causa della grande perdita che altrimenti ricadrebbe su coloro che hanno investito il loro denaro nel capitale. È quindi una visione troppo ingenua del mondo reale considerare l'investitore come se agisse a proprio rischio e pericolo e si accollasse interamente la perdita quando il capitale accumulato è eccessivo o viene reso obsoleto dal progresso scientifico. È necessario sostituire alla falsa idea dell'incremento spontaneo del capitale quella vera della sua continua diminuzione, e fornire un metodo per il continuo riscatto del capitale dal reddito.

L'origine degli interessi sul capitale

Alcune delle considerazioni trattate in questo capitolo sono pertinenti alla questione perenne dell'origine dell'interesse, inteso come pagamento a rate per l'uso degli organi di produzione nella produzione piuttosto che come interesse monetario, che in gran parte nasce semplicemente dalla restrizione artificiale del mezzo di scambio. La teoria convenzionale secondo cui si tratta di una ricompensa per l'astinenza non deve trattenerci a lungo. Un uomo che si astiene dal consumo potrebbe ragionevolmente aspettarsi di essere in grado di consumare ciò da cui si è astenuto, ma non c'è alcuna ragione *a priori* per cui dovrebbe aspettarsi di essere in grado di consumare di più. Con pochissime eccezioni - può ammettere quella dei vini d'annata - la ricchezza, come è noto, si deprezza con il mantenimento. L'interesse non è il vero incentivo al risparmio, quanto piuttosto l'arrivo della vecchiaia e la necessità di provvedere alle persone a carico, in primo luogo, per poi arrivare ai bisogni speciali di una classe ereditaria e alla sua ovvia incapacità di sopravvivere come classe, con una genealogia continua, senza una qualche istituzione conveniente. Si può logicamente sottoscrivere la dottrina della necessità dell'esistenza di una classe agiata in tempi difficili per mantenere viva la fiaccola della cultura e dell'apprendimento. Quando i tempi diventano meno tormentati, il desiderio di rendere la sua sopravvivenza meno anomala può persino agire per mantenere in vita ogni sorta di antipatia civile, religiosa e razziale meglio sepolta. Ma pretendere di guardare al giorno in cui il mondo intero si costituirà come classe agiata e vivrà per sempre di interessi significa tradire l'elementare ignoranza delle leggi della natura che, in origine, la classe agiata aveva la pretesa di correggere.

Inevitabilità dell'interesse in una comunità individualista

Secondo la visione della natura della ricchezza qui esposta, non c'è alcun mistero sull'origine dell'interesse sul capitale in proprietà privata. La storia ci dice che il capitale è sempre stato in grado di esigere il pagamento di un interesse per il suo utilizzo, ed è importante sapere se, come la gravitazione, si tratta di un fenomeno inevitabile, o se, con la crescita di una vera scienza dell'economia nazionale, scomparirebbe, come l'interesse sul denaro nella misura in cui può essere dovuto a una carenza artificiale e al monopolio del mezzo di scambio. La risposta è che, in una società individualista, l'interesse sul capitale privato è inevitabile; perché, essendo la passione umana per l'acquisto e il risparmio potente e poco bisognosa di essere incitata dalla ricompensa dell'astinenza, l'ultima cosa a cui un individuo dedicherebbe i suoi risparmi sarebbero gli organi di produzione, oltre a quelli che richiede lui stesso, se non ci fosse un pagamento di interessi per il loro utilizzo. Il capitale è stato inserito nella seconda categoria come una delle forme di ricchezza permanente - la ricchezza II, come è stata definita - e per certi aspetti è già completamente consumato. L'energia impiegata per produrlo è già andata sprecata e, per quanto il suo uso sia inevitabile e necessario per la produzione, di per sé non è buono né da mangiare né da possedere, né può essere trasformato in altre varietà di ricchezza. Quindi, se la spesa iniziale sostenuta per produrlo e accumularlo non viene recuperata sotto forma di interesse, come canone per il suo utilizzo, non può essere recuperata affatto. Il debito creato dalla sua produzione non può essere ripagato se non con qualche miracolo fisico come la conversione di un aratro in pane. Una delle maggiori difficoltà dell'argomento è che non sembra esistere un metodo ovvio per equiparare la somma delle ore di lavoro passate, spese per la sua produzione, con il dispendio di energie attuali necessarie per renderla produttiva. In altre parole, non esiste un principio etico semplice a cui appellarsi per determinare il giusto tasso di interesse. In pratica, il tasso d'interesse, come il prezzo di un articolo, viene fissato in base a "ciò che si otterrà", e in queste questioni l'ignoranza e le idee sbagliate giocano un ruolo altrettanto importante delle considerazioni puramente fisiche.

Ma è interessante notare di sfuggita l'atteggiamento del banchiere nei confronti di una somma di denaro in termini di tasso di interesse, come esposto da MacLeod, sebbene si tratti di un punto di vista con una giustificazione puramente matematica piuttosto che fisica.

Supponendo una crescita continua del denaro con il passare del tempo, il capitale può essere considerato come la somma totale di tutti i futuri pagamenti di interessi per un tempo infinito, attualizzati al loro valore attuale. Ma questo è necessariamente vero *qualunque sia il tasso di interesse*, e quindi questa visione non è di alcun aiuto per la nostra ricerca. [61]

L'argomentazione scientifica contro la proprietà privata continua e non regolamentata del capitale

Nella visione energetica della ricchezza, l'argomento contro la proprietà privata continua e non regolamentata degli organi di produzione, salvo quelli che sono lavorati dagli stessi proprietari, è in pratica altrettanto grande di quello contro la possibilità di permettere "il potere ininterrotto dell'usura". Permette al singolo membro della comunità e ai suoi eredi di fare ciò che per la comunità nel suo complesso è fisicamente impossibile, ossia vivere indefinitamente dei frutti di un determinato sforzo attraverso un processo di asservimento economico permanente di altri individui. Questo libro non è né per l'individualismo né per il socialismo, ma si limita a individuare la causa principale dei disordini moderni e i metodi più semplici per correggerli e rimuoverli. Accanto a un sistema monetario onesto, la necessità di riscattare continuamente il capitale che produce reddito dal reddito sembra essere il passo più importante verso la riforma. Lo Stato dovrebbe inoltre esercitare un controllo generale sulla questione del

---

[61] In simboli matematici, la teoria di MacLeod è $C = \int_0^\infty iC_x^0 s^{-it} \cdot dt$ dove C è il capitale e i il tasso di interesse frazionario annuo. Quindi i C. dt è l'interesse che matura nell'elemento di tempo dt (anni). Il valore attuale dell'elemento che matura al tempo futuro t anni è i C. s^{-it}. dt, e il capitale è la somma dei valori attuali di tutti questi elementi da ora all'infinito.

giusto equilibrio da mantenere tra la produzione di beni per l'uso e il consumo e l'accumulo di capitale fresco, come ha fatto durante la guerra.

Le prospettive più profonde dell'economia individualista

Queste indagini, che per il lettore comune sono dolorosamente minuziose, saranno state ben spese se serviranno a squarciare il velo delle più profonde futilità del sistema economico individualista, che finora hanno impedito qualsiasi progresso materiale generale verso la libertà economica. Non solo è vero per il denaro, ma è altrettanto vero per il capitale che si tratta di un indebitamento comunitario quanto di una ricchezza individuale, che implica tanto la povertà da un lato quanto la ricchezza dall'altro. Non è così per la ricchezza nel senso di beni effettivamente consumabili e deperibili che alimentano e mantengono la vita. Ma mentre nel caso del denaro, correttamente inteso, il debito non deve mai essere ripagato ed è totalmente vantaggioso per tutti gli interessati, il debito nel caso del capitale, per quanto pagato, non può mai essere ripagato e, in un mondo che impiega sempre più capitale per lavoratore, deve essere considerato come un peso crescente per i senza proprietà. Se si vuole che questo tipo di civiltà continui a funzionare, gli scopi per i quali viene riscossa la tassazione devono essere radicalmente ampliati e utilizzati non più solo per finanziare la spesa pubblica corrente, ma anche per promuovere e costruire l'industria e per il rimborso del debito di capitale.

Lo Stato deve iniziare a esercitare, in qualità di fiduciario dei senza proprietà, la stessa lungimiranza e lo stesso acume che il singolo fa per se stesso. Mentre l'attuale improvvisa passione per la nazionalizzazione di industrie, come le ferrovie e le miniere di carbone, in ambienti inaspettati, è indicativa del desiderio di appesantire la comunità con proposte che non sono più finanziariamente redditizie.

Uno schema di rimborso del capitale composto

Il seguente suggerimento pratico è pensato per far fronte alla situazione come alternativa alla nazionalizzazione *in blocco* delle industrie, il cui finanziamento significa semplicemente un'aggiunta al debito nazionale. L'imposta sui redditi non percepiti dovrebbe essere destinata al riscatto del capitale e al suo acquisto da parte della collettività, e non come fonte di entrate per coprire i costi del governo .

Si può facilmente calcolare che se un'imposta sui redditi non percepiti pari a 4 sterline venisse utilizzata per acquistare il capitale, e gli interessi maturati dagli acquisti precedenti venissero destinati allo stesso scopo, l'intero capitale verrebbe acquistato e passerebbe alla proprietà della collettività in un periodo di tempo doppio rispetto a quello richiesto per il pagamento degli interessi per eguagliare il capitale - vale a dire, in quarant'anni per un titolo che paga il 5 per cento, in cinquant'anni per uno che paga il 4 per cento, e così via.

In base a questo schema, il contribuente potrebbe scegliere di avere un titolo esente da imposte che termina al momento opportuno, oppure di pagare l'imposta sul reddito di anno in anno come avviene ora. In quest'ultimo caso, gli intermediari governativi acquisterebbero l'equivalente di titoli simili sul mercato aperto. Nel primo caso, anche se non si richiederebbe alcun cambiamento per quanto riguarda l'azionista fino alla scadenza del titolo, naturalmente la partecipazione dello Stato nell'impresa sarebbe riconosciuta da una rappresentanza nell'organo direttivo degli azionisti.

Questo caso può essere definito "riscatto composto", in cui l'interesse sugli acquisti passati e la tassazione presente sono impiegati nel riscatto.

Riscatto semplice

È ovvio che questo metodo potrebbe essere applicato solo ai titoli che producono reddito. Nel caso di un semplice debito, come quello nazionale, gli interessi derivano dalla tassazione e sarebbe probabilmente eccessivo aspettarsi che il pubblico continui a fornirli anche dopo che il debito è stato rimborsato. In questo caso si applicherebbe la cosiddetta "redenzione semplice", in cui solo la tassazione è disponibile per la redenzione, e i debiti acquisiti verrebbero distrutti. Si può calcolare che per riscattare la metà del debito sarebbero necessari circa settant'anni, e i tempi per le altre proporzioni sono riportati in appendice sotto forma di tabelle.

Naturalmente, in questo caso, quando il debito diminuisce, il tasso di riscatto diminuisce in proporzione, mentre nel caso del riscatto composto il tasso di riscatto aumenta man mano che il riscatto viene effettuato. Ciò mette in evidenza in modo vivido e quantitativo i vantaggi del riscatto composto rispetto a quello semplice, e la misura precisa del disservizio reso allo Stato da un'economia fondata sugli interessi di una classe agiata, che nega allo Stato il diritto di proprietà produttiva.

L'unico cambiamento che queste proposte comportano è l'accantonamento dell'imposta sui redditi non percepiti per il rimborso del capitale e la copertura delle spese di governo da altre fonti. Quali siano queste ultime è già stato indicato.

Un sistema monetario nazionale ragionevolmente onesto, come è stato dimostrato, comporterebbe già un grande risparmio diretto per il contribuente, e la prosperità nazionale notevolmente accresciuta che deriverebbe dalla vendita di beni e dalla possibilità di produrli renderebbe il compito di un futuro Cancelliere dello Scacchiere relativamente facile

Se ciò fosse praticabile, un vantaggio non indifferente deriverebbe dal mercato stabile prodotto per tutti i titoli dal continuo rimborso annuale dell'1 o più per cento del totale. Gli investitori investirebbero i loro risparmi molto più volentieri se i loro titoli potessero essere venduti senza il rischio di inutili perdite a causa della natura limitata del mercato che comandano e con qualcosa di simile alla prontezza di un vaglia postale o di un certificato di risparmio di guerra. Il Governo acquisterebbe in continuazione e, se il valore di mercato dei titoli si apprezzasse, si apprezzerebbe anche il valore della parte di proprietà pubblica. Il sistema sembra realizzare la necessità, ampiamente sentita, di rendere il pagamento degli interessi, come la durata della vita umana, terminabile anziché perpetuo. Ciò avviene dopo la restituzione di due volte il capitale, in esenzione d'imposta, su tutte le classi di titoli produttivi; circa un quarto del rimborso viene effettuato tramite tassazione e tre quarti tramite l'acquisto degli interessi della parte già rimborsata (o in alternativa tramite interessi a tassazione differita), con un'imposta di 4 .

In un'appendice sono state elaborate la matematica di questi processi e alcune tabelle ad essi collegate.

APPENDICE MATEMATICA

PRESENTAZIONE MATEMATICA DELLA REDENZIONE COMPOSTA.

Se i è il tasso di interesse frazionario annuo, p la quota prelevata dalla tassazione e G è la frazione acquisita dal governo in qualsiasi momento t (anni) dall'inizio, si ha

$$d\,G/dt = ip\,(1 - G) + iG$$

in cui il primo termine rappresenta il riscatto da parte dell'imposta attuale e il secondo quello da parte dell'interesse sul capitale già riscattato. La soluzione

$$t = \frac{1}{i(1-p)}\log_? \left\{1 + G\left(\frac{1}{p} - 1\right)\right\} \ \text{or}\ G = \frac{p}{1-p}\left(\varepsilon^{it(1-p)} - 1\right)$$

$1/i$ è il periodo di anni in cui l'investimento restituisce il capitale come interesse, e può essere sostituito dal simbolo P. Se l'imposta è di 4s. in £, $p = 0\text{-}2$, e l'espressione

$$t = 2{,}875P \,\{\log_{10}(1+4G)\}$$

Quindi, se G è 1, $t = 2\text{-}0125\,P$, ovvero, per un investimento del 5%, 40-25 anni. Nella tabella seguente sono riportati i tempi per una serie di valori di G:

G	0·1	0·2	0·3	0·4	0·5	0·6	0·7	0·8	0·9	1·0
t/P	0·42	0·725	0·98	1·19	1·37	1·53	1·66	1·8	1·91	2·0125
t	8·4	14·5	19·6	23·8	27·4	30·5	33·2	35	38·2	4·25 years

I dati dell'ultima colonna si riferiscono a una garanzia del 5%, con un'imposta sul reddito di 4 sterline.

Per il caso di redenzione completa ($G = 1$) l'espressione

$$\frac{t}{P} = \frac{1}{1-p}\log_? \left(\frac{1}{p}\right)$$

e nella tabella seguente è indicato il momento del riscatto completo per varie aliquote di tassazione, in termini di periodo *P*. Questo rappresenta anche il rendimento totale per l'investitore dell'investimento esente da imposte in termini di capitale originario.

Tax	6s.	5s.	4s.	3s.	2s.	1s. in the £
t/P	1·73	1·84	2·01	2·23	2·25	3·29

È interessante anche dedurre le espressioni che mostrano le proporzioni riscattate rispettivamente dalla tassazione e dagli interessi sulla parte già riscattata. Indicheremo con G_r la prima e con G_1 la seconda, cioè $G = G_{(r)} + G_{(1)}$.

Si ha quindi

$$\frac{dG_r}{dt} = ip\left(1 - G\right) \quad \text{and} \quad \frac{dG_1}{dt} = iG$$

Inserendo il valore trovato in precedenza per *G* e integrando si ottiene

$$G_2 = \frac{p}{1-p}\left[\frac{p}{1-p}\left(1 - e^{it(1-p)}\right) + it\right]$$

$$G_1 = \frac{p}{1-p}\left[\frac{1}{1-p}\left(e^{it(1-p)} - 1\right) - it\right]$$

Per il caso particolare in cui viene riscattato l'intero capitale, cioè $G = 1$, denotando con *T* e *I* le parti riscattate in questo caso rispettivamente dalla tassazione e dall'interesse, si ottiene

$$T = \frac{1}{1-p}\left[\left(\frac{p}{1-p}\log_e\frac{1}{p}\right) - p\right]$$

$$I = \frac{1}{1-p}\left[1 - \left(\frac{p}{1-p}\log_e\frac{1}{p}\right)\right]$$

Se a *p* si dà il valore 0-2 (4s. in £), si ottiene per *T* 0-254 e per *I* 0-746, cioè in questo caso circa un quarto viene riscattato dalla tassazione e tre quarti dal pagamento degli interessi sulla parte già riscattata. I valori per altre aliquote di tassazione sono riportati nella tabella:

Tax	6s.	5s.	4s.	3s.	2s.	1s. in the £
I	0·69	0·72	0·746	0·735	0·827	0·89
T	0·31	0·28	0·254	0·215	0·173	0·11

PRESENTAZIONE MATEMATICA
DEL RISCATTO SEMPLICE

Qui $dG/dt = ip(1 - G)$ e $t = -\{1/(ip)\}log_e(1 - G)$

Se $i = 0.05$ e $,p = 0.2$ $t = -230 log_{10}(1 - G)$

Con questi valori di i e p otteniamo:

G	0·1	0·2	0·3	0·4	0·5	0·6	0·7	0·8	0·9	0·99
t	10·5	22·2	35·7	51	69·5	92	121	161	230	460 years

CAPITOLO XIV

RELAZIONI INTERNAZIONALI

Gli elementi del commercio estero

È ormai generalmente compreso e ammesso, come risultato della guerra, che la posizione in cui è andato alla deriva questo Paese sta diventando sempre più precaria per l'eccessiva dipendenza dal commercio estero per il mantenimento del suo approvvigionamento alimentare. Sembra inevitabile che, man mano che il mondo si riempie e si sviluppano nuovi Paesi, questi tendano sempre più a consumare gli alimenti e le materie prime che producono e a fabbricare sempre più i propri prodotti industriali. Quindi, per una doppia causa, il nostro attuale modo di vivere, in cui abbiamo lasciato decadere l'agricoltura in questo Paese e ci siamo concentrati sulla produzione di articoli che diventano sempre più difficili da vendere all'estero, non può continuare indefinitamente. Tuttavia, a parte il pericolo di una guerra, il problema non è urgente.

Questo problema è talmente presente nella mente di molte persone che quasi si rifiutano, con inconsapevole ingenuità, di prendere in considerazione la questione della riforma interna. Sembrano attribuire al sistema irrazionale e aleatorio qualche misterioso e impreciso vantaggio per la conduzione del commercio estero, che sarebbe messo a repentaglio dalla nazionalizzazione del denaro e dalla stabilizzazione della moneta. Ma a meno che queste non rendano il commercio estero e lo scambio di prodotti alimentari più aleatorio e difficile di quello attuale, non c'è motivo di opporsi alla riforma interna. Nella vita reale non si rifiuta di prendere in considerazione una cura per una malattia perché non è una panacea universale.

La maggior parte delle persone comincia a rendersi conto, anche grazie all'esperienza della guerra, che il commercio estero, come le riparazioni, non è affatto una questione di denaro.

Essendo il commercio estero essenzialmente un baratto, il denaro appare in tutta la sua nudità come un semplice riconoscimento del debito della comunità che lo emette, rimborsabile su richiesta in ricchezza solo all'interno di quel regno e del tutto scevro dal principio della ricchezza virtuale che gli conferisce tanta importanza nel proprio paese. Uno straniero può volere una fornitura del nostro denaro per usarlo *qui*, così come noi possiamo volere una fornitura del suo per usarlo *lì*, ma una fornitura del nostro denaro lì o del suo denaro qui è solo il riconoscimento di un debito pagabile su richiesta in ricchezza, ma in un luogo e in un regno lontani, senza alcun vantaggio pratico per nessuno. È inutile inviare una scorta di denaro all'estero per pagare dei beni.

Tutto deve tornare indietro prima di poter essere utilizzato come potere d'acquisto. Una piccola, ma non per questo poco istruttiva, illustrazione del principio si ha quando un corrispondente estero allega una busta affrancata per la risposta!

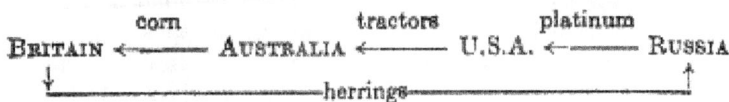

La bilancia commerciale

La maggior parte del commercio estero si svolge in realtà tra i compratori e i venditori di ciascun paese, che si accordano tra loro separatamente, lasciando solo un eventuale saldo da saldare. Tali saldi commerciali vengono comodamente saldati spedendo oro da un paese all'altro. Così un acquirente britannico di merci straniere paga il suo conto non direttamente al venditore straniero, ma al venditore britannico di merci a compratori stranieri, tramite appositi agenti che svolgono questa categoria di attività. Lo stesso vale per altri Paesi, e i dettagli tecnici non ci devono trattenere ulteriormente. Tramite apposite agenzie internazionali si può fare in modo che i saldi in sospeso non vengano regolati tra un Paese e l'altro, ma solo tra ciascuno di essi e il resto del mondo messo insieme. Così, se vogliamo il mais dall'Australia, i trattori australiani dagli Stati Uniti, il platino degli Stati

Uniti dalla Russia e le aringhe russe da noi, valori uguali di ciascuno possono essere e vengono barattati senza alcun bisogno di denaro.

Non è quindi la bilancia commerciale tra due Paesi a dover essere mantenuta, ma quella tra un Paese e tutto il resto del mondo. Queste sono le realtà del commercio estero, in cui il ruolo del denaro è più apparente che reale. Se, come in tutti i paesi che hanno valute internazionali su base aurea, all'oro viene data una scambiabilità fissa in termini di denaro, i valori relativi delle valute non possono variare molto nel tempo, cioè gli scambi con l'estero di questi paesi sono stabili. Se l'oro non venisse inviato per correggere la bilancia commerciale, gli scambi varierebbero su ampi limiti, perché, in tal caso, le merci che entrano pagano le merci che escono, qualunque sia la proporzione relativa. Se le importazioni superano le esportazioni, il cambio va contro il paese, fino a quando ulteriori importazioni non sono redditizie sia per l'importatore nazionale che per l'esportatore straniero verso il paese con la valuta relativamente svalutata.

L'aspetto internazionale della ricchezza e del debito

La funzione dell'oro di mantenere automaticamente, attraverso il suo afflusso e deflusso, il valore della moneta in termini di oro costante e di preservare la stabilità degli scambi esteri tra tutti i paesi su base aurea, senza alcun'altra regolazione automatica della quantità di moneta in circolazione, è già stata ampiamente trattata. Se la moneta fosse stabilizzata su un numero indice, la funzione dell'oro nel commercio estero si ridurrebbe a quella di semplice baratto e non potrebbe essere oggetto di alcuna obiezione. Ancora oggi, il commerciante estero che utilizza l'oro per i pagamenti internazionali, lo usa semplicemente come merce e non ha alcuna responsabilità per la complessa e spesso disastrosa catena di conseguenze che comporta nel mondo degli affari "concertando" il credito. L'uomo di Stato trasferisce la sua responsabilità per la moneta al banchiere, e il banchiere a sua volta trasferisce l'onta dei suoi errori all'importatore.

Il proverbio del diavolo tra i sarti suggerisce spesso la vera origine di molte controversie, e si applica almeno a un aspetto non solo dei moderni conflitti internazionali per i mercati, ma anche delle controversie interne tra libero scambio *e* protezione in tutti i Paesi. È facile capire che, quando l'esportazione di oro viene utilizzata non solo per regolare le bilance commerciali, ma anche per contrarre il credito e controllare "l'aumento dei prezzi che rende il mondo degli affari così felice", deve sembrare che gli interessi del commercio d'esportazione e del commercio d'importazione siano diametralmente opposti. L'uno viene usato per danneggiare l'altro. Ma una riflessione sul tema del commercio estero come baratto e sul fatto che il modo migliore per aumentare le esportazioni è aumentare le importazioni e viceversa, dovrebbe suggerire che gli interessi di importatori ed esportatori sono identici.

La natura fondamentale del problema

Tuttavia, queste domande sollevano davvero questioni fondamentali e, al momento, quasi del tutto insolubili. Ci si chiede se gli uomini vivono per lavorare o lavorano per vivere. Il Canada produce una sovrabbondanza di prodotti alimentari. L'industria calzaturiera sostiene che con pochi giorni di lavoro presso le nostre fabbriche potrebbe rivestire la Gran Bretagna per tutto l'anno. Cosa c'è di più naturale che proporre uno scambio di calzature in cambio di cibo? In pratica, le industrie calzaturiere canadesi chiedono una tariffa per preservare il loro mercato nazionale dalle nostre importazioni, proprio come i nostri agricoltori cercano protezione dal mais straniero. Se contempliamo un baratto libero e senza restrizioni tra i paesi, l'agricoltore canadese otterrebbe gli stivali e i nostri calzolai il grano, ma il calzolaio canadese e l'agricoltore britannico non ne trarrebbero alcun vantaggio, in quanto esiste una vera e propria pletora di capacità produttive sia di grano che di stivali. Mentre ciò di cui ognuno e tutti hanno bisogno, in questo caso, è il tempo libero, per lavorare meno e consumare di più, e per dedicare una parte sempre maggiore della loro vita ad altre attività che non siano il guadagno di un sostentamento e l'accumulo di "ricchezza". In definitiva, non c'è altra soluzione ai problemi sollevati dalla fecondità della scienza. Il numero crescente di persone che oggi contribuiscono poco o nulla alla produzione di ricchezza e che traggono le loro pretese di partecipazione dall'autorizzazione a farla procedere piuttosto che da un contributo positivo che non potrebbe essere fornito in modo migliore senza di loro, così come, all'altro estremo della scala, il numero crescente di persone che ricevono una miseria dalle casse pubbliche, raccontano tutti la stessa storia di abbondanza prodiga che non può essere mascherata nemmeno da tutti gli sprechi e i conflitti insensati che accompagnano il sistema attuale.

Se si considera un paese come gli Stati Uniti, che secondo i calcoli potrebbe facilmente soddisfare quasi tutto il fabbisogno del mondo intero senza sforzarsi troppo, un paese che ha pochi bisogni reali che non potrebbe soddisfare nel proprio territorio, e quindi con scarso uso di importazioni, ma con una capacità quasi infinita di esportazioni, il problema appare francamente insolubile.

Strumenti taglienti

Infatti, va ricordato che, nell'economia internazionale come in quella nazionale, i debiti di capitale non sono realmente rimborsabili e implicano un "potere sulle vite e sui lavori" di altri Paesi, anche se, senza dubbio, l'obiettivo non è più sinistro che nel caso del "risparmio" domestico. L'esportazione commercio, quando una nazione non ha bisogni equivalenti da soddisfare con le importazioni, è per le "importazioni invisibili" sotto forma di interessi sui debiti di capitale, e può essere, e di solito è, incoraggiata prestando alla nazione debitrice il denaro per pagare, il che significa rinunciare al pagamento in cambio di continui pagamenti di interessi futuri. In questo modo, per un certo periodo, le industrie nazionali sono "protette" dalla concorrenza delle importazioni, ma si trema al pensiero di cosa significherà il giorno della resa dei conti tra nazioni grandi e potenti, una ansiosa di ripagare e l'altra incapace di permettere il rimborso.

La frase *caveat emptor* ha un'applicazione internazionale singolarmente sinistra. "Che il compratore si guardi" dall'importare a credito e dall'insistere sul fatto che le importazioni siano bilanciate dalle esportazioni, o correrà il rischio di barattare un'eredità con un po' di pane.

All'inizio del secolo scorso il nostro Paese ha esportato molto di più di quanto abbia importato e ha acquisito grandi partecipazioni in investimenti esteri, che hanno prodotto un reddito annuo che gli ha permesso, verso la fine del secolo, di ricevere molto di più di quanto abbia esportato, senza un saldo commerciale negativo. La guerra ha ridotto notevolmente queste partecipazioni all'estero e la bilancia commerciale per il 1925 è stata stimata in soli 28 milioni di sterline a nostro favore, dopo aver tenuto conto delle entrate dei nostri investimenti esteri rimanenti . Nel secolo precedente la guerra le nostre esportazioni, che all'inizio erano quasi il doppio delle importazioni, sono aumentate solo due volte, mentre le importazioni sono aumentate sette volte. Ma entrambi sono stati ridotti a una relativa insignificanza dalle cifre gonfiate della spesa nazionale dopo la guerra.

Il signor Withers, [62] cita un discorso del signor McKenna dell'ottobre 1922, che ha detto:

"Per oltre due secoli il capitale britannico è stato prestato ad altri Paesi. Anno dopo anno l'Inghilterra produceva più di quanto consumasse o potesse scambiare con i prodotti di altre nazioni, e non poteva ottenere un mercato per l'eccedenza se non concedendo all'acquirente un lungo credito. Prestiti esteri ed emissioni estere di ogni tipo sono stati accesi in Inghilterra, e i proventi sono stati spesi per pagare la produzione in eccesso" - e prosegue sostenendo che il pagamento delle riparazioni da parte della Germania dovrebbe essere richiesto nello stesso modo.

"La Germania, dotata di grandi risorse naturali e di un'impareggiabile capacità di lavoro e di applicazione, [dovrebbe] produrre un'eccedenza esportabile molto considerevole se facesse lo sforzo necessario e la necessaria diversione della sua forza produttiva".

Con una "penetrazione pacifica" in Italia, in Messico, in Brasile e in altri luoghi in cui la Cina è considerata una minaccia per il nostro commercio e la nostra supremazia finanziaria, potrebbe acquisire investimenti e cederli ai suoi creditori. Sicuramente la maggior parte delle persone concorderà sul fatto che questo è giocare con strumenti taglienti e che non vale la pena seminare i semi di una nuova guerra per pagare l'ultima e deprimere così le nostre industrie.

Libertà economica contro servitù

Così, in campo internazionale non meno che nei nostri affari interni, dobbiamo decidere se è la ricchezza o il debito che desideriamo veramente, se usare le ricchezze altrimenti imbarazzanti dell'epoca per promuovere la libertà economica o la servitù tra le nazioni e tra gli individui. Le rivalità e gli antagonismi internazionali sarebbero più comprensibili se avessero un reale fondamento economico e non

---

[62] *Banchieri e credito*, Hartley Withers, 1924.

crematistico. In tempi in cui la popolazione tendeva sempre a superare l'offerta di cibo, prima che l'occupazione effettiva di tutto il mondo, insieme ai metodi intensivi di coltivazione, riducesse la legge dei rendimenti decrescenti in agricoltura al suo giusto significato locale, le nazioni in crescita si trovavano sempre di fronte all'alternativa della guerra o della fame. Ma ora è tutto il contrario. La lotta non è per la ricchezza, ma per disporne in modo vantaggioso per i suoi proprietari, per convertire la ricchezza presente in un diritto sulla ricchezza futura, per venderla se possibile, ma, in caso contrario, per prestarla in modo da poter ottenere dal debitore un tributo permanente di interessi in futuro. Le vecchie guerre di conquista avevano spesso scopi simili, ma la coscrizione universale e la militarizzazione di intere nazioni, come conseguenza della loro capacità di produrre più ricchezza di quanta ne possano consumare, scambiare o persino prestare, è un fenomeno nuovo e curioso nella storia.

La lotta è solo nominalmente tra nazioni e, per la sopravvivenza di un radicato istinto di branco, è diretta lungo questi canali tradizionali. In realtà, è tra i debitori e i creditori di tutte le nazioni in comune, e non è possibile trovare una soluzione al conflitto sociale o internazionale finché i debiti non saranno resi estinguibili e una parte degli interessi pagati su di essi sarà destinata come fondo di ammortamento al loro riscatto . Che è interamente di competenza di ogni nazione determinare per sé, sia per i propri cittadini che per gli investitori stranieri, e che, se non vi è alcuna discriminazione preferenziale nei confronti dello straniero, non può sorgere alcun giusto motivo di controversia internazionale. La proprietà di un privato cittadino o di una società, investita in un Paese straniero, è soggetta alle leggi di quel Paese in materia di tassazione.

Ma i debiti internazionali, del tipo che la guerra ha lasciato in eredità, sono una minaccia ben più grave per la pace del mondo. Non sono rimborsabili, se non danneggiando la classe debitrice della nazione creditrice, i suoi lavoratori, le sue industrie e il suo commercio, e non sono trasferibili tra individui come i debiti privati.

Sono come acque stantie, conservate durante la siccità, dopo che le piogge sono arrivate e i fiumi hanno ripreso il loro flusso normale, tanto malsane quanto inutili.

Il problema pratico

Per tornare alle questioni pratiche da queste riflessioni generali, poiché nessuna nazione è giustificata a interferire con gli affari interni di altre, è possibile considerare il problema del commercio estero solo in quanto riguarda una singola nazione. Pur riconoscendo che si tratta di una parte di un più ampio problema tra debitori e creditori, almeno per quanto riguarda l'investitore privato, non è diverso dal problema interno. L'investitore, nella misura in cui detiene partecipazioni in un paese straniero, è, di fatto, un cittadino di quel paese e sarebbe soggetto alle stesse disposizioni, se fossero emanate, per il rimborso del capitale, come i cittadini di quel paese.

È certo che in una società individualista, come in una comunitaria, è inutile produrre o cercare di produrre cose che non sono richieste. In una società individualista l'onere di cambiare occupazione spetta a coloro che, a causa delle mutate condizioni, non sono più in grado di guadagnarsi da vivere con la loro precedente occupazione. Nel Capitolo III è stato sottolineato come questo sia, nelle condizioni moderne, un cambiamento molto meno grave che in passato, a condizione che sia sempre assicurata una quantità sufficiente di altri impieghi redditizi per tutti i lavoratori. Può essere necessario riconoscere i casi eccezionali e attenuare i periodi di riadattamento troppo rapido, ma, in generale, non possiamo sfuggire alla conclusione che lo scambio tra le nazioni dovrebbe essere libero e senza restrizioni e che è auspicabile che ogni paese si specializzi nella fornitura delle classi di beni più adatte alle sue risorse naturali e alle sue attitudini.

Stabilizzando la moneta sul numero indice non fissiamo alcun prezzo particolare, ma solo la media generale, in modo che se alcuni beni sono più o meno richiesti di altri il loro prezzo aumenterà o diminuirà *relativamente* agli altri fino a quando la tendenza non sarà frenata da un aumento o da una diminuzione dell'offerta, esattamente come ora, con la differenza che l'oro non sarebbe più un'eccezione a questa regola. Non ci sarebbe bisogno di usare l'oro per la moneta interna, ma esso troverebbe, come merce, esattamente lo stesso uso che se ne fa ora per correggere le bilance commerciali con l'estero.

La funzione dell'oro

Ogni paese riceve dall'estero beni dello stesso valore di quelli che invia all'estero. La natura del caso prevede che questi valori si bilancino su periodi abbastanza lunghi, a meno che i debiti non vengano convertiti in investimenti a lungo termine non rimborsabili su richiesta. La differenza sui brevi periodi, la cosiddetta bilancia commerciale favorevole o sfavorevole, non può mai essere grande, e l'oro come merce serve in modo eccellente a compensare tali differenze. Tutti i paesi, anche quelli che non hanno una base aurea, accetteranno prontamente l'oro come forma di pagamento temporaneo conveniente e soddisfacente. Se l'oro fosse demonetizzato e ridotto al rango di semplice merce, le scorte disponibili in un paese fornirebbero un'indicazione precisa della sua bilancia commerciale.

È ampiamente riconosciuto che l'attuale posizione anomala dell'oro è una minaccia per le relazioni internazionali. Con la guerra, l'America si è assicurata la maggior parte delle scorte mondiali e, se venisse rimesso in circolazione, creerebbe scompiglio nei sistemi monetari esistenti. D'altra parte, potrebbe essere utilizzato per la valuta internazionale come ora, ma su base merceologica, e per stabilizzare gli scambi per quanto riguarda le fluttuazioni temporanee e violente, lasciando che trovino gradualmente il loro livello in base agli standard monetari e ai sistemi valutari adottati nei vari paesi.

Poiché vi sono tutte le ragioni per prevedere che l'oro, d'ora in poi, si svaluterà costantemente in ogni caso, tanto più rapidamente quanto meno se ne fa uso per la moneta e quanto più rapidamente e diffusamente viene demonetizzato, e poiché tutte le nazioni lo hanno accumulato o hanno cercato di farlo con l'errata impressione di "risparmiare", sembrerebbe un caso adatto alla Società delle Nazioni per giungere a una convenzione equa e amichevole sulla futura disposizione di esso.

Potrebbero concordare la proporzione in cui le scorte dovrebbero normalmente essere tenute in futuro nei vari paesi come riserva nazionale per stabilizzare le borse ed evitare fluttuazioni inutili e dannose. Ma si spera che non affidino i destini del mondo alle cure di tre o quattro tra le banche più potenti che decidono di volta in volta cosa sia meglio fare, e che istituiscano un gold standard fraudolento, in cui il valore del metallo è solo quello che gli interessati decidono di far diventare, stabilendo quanta o quanta moneta debba essere emessa. Una cosa è che una nazione accetti di fare la sua parte per trovare un uso e prevenire una svalutazione troppo rapida dell'oro in esubero e che si assuma il rischio di perdite acconsentendo a mantenerne per un certo periodo una quantità limitata come riserva speciale. Ma è un'altra questione quella di perpetuare la morsa che poche persone di mentalità e istinti antisociali si sono assicurate, mettendo all'angolo e controllando il denaro, sulla vita e sulle attività delle nazioni industrializzate e commerciali.

Lo standard di valore dovrebbe essere fissato al di là della possibilità di essere manomesso da chiunque, per quanto benintenzionato e benevolo. Ma l'oro al suo valore di mercato, qualunque esso sia, potrebbe ancora servire a stabilizzare le valute internazionali e a conferire al commercio estero alcuni dei benefici che deriverebbero da un'unità monetaria interna invariabile.

Un suggerimento per la regolamentazione statistica della Regolamento della bilancia commerciale

La questione del commercio estero, che necessariamente causa qualche restrizione apparentemente arbitraria alla libertà degli individui, è difficile da risolvere. Nei resoconti delle crisi commerciali più acute del passato si può sempre rintracciare il sentimento di indignazione e di irritazione suscitato dagli speculatori stranieri "antipatriottici" che svuotavano il Paese delle sue scorte d'oro quando era più necessario in patria. L'economia individualista non ha mai affrontato in modo corretto la difficoltà fondamentale di bilanciare le importazioni e le esportazioni, quando ciascuna di esse è interamente non regolamentata e lasciata all'iniziativa privata dei singoli. Se vogliamo garantire la massima stabilità e libertà di commercio all'interno dei nostri confini, non è ovviamente auspicabile lasciarli esposti a una concorrenza violenta intermittente dall'estero, a seconda dello stato delle borse estere. Questioni come la protezione *contro il* libero commercio, la tassazione delle importazioni o il sovvenzionamento delle esportazioni dovrebbero, di comune accordo, essere rimosse completamente dalla sfera politica e lasciate a una regolamentazione statistica della stessa natura di quella che è stata proposta per la regolazione della quantità di denaro.

Abbiamo visto che se l'oro venisse demonetizzato per la moneta interna e utilizzato esclusivamente come merce per correggere gli equilibri commerciali e stabilizzare il cambio, le scorte disponibili nel paese servirebbero come barometro preciso della sua posizione commerciale internazionale. Se queste tasse venissero imposte solo quando il barometro dell'oro ne dimostra la necessità generale e in misura tale da mantenere le scorte d'oro entro limiti ben definiti, queste questioni potrebbero essere rimosse dal campo di battaglia della politica di parte e verrebbe eliminata la principale obiezione che viene mossa nei loro confronti, ovvero che creano "lobby" e corruzione. Così un Paese potrebbe decidere che la sua riserva aurea non deve salire oltre un determinato massimo né scendere al di sotto di un determinato minimo. Se così fosse, una tassa sulle esportazioni utilizzata per incoraggiare le importazioni, nel primo caso, e una tassa sulle importazioni utilizzata per incoraggiare le esportazioni, nel secondo, sembrerebbe essere un metodo imparziale e statistico per mantenere il giusto equilibrio.

Una moneta nazionale stabilizzata aiuterebbe, non ritardare il commercio estero

I suggerimenti avanzati per la nazionalizzazione e la stabilizzazione della moneta interna non interferiscono in alcun modo con la conduzione del commercio estero, né la rendono più onerosa. Sarebbe difficile indicare un solo vantaggio che verrebbe conferito al commercio interno e all'industria di un Paese che non sia di pari importanza e beneficio per il suo commercio estero.

Il nostro pericoloso stato di dipendenza dal commercio estero per l' alimentare è in gran parte dovuto al nostro sistema bancario privato e alla sua riluttanza o incapacità di concedere crediti a lungo termine sulla sicurezza della produzione futura, che sono una necessità per l'agricoltura, soggetta nel migliore dei casi a temporanee battute d'arresto a causa del fallimento del raccolto. Se la mancanza di sicurezza e i continui cambiamenti nelle prospettive commerciali sono negativi per l'industria, lo sono ancora di più per l'agricoltore, che si occupa di processi essenzialmente a lungo termine. A meno che non gli vengano garantite condizioni ragionevolmente stabili, sarebbe folle da parte sua spendere anni di sforzi non remunerativi in sviluppi che, per loro stessa natura, possono dare un ritorno solo in un momento relativamente lontano.

Esiste una cospirazione finanziaria?

È opinione diffusa che ci sia stato qualcosa di simile a una vera e propria cospirazione finanziaria per schiavizzare il mondo. [63] L'Occidente non è esattamente il più veloce nel recepire l'inafferrabile principio della ricchezza virtuale. È sfuggito ai presunti economisti teorici, che sembrano essere rimasti del tutto ignari dei profondi cambiamenti in atto sotto i loro occhi nella natura stessa del denaro. Cospirazione o meno, non c'è dubbio che il potere che queste scoperte hanno messo nelle mani dei finanzieri, se non controllato, permetterà loro, a loro tempo e a loro scelta, di conquistare il mondo.

Finora, in questo campo dell'alta finanza, il semi-orientale, cullato nel campo di battaglia tra Oriente e Occidente, è stato supremo. Prima dello sviluppo della scienza, il diluvio di mezze verità mistiche che inondava il mondo occidentale da questa parte lo aveva di fatto soggiogato intellettualmente. L'occidentale, nel tentativo di assimilare e digerire questa dieta spirituale esotica, ha perso completamente - e, in effetti, lo considerava ben perso - qualsiasi indipendenza intellettuale. È stato affascinato e ipnotizzato dalla bolla iridescente di credenze gonfiata in tutto il mondo dalla gerarchia ebraica e ancora oggi, molto tempo dopo che la lancetta della scienza ha bucato la bolla e ha fatto entrare la luce, le presunte azioni del popolo eletto di migliaia di anni fa sono ancora considerate una parte essenziale dell'educazione di tutti, a prescindere da qualsiasi altra storia e conquista umana venga omessa. Non sarebbe saggio sottovalutare l'influenza di una forza dominante di questa portata sulla vita delle persone nel spiegare l'inversione della scienza, e spiega molte cose, altrimenti incomprensibili, della terribile epoca vittoriana.

Ma cospirazione consapevole o meno, e che la responsabilità sia di una razza piuttosto che di un'altra, non ci sono dubbi sul fatto che la finanza ha già asservito il mondo per più della metà e pochi, se non nessuno, individui, società o persino nazioni possono permettersi di scontentare il potere monetario. Nel 1916 il presidente Woodrow Wilson disse:

---

[63] Confronta, ad esempio, *Protocolli dei dotti anziani di Sion*, dal russo di Nilo, tradotto da V. E. Marsden, The Britons Publishing Co., 1925.

"Una grande nazione industriale è controllata dal suo sistema di credito. Il nostro sistema di credito è concentrato. La crescita della nazione, quindi, e tutte le nostre attività sono nelle mani di pochi uomini... Siamo arrivati ad essere uno dei governi peggio governati, uno dei governi più completamente controllati e dominati del mondo civilizzato - non più un governo dalla libera opinione, non più un governo dalla convinzione e voto della maggioranza, ma un governo dall'opinione e dalla costrizione di piccoli gruppi di uomini dominanti".

Abbiamo rinunciato a credere nei miracoli fisici, solo per essere irretiti da quelli metafisici. Finché l'apparente miracolo della ricchezza virtuale non sarà compreso e padroneggiato da coloro che intendono influenzare i destini delle nazioni, queste continueranno a essere come argilla nelle mani dell'astuto finanziere. È una conseguenza di questo miracolo che la scienza ha dotato i demoni ed è diventata il Re di Caco, offrendo agli uomini la scelta tra la libertà di essere lavorati e predati o il tempo libero di morire di fame nell'epoca più ricca che il mondo abbia mai conosciuto, e alle nazioni gli armamenti e la coscrizione per distruggersi l'un l'altro al fine di creare sicurezza e titoli nazionali, in modo che i pii posteri possano onorare eternamente il loro sacrificio e non cessare mai di pagare il tributo al debito nazionale.

In questa situazione non si può dubitare della capacità della Società delle Nazioni di reggere l'urto e di portare una vera pace. Il loro suggerimento di istituire una sorta di standard aureo, il cui valore può essere reso più o meno quello che si ritiene più opportuno dagli eminenti banchieri e finanzieri che li consigliano, è una mossa sinistra e angosciante, perché consegna francamente il vero controllo del mondo al potere monetario. I suggerimenti contenuti in quest'opera, inutile dirlo, sono agli antipodi rispetto a questo, che suona come una parodia del sogno di unire il mondo sotto una religione più cattolica - una versione riveduta del vitello d'oro, con una veste "non d'oro ma dorata", e sotto uno standard "non d'oro ma di guadagno". Sarebbe il passo finale, che esista o meno una cospirazione, verso la schiavitù del mondo intero da parte di un potere finanziario centrale.

Mentre è ovvio che la sicurezza nazionale risiede esattamente nella direzione opposta, nella comprensione e nel controllo completo da parte di ogni nazione del proprio meccanismo finanziario e nel recupero dei poteri così inconsapevolmente abdicati e lasciati andare con leggerezza per difetto. Solo allora ci si può aspettare che venga utilizzato per il bene generale e che la scienza più ricca venga utilizzata per promuovere la ricchezza piuttosto che il debito.

La vera cospirazione

Che ci sia o meno una cospirazione tra il "popolo eletto" per ristabilire con l'oro il dominio che era solito trarre da Dio - e la storia biblica (Esodo XXXII) ricorda un tentativo strettamente parallelo, frustrato dall'azione energica del loro principale legislatore - bisogna ammettere che sarebbe una rivincita sulla scienza per le sue tendenze iconoclaste, non priva di un certo umorismo sardonico, se un giorno ci svegliassimo e trovassimo al posto dei dieci comandamenti una sola regola d'oro. Si tratta di possibilità congetturali e, senza dubbio, come ai tempi di Mosè, ci sono ancora ebrei ed ebrei. Speriamo almeno che sia così.

Ma sull'esistenza di una vera e propria cospirazione - una cospirazione del silenzio - su tutti i problemi monetari, sulla stampa e sulle piattaforme politiche, tra i redattori, gli editori e gli economisti, che più di ogni altro dovrebbero essere vivi e svegli sulla loro infinita importanza - non ci sono dubbi. Esiste, e chiunque abbia cercato di richiamare l'attenzione sui mali del sistema attuale lo affermerà. Il signor H. G. Wells avrebbe detto:

"Scrivere di moneta è generalmente riconosciuto come una pratica discutibile, anzi quasi indecente. I redattori imploreranno quasi lacrimosamente lo scrittore di non scrivere di denaro, non perché sia un argomento poco interessante, ma perché è sempre stato profondamente inquietante".

Per l'autore, abituato a pensare che la battaglia per la libertà di pensiero in campo scientifico sia stata combattuta e vinta secoli fa, ai tempi di Galileo e dell'Inquisizione, è stata una rivelazione scoprire che in economia, a differenza della fisica, non è ancora stata vinta. Se fosse stato un biologo, senza dubbio avrebbe fatto risalire la data alla controversia tra Huxley e i vescovi. D'altra parte, se fosse stato un matematico puro, avrebbe potuto sorridere all'idea che qualcuno dovesse lottare per la verità delle proposizioni di Euclide.

Vale a dire che la libertà di pensiero è una crescita evolutiva piuttosto che una nascita improvvisa, che si estende nell'ordine dagli affari dell'intelletto a quelli dell'anima, e solo infine, se mai, agli affari della tasca. Non è stato privo di aspetti umoristici, a questo proposito, trovare nelle recenti condanne in questo Paese della campagna contro l'insegnamento della dottrina evoluzionistica in alcuni Stati dell'Unione Americana alcuni inquietanti parallelismi con l'atteggiamento esattamente analogo dei nostri *sapienti* liberali nei confronti della ricerca psichica, dell'insegnamento dei metodi di controllo delle nascite o, come si sarebbe potuto citare a titolo di esempio, della nuova dottrina dell'Economia Fisica. La libertà di pensiero dipende ancora molto dalle circostanze.

Si può comprendere il motivo di preservare un discreto occultamento e oscuramento allo sguardo del pubblico dei misteri interiori del tema del denaro, pur condannandone il pericolo e la follia. Se l'economia fosse davvero una scienza, non avrebbe bisogno di proteggersi dalle critiche con una congiura del silenzio. Una critica responsabile, in qualsiasi materia scientifica, verrebbe accolta con una risposta immediata, e non con la politica dello struzzo che nasconde la testa sotto la sabbia nella speranza di soffocare le orecchie e gettare polvere negli occhi di chi la insegue.

Ogni proposta di riforma del sistema viene sempre accolta da potenti interessi che fingono che la riforma proposta sia la vecchia eresia della salvezza economica attraverso la creazione di denaro. Proprio per questo, se quando viene praticato dal governo o dal contraffattore privato è un rimedio da ciarlatani, perché le banche sono considerate i praticanti debitamente qualificati di tali rimedi da ciarlatani e sono sollevate dalla loro carica dalla responsabilità per la rovina che causano?

Può darsi che i nostri pubblicisti tacciano per lo stesso motivo per cui un medico esita a informare il suo paziente che è affetto da una malattia mortale che sconcerta tutte le ricerche scientifiche. Che cosa possono rispondere a questa accusa, che il paziente è reso e mantenuto malato con la somministrazione di farmaci che tutti sanno essere dannosi e fatali? Può darsi che il pericolo non sia per il Paese, a parte il pericolo o la guarigione dalla sua attuale condizione di impotenza e svuotamento, ma per i nostri funzionari e dipendenti pubblici che, a meno che non venga concessa loro un'amnistia, potrebbero ragionevolmente aspettarsi di essere messi sotto accusa, se venisse ristabilito un vero governo politico. Infine, può darsi, e probabilmente è così, che i nostri presunti leader ed esperti di queste intricate questioni siano essi stessi in una fitta nebbia e, non sapendo cos'altro dire, continuino a ripetere ciò che è stato loro insegnato in gioventù all'università come scienza economica. Qualunque sia la ragione, se questo tentativo di nascondere al pubblico i fatti reali del sistema monetario esistente e di sopprimere tutte le critiche pubbliche e le argomentazioni di buon senso a favore della sua riforma continuerà, l'opinione, già molto diffusa, dell'esistenza di una cospirazione traditrice contro lo Stato da parte dei leader della finanza non mancherà di fondamento. Cospirazione consapevole o meno, il pericolo è esattamente lo stesso. Un sistema monetario corrotto colpisce la vita stessa della nazione.

CAPITOLO XV

SINTESI DELLE CONCLUSIONI PRATICHE

Può essere d'aiuto al lettore raccogliere e riassumere le principali conclusioni pratiche a cui si è giunti, distinguendole dall'analisi teorica su cui si basano.

(1) La produzione di ricchezza, distinta dal debito, obbedisce alle leggi fisiche di conservazione e si può applicare il ragionamento esatto delle scienze fisiche. La ricchezza non può essere prodotta senza spese, e una fornitura continua di ricchezza non può essere fornita come risultato di una spesa una volta per tutte, perché è una forma di energia, o il prodotto della sua spesa sotto una direzione intelligente. La sua produzione richiede un continuo apporto di energia fresca e una continua diligenza umana, al giorno d'oggi, piuttosto che lavoro fisico. La scala su cui può essere prodotta è praticamente limitata solo dallo stato delle conoscenze tecniche del tempo. Non esiste più alcuna giustificazione fisica valida per il mantenimento della povertà. Il fenomeno della disoccupazione e dell'indigenza allo stesso tempo è dovuto esclusivamente all'ignoranza della natura della ricchezza e dei principi dell'economia, e alle confusioni tra ricchezza e debito che finora hanno confuso questo argomento, anche tra coloro che si sono cimentati nella sua indagine scientifica e nella sua chiarificazione.

(2) Esistono due categorie distinte di ricchezza che devono il loro valore alle opposte qualità di deperibilità e permanenza. Entrambe sono simili nel modo in cui vengono prodotte. Ma nella formazione della prima categoria di ricchezza deperibile l'energia necessaria viene accumulata per essere utilizzata in seguito, quando la ricchezza viene consumata. Questa categoria comprende alimenti, combustibili, esplosivi, fertilizzanti e tutti i materiali la cui utilità dipende dal cambiamento che subiscono durante l'uso. Possono essere utilizzati una sola volta e di solito fungono da energizzanti e da veri e propri sostenitori della vita.

Nella seconda categoria di ricchezza permanente, l'energia necessaria per produrla non è immagazzinata nel prodotto - o, se lo è, agisce negativamente sulla durata d'uso - ma è già andata sprecata nel processo. Consente e facilita la vita, ma non la potenzia. Risparmia ulteriori spese di tempo di vita in misura indefinita, ma non sostiene la vita. Questa categoria comprende tutte le classi di beni permanenti, di qualsiasi grado di durata effettiva, ma si distingue dalla prima categoria per il fatto che la loro distruzione è accessoria e non è la ragione della loro utilità, ed è una perdita mortale. Questa categoria comprende l'intero capitale nel senso usato in questo libro, cioè gli organi di produzione utilizzati nella produzione.

(3) **Il** capitale, risparmiando in misura indefinita il dispendio di tempo umano nella produzione, sembra offrire un reddito continuo di ricchezza senza ulteriore lavoro, ma l'origine della ricchezza prodotta è nell'uso continuo del capitale da parte degli agenti umani, non nel capitale stesso. Non c'è alcun principio etico a cui appellarsi per equiparare il tempo speso nell'accumulazione al dispendio continuo necessario per renderla produttiva, o per determinare la giusta divisione della ricchezza prodotta tra capitalista e lavoratore.

(4) **Il** denaro è ora una forma di debito nazionale, posseduto dall'individuo e dovuto comunità, scambiabile su richiesta con ricchezza trasferita a un altro individuo. Il suo valore o potere d'acquisto non è determinato direttamente da una quantità positiva o esistente di ricchezza, ma dalla quantità negativa, o deficit di ricchezza, dal cui possesso e godimento i proprietari del denaro si astengono volontariamente, senza pagare interessi, per soddisfare i loro affari individuali e domestici e la loro convenienza. L'aggregato di questo deficit è chiamato Ricchezza Virtuale della comunità e misura il valore di tutto il denaro posseduto dalla comunità, che è costretta dalla necessità di scambiare i suoi prodotti a comportarsi come se possedesse questa quantità di ricchezza in più rispetto a quella che effettivamente possiede. La Ricchezza Virtuale di una comunità non è una quantità di ricchezza fisica ma negativa immaginaria. Non obbedisce alle leggi di conservazione, ma è di origine psicologica. Aumenta con il numero della popolazione e con il reddito nazionale e varia per lunghi periodi di tempo con le abitudini delle persone e con il modo in cui conducono gli affari e gli affari monetari domestici. Solo quando la ricchezza

virtuale è costante, il livello generale dei prezzi è direttamente, e il potere d'acquisto del denaro inversamente, proporzionale alla quantità di moneta in circolazione.

(5) Le banche creano e distruggono denaro in modo arbitrario e senza comprendere le leggi che correlano la sua quantità al reddito nazionale. Si sono permesse di considerarsi proprietarie della ricchezza virtuale che la comunità *non possiede*, e di prestarla e far pagare gli interessi sul prestito come se esistesse davvero e la possedessero. La ricchezza così acquisita dal mutuatario impunito non viene ceduta dai prestatori, che ricevono l'interesse sul prestito ma non rinunciano a nulla, ma viene ceduta dall'intera comunità, che subisce di conseguenza la perdita attraverso una riduzione generale del potere d'acquisto della moneta.

(6) Le banche hanno usurpato la prerogativa della Corona per quanto riguarda l'emissione di moneta, e hanno corrotto lo scopo del denaro da quello di mezzo di scambio a quello di debito fruttifero, ma il vero male è che ora abbiamo una concertina invece di una moneta. Questi poteri sono stati conferiti loro in seguito all'invenzione e allo sviluppo del sistema degli assegni, imprevisto prima che diventasse un fatto consolidato. È stato architettato da politici di tutti i partiti, che hanno tradito il popolo e, a sua insaputa o con il suo consenso, hanno abdicato alla funzione più importante del governo e hanno cessato di essere i governanti *de facto* della nazione. L'emissione e il ritiro del denaro dovrebbero essere restituiti alla nazione per il bene generale e dovrebbero cessare del tutto di fornire una fonte di sostentamento alle società private. Il denaro non dovrebbe essere fruttifero per il fatto stesso di esistere, ma solo se realmente prestato da un proprietario che lo cede a chi lo prende in prestito.

(7) Il valore del denaro non deve dipendere dalla quantità di un singolo bene, come l'oro, e lo standard di valore deve fare riferimento alla media generale dei beni consumati e utilizzati nella vita. In altre parole, il numero indice del livello generale dei prezzi, o il suo reciproco, il potere d'acquisto del denaro, dovrebbe essere mantenuto costante regolando la quantità totale di denaro in circolazione.

Il numero indice dovrebbe essere costantemente accertato da un'autorità statistica nazionale che riferirebbe i suoi risultati all'autorità nazionale incaricata dell'emissione di moneta, in modo che l'emissione possa essere regolata per mantenere costante lo standard di valore, proprio come il National Physical Laboratory in questo Paese è incaricato della standardizzazione di pesi e misure.

(8) Quando la quantità di moneta è costante, il suo valore o potere d'acquisto è proporzionale alla Ricchezza Virtuale, e quando il suo valore o potere d'acquisto è costante, la quantità di moneta è una misura della Ricchezza Virtuale. L'emissione di moneta dovrebbe quindi essere regolata dal suo potere d'acquisto, in modo da mantenerlo costante, emettendone di più se il potere d'acquisto tende ad aumentare o il numero indice a diminuire, e ritirandone un po' dalla circolazione se il potere d'acquisto tende a diminuire e il livello generale dei prezzi ad aumentare, proprio come la velocità di un motore a vapore a carico variabile è controllata automaticamente dall'immissione di vapore da parte del governatore quando la velocità tende a diminuire, e dalla chiusura quando tende ad aumentare.

La moneta emessa dovrebbe servire a coprire le spese nazionali al posto delle tasse o a rimborsare il debito nazionale fruttifero. Il ritiro e la distruzione del denaro dovrebbero avvenire tramite la tassazione o l'accensione di un prestito nazionale.

(9) Si riconosce che lo standard invariabile di valore proposto è uno standard debitore-creditore per facilitare gli impegni commerciali a lungo termine ed eliminare l'elemento speculativo introdotto in essi dalla variazione del valore del denaro. Ma in un'epoca di crescente efficienza umana nella produzione di ricchezza, uno standard di prezzo debitore-creditore non è necessariamente un prezzo "giusto". Ma nessun progresso sociale può essere garantito finché il potere d'acquisto del denaro non sarà reso invariabile.

(10) Per avviare il sistema, circa 2.000.000.000 di sterline di debito nazionale fruttifero dovrebbero essere cancellate e la stessa somma di denaro nazionale (debito nazionale infruttifero) emessa per sostituire il credito creato dalle banche. Il contribuente sarebbe così sollevato dal pagamento di 100.000.000 di sterline all'anno di interessi su prestiti puramente fittizi. Questo interesse annuale è un pagamento da parte del contribuente agli obbligazionisti per il denaro prestato allo Stato, ed è trasferito nel sistema esistente alle banche per i loro servizi di creazione di nuovo denaro come credito bancario e di conferimento agli obbligazionisti a fronte delle loro obbligazioni come garanzia collaterale. Le tasse vengono quindi pagate alle banche per aver fatto ciò che le tasse erano state imposte per evitare che venisse fatto, cioè l'aumento della moneta. Altrimenti non ci sarebbe stato motivo per lo

Stato di prendere a prestito a interesse se non avesse voluto impedire l'aumento della moneta.

(11) Le banche dovrebbero essere obbligate per legge a tenere in conto corrente la moneta nazionale, per un importo pari a quello delle loro passività per i "depositi" dei clienti, e dovrebbero essere autorizzate a prestare solo il denaro effettivamente depositato presso di loro dai proprietari, che ne rinunciano all'uso per il periodo stabilito del prestito e ricevono ricevute in forma legale soggette a imposte di bollo di entità tale da rendere relativamente poco redditizio il prestito per periodi di durata limitata.

(12) L'incapacità delle nazioni di utilizzare appieno, per l'arricchimento della vita, gli ampi poteri conferiti loro dal progresso delle conoscenze scientifiche e tecniche è dovuta principalmente all'emissione privata di denaro e ai principi errati che la governano. I crediti dovrebbero essere emessi, non cancellati (cioè, il denaro in circolazione dovrebbe essere aumentato, non diminuito), quando l'offerta supera la domanda.

L'autentica astinenza dal consumo, o "risparmio", è l'antecedente essenziale di qualsiasi aumento del denaro in circolazione se non si vuole aumentare il livello dei prezzi.

(13) Per elevare qualsiasi sistema produttivo da una scala di produzione a una scala superiore senza provocare un cambiamento del livello dei prezzi, e quindi per assorbire lavoro e capitale disoccupati, è necessaria un'astinenza iniziale dal consumo pari all'aumento delle scorte di ricchezza semilavorata e finita nel sistema, seguita da un'emissione di moneta di importo inferiore proporzionale, ma normalmente inferiore, al valore delle scorte finite aggiuntive. In pratica, l'emissione sarebbe determinata dal livello dei prezzi come indicatore, con i rendimenti della disoccupazione e le condizioni dell'industria come indicazioni guida.

(14) Se l'emissione di moneta precede l'astinenza, le scorte di ricchezza finita sistema si esauriscono in modo permanente e non possono essere ripristinate. Questo fa aumentare i prezzi e tende, dopo un breve periodo, a ridurre l'occupazione e la produzione anche al di sotto del livello originario, con una valutazione monetaria gonfiata in proporzione all'aumento della moneta.

L'aumento dei prezzi prosciuga l'oro dal Paese, così che i crediti vengono nuovamente ridotti e gli industriali sono costretti a ridurre la produzione.

(15) Se l'astinenza non è seguita da un aumento della quantità di denaro, le scorte aggiuntive accumulate non possono essere vendute senza ridurre la produzione e di conseguenza, l'impiego di lavoro e capitale in misura tanto inferiore al livello originario quanto l'astinenza iniziale lo aveva temporaneamente aumentato al di sopra di tale livello. Alla luce di queste conclusioni viene offerta una critica agli obiettivi e alle proposte della scuola di Douglas sulla riforma del credito sociale.

(16) La costruzione di qualsiasi sistema industriale e, in generale, l'accumulo di capitale permanente, comporta la responsabilità di debiti nei confronti di individui che non potranno mai essere ripagati e che, pertanto, dovranno essere gravati da interessi fino a quando non saranno cancellati o riscattati. In una società individualista, se non si vuole che i cittadini siano ridotti ad elemosinanti sotto il peso crescente dell'indebitamento del capitale, la tassazione dovrebbe essere estesa al di là dello scopo di coprire la spesa pubblica per provvedere al rimborso del capitale. Le leggi matematiche per il rimborso semplice e composto dei debiti di capitale sono state elaborate. In questo modo la nazione entrerebbe in gioco sul piano terra e non dopo che le industrie hanno smesso di pagare, come avviene con le attuali proposte di nazionalizzazione.

(17) L'imposizione fiscale, finora limitata allo scopo di finanziare le spese statali, è del tutto inutile come strumento di miglioramento sociale permanente e dovrebbe essere utilizzata in combinazione o in alternativa all'emissione di prestiti statali, per altri scopi specifici, come la creazione di un maggior volume di produzione, la ricostruzione dell'agricoltura, il mantenimento del giusto rapporto tra produzione per il consumo e nuova produzione di capitale e, in generale, per influenzare più attivamente il corretto sviluppo del paese, sulla base delle informazioni fornite dall'autorità statistica nazionale.

(18) Una moneta nazionale basata sul numero indice e l'espansione intelligente sistema industriale fino alla sua piena capacità operativa promuoverebbero il commercio estero in egual misura rispetto a quello interno e consentirebbero alla nazione di ottenere dall'importazione il cibo di cui ha bisogno in cambio delle esportazioni.

(19) Si suggerisce di estendere l'uso dell'oro come merce per le transazioni internazionali, per regolare la bilancia commerciale tra le nazioni.

La Società delle Nazioni dovrebbe impegnarsi, per le nazioni che comprende, a determinare la proporzione dello stock totale d'oro che ogni nazione deve tenere come riserva, piuttosto che tentare di istituire un gold standard fraudolento, il cui valore può essere adattato agli scopi di alcune potenti Banche Centrali attraverso una politica di accelerazione o ritardo della sua demonetizzazione a loro piacimento.

(20) Sebbene il suo scopo principale sia quello di eliminare la minaccia per le relazioni internazionali derivante dagli immensi accumuli di oro in esubero e di consentirne la completa demonetizzazione in tutta sicurezza da parte di qualsiasi paese che desideri adottare uno standard di valore invariabile basato sul numero indice, l'uso dell'oro come riserva nazionale servirebbe a stabilizzare il livello dei prezzi internazionali e a smorzare le violente fluttuazioni delle valute estere dovute a temporanee variazioni della bilancia commerciale. Non si propone però di fissarli o "ancorarli", ma di lasciare che trovino il proprio livello in base agli standard di valore e ai sistemi valutari adottati nei vari paesi.

(21) La riserva nazionale d'oro, che funge da barometro indicante il rapporto tra importazioni ed esportazioni, dovrebbe essere mantenuta con mezzi adeguati tra limiti di variazione definiti. Come possibile mezzo, si suggerisce che, sulla base delle informazioni fornite dall'autorità statistica nazionale, le importazioni potrebbero essere controllate con dazi e le esportazioni incoraggiate con sovvenzioni se il barometro scende, e viceversa se sale.

(22) Si sostiene che queste riforme suggerite, pur non rispondendo completamente alle cause economiche più profonde del malcontento sociale, sono passi necessari se si vuole che la società individualista continui a esistere e che la nazione sia in futuro in grado di affrontare un ulteriore spostamento di uomini da parte delle macchine e dei metodi di produzione di massa, e distribuire i titoli monetari al consumo in proporzione alla quantità di ricchezza in grado di essere prodotta, piuttosto che al numero di lavoratori impiegati nella produzione.

Conclusione

Il pungiglione dell'economia, afferrato con coraggio, non deve più ostacolare il cammino del riformatore sociale che vuole dare pace e libertà economica al mondo. Il suo potere di pungere risiede solo in sciocche confusioni che il mondo ha superato e che, in un'epoca scientifica e meccanica, anche un bambino sveglio potrebbe essere in grado di superare. Non si deve più temere un disaccordo disinteressato sulla natura e sulla soluzione del paradosso della povertà e della ricchezza.

Eliminate queste vecchie confusioni, da materia come l'astrologia o l'alchimia, l'economia diventerà una scienza. Già la separazione della sua materia in fisica - la *ricchezza* - e psicologica - il *debito* - porta con sé la più sorprendente semplificazione. Naturalmente ci saranno molte persone che sosterranno che l'aspetto psicologico è importante quanto quello fisico. Ma pochi avranno l'ardire di sostenere che la comprensione dell'aspetto psicologico possa compensare le rozze concezioni fisiche iniziali tra ricchezza e debito e la volgare fallacia del moto perpetuo dei vecchi economisti. Tali errori avrebbero proprio l'effetto che hanno già prodotto in un mondo amministrato e composto da superuomini e angeli.

Finora la democrazia ha colto solo l'ombra e deve ancora afferrare la sostanza della sovranità o essere screditata per sempre. Il suo primo passo deve essere quello di porre fine alla congiura del silenzio nei suoi organi di pubblicità e istruzione riguardo all'unica prerogativa del governo che sottende e controlla tutta l'azione politica effettiva, e di insistere sul fatto che il suo sistema monetario sia pubblico e aperto alla critica e alla modifica consapevole come il suo sistema politico.

Con un'adeguata conoscenza delle realtà fisiche che dominano gli affari economici dei popoli, la strada è libera per un progresso illimitato e per il raggiungimento della pace e della prosperità universali. I mali che in passato hanno paralizzato il cuore stesso delle nazioni giacciono nascosti e non si possono nascondere. Perciò passano al di là del potere di nuocere ulteriormente. Solo il coraggio più raro - l'impavidità intellettuale e l'onestà di affrontare le cose come sono e non come appaiono - è necessario per abolire la povertà e il degrado economico dal nostro mondo in meno tempo di quanto la guerra abbia impiegato per fare il suo corso. Mentre all'orizzonte internazionale si affaccia la speranza che si possa trovare una soluzione razionale al problema della guerra moderna e che si possa fare un uso migliore del dono prodigo della scienza piuttosto che distruggere la ricchezza e la popolazione in eccesso per accendere i mercati e aumentare i debiti nazionali.

Se tutti i più potenti interessi acquisiti del mondo fossero solidi e interconnessi contro la causa dell'umanità e della libertà, se il denaro, la brama di potere e l'essenza distillata di tutte le superstizioni che hanno influenzato le menti degli uomini fossero schierati contro la crescita della conoscenza, chi dovrebbe dubitare della questione finale? La strada è aperta per tutti gli uomini e le donne di buona volontà che vogliono proseguire verso la meta.

Negli otto anni trascorsi dalla Pace, le nubi dell'oscurità sono scese di nuovo e la gente sa già in cuor suo che è solo questione di tempo prima che arrivi un'altra guerra, più grande e più terribile dell'ultima in proporzione al ritardo. Non un briciolo delle cause economiche fondamentali che hanno prodotto l'ultima è stato modificato. La pace ha abbondantemente seminato i semi di un futuro e inevitabile conflitto nazionale. La vasta produttività potenziale del mondo industrializzato, in particolare nell'industria meccanica e chimica, deve trovare uno sbocco. Se questo sbocco viene negato, per follia finanziaria, alla costruzione e alla ricostruzione della vita domestica delle nazioni, rimane un incentivo diretto e potente alla fomentazione della guerra.

Se qualcuno ha dei dubbi, che visiti, ad esempio, una moderna acciaieria - ne sono molte in questo Paese, ognuna delle quali, secondo le stime di , è in grado di soddisfare l'intero fabbisogno nazionale nel nostro attuale stato di impoverimento. Anche se gli capitasse un giorno in cui l'impianto è in piena attività, vedrebbe solo un uomo qua e là che non fa quasi nulla, laddove, solo una generazione fa, il luogo sarebbe stato animato da un esercito di operai quasi nudi che si affrettavano a sorvegliare il flusso mobile di acciaio incandescente. Pochi motori da 15.000 cavalli, lavorati con il sole delle estati dell'era paleozoica, hanno emancipato l'operaio umano dall'ozio per le strade, dal vivere con il sussidio e dall'allevare la sua famiglia in modo da evitare il giorno in cui la nazione avrà di nuovo bisogno di tutti loro e la guerra, il consumatore, trasformerà tutta questa ricchezza potenziale in debito nazionale. Eppure non ci scandalizziamo dei costumi degli antichi, che esponevano i loro giovani superflui nudi ai rigori della notte invernale, o li sacrificavano con musica e fervore religioso sugli altari di Moloch e Mammona.

La luce delle scienze esatte può arrivare anche in questi recessi oscuri e segreti dell'anima umana. Fin dagli albori della civiltà, il profondo istinto innato del branco verso l'accumulo di "ricchezza" si è scontrato con l'impossibilità fisica di farlo. Nasce così "il principio di morte", che Trotter[64] ha riconosciuto come incarnato nella struttura e nella sostanza stessa di ogni sforzo sociale costruttivo umano. Come le civiltà precedenti, anche la nostra - a quanto pare - ha oscillato faticosamente fino al suo apogeo privo di significato per poi ricadere nell'oscurità, destinata, come loro, a non lasciare alcuna traccia nella memoria umana, se non il flebile e dubbio sussurro della tradizione.

Le ruote di Dio macinano poco, ma molto lentamente. O futuro, noi morenti ti salutiamo! La rotta è tracciata, la corsa è quasi finita. Il tempo, il distruttore, è alle nostre calcagna. La nostra giovinezza è finita, e vecchie e deboli sono le mani dei burattini che l'oro sceglie per dirigere il nostro destino. Ridateci, o potenze della luce, ancora un'ora prima che il pendolo della notte scenda di nuovo. La lampada è accesa, ma il suo fascio di luce ha bisogno di tempo per crescere prima che coloro che verranno possano sperare di aprirsi la strada. Rallentate il tramonto e accelerate l'alba, per evitare che la gioventù risorgente arrivi troppo tardi.

SUL RECENTE MASSACRO,

(Dopo Milton.)

Vendica, o Signore, i tuoi figli trucidati, le macerie del Vecchio
Mondo
mondo si arricchisce delle loro ossa sparse;
E coloro che hanno custodito la tua verità, lo schernitore li possiede,
quando tutti i nostri padri adoravano gli dei dell'oro.
La generosa ricerca della giovinezza e della scienza è stata venduta,
L'eccedenza cambiata in prestiti perenni,

---

[64] *Instincts of the Herd in Peace and War*, W. Trotter, 1919, p. 241, "The Instability of Civilisation".

Le coste distrutte e le zone devastate dalla guerra non si dimenticano.
di guerra non dimenticano; risuscitano il loro stampo.
Il fiore che il fuoco ha falciato, le sue radici si decompongono,
la polvere e la cenere del raccolto seminano
In ogni capanna e in ogni fattoria dove ancora regna
il tiranno del denaro, affinché da questi cresca
centuplicare, chi ha imparato la tua strada
possano fuggire presto dalla sventura babilonese.

F. S.

Altri titoli

OMNIA VERITAS
OMNIA VERITAS LTD PRESENTE:
LE GUERRE PER IL PETROLIO
DI JOHN COLEMAN
Il racconto storico dell'industria petrolifera ci porta attraverso i colpi di scena della "diplomazia".
JOHN COLEMAN
LE GUERRE PER IL PETROLIO
La lotta per monopolizzare la risorsa ambita da tutte le nazioni

OMNIA VERITAS
OMNIA VERITAS LTD PRESENTE:
Oltre la COSPIRAZIONE
SMASCHERARE IL GOVERNO MONDIALE INVISIBILE
di John Coleman
Tutti i grandi eventi storici sono pianificati in segreto da uomini che si circondano di totale discrezione.
JOHN COLEMAN
I gruppi altamente organizzati hanno sempre un vantaggio sui cittadini

OMNIA VERITAS
OMNIA VERITAS LTD PRESENTA:
John Coleman
LA GERARCHIA DEI COSPIRATORI
STORIA DEL COMITATO DEI 300
JOHN COLEMAN
Questa aperta cospirazione contro Dio e l'uomo include la schiavitù della maggior parte degli esseri umani...

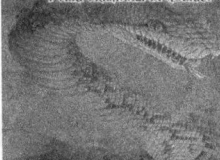

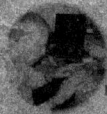